國際關係與
環境政治

INTERNATIONAL
RELATIONS
AND
ENVIRONMENTAL
POLITICS

盛盈仙 著

作者自序

　　環境議題已然成為當前最困難的集體行動之一。政治因素（被）鑲嵌於環境議題的程度，日益突顯「國際權力結構」及「國內政治因素」的重要性。透過新古典現實主義所強調「系統誘因」及「內在因素」的立論基礎，有助於解釋影響國家氣候環境政策的影響變項。無論是國際體系權力結構的外在因素（如：美國與中國的相對權力消長）、決策者認知（如：時任美國總統的態度主張）、國內政治因素（如：國內民意、政黨、國會傾向）等，皆可視為研究全球氣候變遷議題與國家環境政策的良好觀察點。

　　本書共分為七章，在第一章「導論」中，介紹本書研究議題背景、研究途徑及研究模型與分析架構。透過本章「全球氣候變遷議題研究模型圖」及「研究架構圖」的描繪，勾勒出全球氣候變遷議題下，國際團體與國家間的複雜互動關係。從而導引出本書的主要觀察－「環境議題的雙層博弈特性。」在第二章「國際關係理論」中，以回顧國際關係三大理論作為背景，進而說明本文理論基礎及國際合作之相關研究回顧。藉此強化本書之核心論點在理論應用上的解釋力。第三章「全球氣候變遷及其他國際行為者的回應」中，將「聯合國」、「綠色和平組織」、「中國」等視為觀察對象。分別將之與氣候變遷議題結合，同時亦納入三者之間的互動關係。第四章「影響美國環境政策的國際因素」及第五章「影響美國環境政策的國內因素」，可視為本書的核心研究主軸。在這兩章中，分別針對各項可能的變項，如：國際政府間組織、國際非政府組織、已開發及

開發中國家、美國總統、國會、國會民意等因素加以研究分析。在第六章「全球氣候變遷及美國的環境政策」中，匯整美國的氣候變遷因應歷程，並將之與「聯合國」、「綠色和平組織」、「中國」之變項結合，研究分析其中的雙向互動關係。第七章「結論」中，歸納出本書對於美國環境議題雙層博弈特性的佐證說明，也再次論述美國環境政策的內外決定性作用。氣候變遷環境議題不僅高度與政治因素相關，也需正視其足以影響美國環境政策之國內與國際成因的角度。

本書的付梓，著實感謝許多人的協助與幫忙。東海大學政治系教授兼系主任宋興洲教授，是我在博士修業期間的指導教授。感謝宋老師給予我許多研究構想及研究方向的啟發，更提點我許多研究時易忽略的盲點。本書乃依據博士論文中的諸多內容加以匯整，若非宋老師的指點提攜，本書不可能順利完成。本書亦須同時感謝高少凡教授、王啟明教授、巨克毅教授、蔡東杰教授的不吝指導與珍貴意見，幾位教授在本書完成之前，均提供許多不同觀點的建議以補足本文可能有的論述缺失。在此，須慎重表達由衷感激。另感謝東海大學政治系的全體老師，在我學術養成期間給予我的指導與教誨。尤感謝歐信宏教授擔任我在碩士修業期間的指導教授，給予我學術研究啟蒙時的諸多提攜與照顧。研究之路，眾多師長們的教誨與指導，將是我持續學習的願景與目標。

本書得以問世，感謝秀威資訊出版公司所提供的諸多協助。編輯林泰宏先生及其同仁們的辛勞與幫助，都是支持本書順利出版的重要推手。當然，我也要特別感謝東海大學社會科學院傅恆德院長、中興大學通識中心林清源主任、靜宜大學通識中心吳成豐主任、中台科技大學通識中心李本燿主任、修平科技大學博雅學院張志凌院長。謝謝您們的提攜與照顧，讓我得以有機會將所學貢獻於校園，從事自己最熱愛的教學工作。

最後，謹將本書獻給我最愛的家人。感謝我的父親盛煥立先生、母親楊雅芬女士一路以來的照顧與陪伴。無怨無悔支持我一路進修到完成學業，讓我得以在博士班的求學道路上，認識我現在的先生國益。學術道路一路相扶持至今，謝謝國益一直以來的支持與鼓勵。有家人滿滿的包容與疼愛，是我能微笑渡過生命中每一天的動力來源。感謝身邊所有朋友的關心！也謝謝我的學生們！是你們讓我得以在這條路上繼續努力耕耘。本書尚有許多仍待改進之處，期許未來持續觀察並納入更多延伸的研究議題，以作為後續更強而有力的論述支撐。

盛盈仙 102.07.01

Contents

第一章

導論

第一章　導論

本來不應該下雪的美國加州，突然出現大量的冰雨。高緯度的莫斯科卻出現冬季最高溫，不到一年前的莫斯科才經歷有史以來最冷的一個冬季，不到一年的時間就出現了兩種極端的冬季氣候。位在南半球的澳洲則是發生有史以來的乾旱，2月初好不容易下雨，卻又讓部分地區成了水鄉澤國。科學家表示，這種怪異的氣候現象將會越來越常見……。[1]（大愛電視台，2007）

1990 至 2000 年的 10 年間，大型天然災害增加了 3 倍。環境難民不再侷限於發展中國家，環境惡化沒有國界。關於氣候變遷，人類所無法理解的是環境無法恢復原狀。根據聯合國 2003 年的報告，環境難民的人數有史以來超越政治和戰爭的難民數……。[2]（《藍色星球上的難民》紀錄片，2006）

---

[1]　轉引自大愛電視台，「與地球共生息系列報導」，2007，http://www.youtube.com/watch?v=fuFVhUIFDTQ&feature=related.

[2]　《藍色星球上的難民》（The Refugees of the Blue Planet）是由 Hélène Choquette 及 Jean-Philippe Duval 及兩位導演所共同執導，於 2006 年由台灣智慧藏學習科技公司所代理發行的生態環境記錄片。此片榮獲 2006 年葡萄牙里斯本國際環境影展「人道精神類青年獎」、2007 年加拿大電影電視學院賞「最佳研究獎」、加拿大國際環境影展「最佳長片獎」等多項殊榮。片中主要以馬爾地夫、巴西及加拿大等國作為主要的紀錄對象，企圖喚醒世界居民對「環境難民」議題的重視。

紀錄片《藍色星球上的難民》，突顯了一項世界上應迫切正視的議題——「環境難民」。影片中記錄這些因生活環境的日益惡化而被迫離開家園的百萬人口，不僅包含了馬爾地夫、巴西……等國，甚而包含了已開發國家——加拿大。這說明了環境議題已不分程度的跨越了國界，成為現階段人類所應共同面對的議題。影片中所紀錄的環境問題不僅嚴重影響並剝奪地球居民的永續生活環境，同時亦喚醒了我們思考對於有效性「環境合作」議題之重要性。「環境議題」是否真如紀錄片之引述所言：「環境難民的問題被政府漠視，他們的聲音被埋沒在政客與企業的利益交換中……」？

全球氣候變遷與暖化議題深切影響國際團體及國家行為者，國際組織、非政府組織及已開發或開發中國家亦對此作出相關回應。在聯合國氣候變化框架公約之下，各大國際性環境會議與協議和國家間之互動備受各界關注。身為當今世界強權的美國，其對環境議題的參與立場與態度成為牽動國際環境議題合作的要素。本文將以探究美國在環境議題上內政及外交間之互動作為研究主軸，期許在研究全球氣候變遷及國際合作議題時，亦能為台灣的環境及暖化議題研究盡一份心力。

第一節　研究議題及背景

2010 年 11 月 29 日，《聯合國氣候變化框架公約》（United Nations Framework Convention on Climate Change, UNFCCC）第十六次締約國會議在墨西哥坎昆（Cancun, Mexico）召開。此會同時也是《京都議定書》（Kyoto Protocol）第六次的締約國會議。為期十二天的坎昆會議將全球氣候變遷議題與國際組織及其締結公約再次串連起來。

該會討論的焦點亦圍繞兩大主題，包括：對《京都議定書》的地位再認定以及資金與技術的問題。然自《京都議定書》始，經歷《哥本哈根協議》（Copenhagen Accord），到近日的《坎昆協議》，其中隱含著許多來自於已開發與未開發國家之間的「認知差距」。猶有甚者，亦頻出現「政治意涵」高於「環境承諾」的質疑，使得環境議題的焦點模糊不清。因此，本文將探究這些所謂「政治意涵」的政治因素如何（被）鑲嵌於環境議題之上。

本文將美國設為主要的研究對象，探討全球氣候變遷及暖化議題下，美國外交及內政的互動。並且將美國與研究案例——《京都議定書》、《哥本哈根協議》與《坎昆協議》結合，分析美國在聯合國氣候變化框架公約下，對於環境議題談判協商的態度立場之演變。美國的態度與立場對於多數國家（包含：已開發或開發中國家）而言，均具有直接間接地影響。在綜合分析美國態度發展及其異同後，並研究這導致這些發展變遷的因素為何。如此有助於串連本文研究主軸，並能突顯外交及內政互動因素下的發展。

環境議題已然成為當前最棘手，最困難的集體行動之一。時任加州大學聖塔芭芭拉分校（University of California, Santa Barbara）的教授加勒特哈汀（Garrett Hardin）自 1968 年提出「共有財的悲劇」（The Tragedy of the Commons），[3]被視為是當代晚期首波關注環境議題的先聲。文章中論述到因濫用環境資源而造成共有財的悲劇，因為共享了整體的資源，個體（個人或國家）理性的計畫將會導致整體環境的傷害。2005 年任教於北卡羅萊納州立大學（North Carolina State University）教授馬文索魯斯（Marvin S. Soroos）在〈加勒特哈汀與共有財的悲劇〉（Garrett Hardin and tragedies of global commons）

---

3   Garrett Hardin, 1968, "The Tragedy of the Commons," Science, Vol.162, pp.1243-1248.

一文中回應了哈汀，其主張並非所有的環境問題都必然是悲劇，[4]文中並提出多項途徑以避免環境的悲劇。2010年，根據公共事務學者喬舒雅巴西比（Joshua W. Busby）在後哥本哈根時期的觀察，國家必須要建立「制度」（Institutions）或「手段」（Instruments），以追求有效的氣候治理。[5]此項觀點也與加州大學聖地牙哥分校（University of California, San Diego）教授大衛維克托（David G. Victor）所提出一套更有效率回應氣候變遷議題的觀點相似，其認為必須以國家（主要碳排放國）為單位，共同商議以促進良好的合作機制設計。[6]然而，針對氣候變遷及全球暖化議題，透過「集體合作」是否果真為一個成功的解決方式？

依循歷史脈絡發展可觀察出，各國若尋求共同合作，須從每個主權國之內政及外交的雙重協調中尋求出口突破。因此，環境問題乃具有雙重屬性。國際環境的協議，同時是國際博弈與國內博弈相互交織及互動下的結果。1978年，彼得古拉維奇（Peter Gourevitch）在〈第二意向反轉：國內政治的國際來源〉（The Second Image Reversed: The International Sources of Domestic Politics）一文中，探討了國際體系對國內政治的影響；同時也反觀國內結構與國際體系的關係。國際體系不僅是國內政治結構的結果，同時也是成因。「國際關係」與「國內政治」是彼此相互關聯的。[7]隨後，羅伯特普南

---

[4] Marvin S. Soroos, 2005, "Garrett Hardin and tragedies of global commons," in Handbook of Global Environmental Politics, eds. Peter Dauvergne, Northampton: Edward Elgar Publishing, pp.35-49.

[5] Joshua W. Busby, 2010, "After Copenhagen: Climate Governance and the Road Ahead", NY: Council on Foreign Relations (CFR) Press, pp.1-2.

[6] David G. Victor, 2010, "International Cooperation on Climate Change: Numbers, Interests and Institutions," in International Politics, eds. Robert J. Art, Robert Jervis, N.Y: Longman, pp.516-521.

[7] Peter Gourevitch, 1978, "The Second Image Reversed: The International

（Robert D. Putnam）於 1988 年提出著名的「雙層博弈邏輯」（The Logic of Two-level Games），文中亦提到：國內與國際政治是彼此相連糾結，在詮釋上應同時包含國內成因（Domestic Causes）及國際效果（International Effects）與國際成因（International Causes）及國內效果（Domestic Effects）。[8]因此，本文將以此為方向，以時間為縱軸，研究並檢視環境議題的雙層博弈。

壹、研究背景

環境議題的重要性與急迫性與日俱增，其所影響的範圍不但擴及全球物種，其所可能帶來的傷害程度更是遠超過人類所能預期。而當環境議題與國家生存安全攸關時，研究「『環境議題』是否能完全與『政治因素』脫離」便成為筆者欲研究之動機所在。因此，探究政治（包含：國內政治及國際政治）因素在環境議題中所扮演的角色就顯得極其重要。美國身為當今最強大的區域霸權，[9]至 2008 年為止的數據統計又名列世界第二大二氧化碳氣體排放國。[10]其對於

Sources of Domestic Politics," International Organization, Vol.32, No.4, pp.881-882.

[8] Robert D. Putnam, 1988, "Diplomacy and domestic politics: the logic of two-level games," International Organization, Vol.42, No.3, p.430.

[9] 此處所論述的「區域霸權」乃引述自 John Mearsheimer 觀點：「由於要克服巨大水體十分困難，故世界上並不存在著『全球霸權』、而應為『區域霸權』。」請參見 John J. Mersheimer, 2001, The Tragedy of Great Power Politics, N.Y: Norton.

[10] Union of Concerned Scientists, 2009, "Total 2008 CO2 Emissions", http://www.ucsusa.org/global_warming/science_and_impacts/science/graph-s howing-each-countrys.html. or Renewable Energy blob, 2010, "Top 20 countries with CO2 Emissions", http://www.solarpowerwindenergy.org/in_

環保政策的立場及所持態度自《京都議定書》以降並不一致。然而，美國的因應態度態度恆常影響著國際社會之行為者。是故，美國態度的轉變歷程及造成其轉變的箇中源由，均引起筆者研究之興趣。

　　環境議題具有的公共財特性，是否真為全然無解？在公共財的困境下，國家難以依靠單個政府之力獨自因應，而必須仰賴與其他國家或非國家（非政府組織）行為者共同努力。然而，在國際氣候變遷合作機制的框架下，國家間必須面對「搭便車」的問題與合作的有效性疑慮。此是否真為國際氣候變遷合作之一大阻礙？又美國的氣候變遷因應是否真如「共有財的悲劇」書中所言，必然走向無解？這些都是筆者欲研究找出答案。再者，全球氣候變遷與暖化議題，促使國際組織（如：聯合國）與各國（包含：已開發與開發中國家）間透過協商審議的方式，達成許多有形、無形的規範與條約（如：京都議定書、哥本哈根協議、坎昆協議……等）。然而，各國在環境議題的國際合作中，卻遭受許多嚴峻的困境與挑戰。筆者欲從其所面臨的困境與挑戰中，思考美國之環境政策與其他國際行為者之間的關聯。

貳、研究議題

　　研究並觀察當環境成為一個政治議題，政治在環境研究中所扮演的角色將如何影響全球面對氣候變遷議題？是筆者首要了解的研究問題。因此，本文將以氣候變遷及暖化為探究實例，分別從國內政治（如：決策者、國會與利益團體）及國際政治（如：國家行為

---

renewable_energy/energy-information-agency/.

互動、國際組織、非政府組織）的角度觀察。藉此分析政治在與環境議題連結時的角色及影響。本文將美國作為研究對象的核心，目的在觀察這個同時具有「已開發」、「區域強權」及「高度碳排放」特性於一身的美國，其環保政策及所持立場態度演變之歷程。其中受到哪些國際、國內的因素導致？而美國的態度對全球氣候變遷發展又會帶來哪些影響？此部份筆者將以「美國」做為研究對象核心，觀察其在國際重要的氣候變遷會議、條約的參與程度、立場及態度；同時，也研究國內國會各大議程、決議事項等相關資料，藉此研究並分析有哪些依變項會受到美國的態度所影響。

　　不論在過去或當前國際關係現勢，了解國家合作的模式，除了對於集體合作對環境議題的效用上多所了解，也有助於評析其功能性。因此，研究氣候變遷與國際集體合作模式為何，又國際集體合作是否真能成為解決環境問題的成功方式？亦成為筆者主要探討的主軸核心。故本文將會以「聯合國氣候變化框架公約」的數次重要會議為研究基礎，延伸其中集體合作的模式及其發展。從歷史文獻中去分析探究集體合作對於解決氣候變遷及暖化議題的實質效用。而欲解決全球氣候變遷議題，必須先剖析並了解這些難題，因此，分析與觀察為何聯合國與各國在歷經多次努力後，各國仍難達成共識？這其中遭受哪些困境與挑戰？此外，是否能藉由這些研究觀察中，提出新型態的合作策略與思維？此部份將結合國際團體（國際政府、非政府組織）與國家（已開發與開發中國家）的回應與彼此互動中去研究。亦即在環境問題的雙層博奕下，會如何影響國家的對外行為。藉此觀察並分析這些因素會對集體合作帶來哪些困難並思考新型態合作策略與思維價值。

第二節 研究途徑

　　本文的核心研究背景為探討全球氣候變遷及環境暖化議題，將「美國」國內政治及國際關係的互動發展設定為主要研究對象。因此，本文的核心研究途徑及理論基礎有三，分別為：「新古典現實主義」、「第二意象反轉」及「雙層博弈」。除了以這些途徑的論點主張作為理論基礎外，亦將之與氣候環境與暖化議題的部分加以結合分析。首先，「新古典現實主義」結合氣候環境議題的說明分析。此部份的研究途徑將包含三大討論範疇：第一，氣候環境議題及美國行為的「多層次分析」。第二，國際的無政府狀態促進「合作」或是「衝突」，須視當時狀況而定。第三，思考已開發國家之責任與美國國家利益的考量因素。

　　其次，將「第二意象反轉」之論結合氣候環境議題的說明分析。此研究途徑亦有三大討論主題：第一，國際體系深切影響全球氣候變遷議題。第二，全球氣候變遷議題同時亦深受國家間權力分配所影響。第三，國內因素及國際因素同時交織影響全球氣候變遷及暖化議題。最後，「雙層博弈」結合氣候環境議題的說明分析。此可含括了下述三點：第一，討論有關氣候環境議題中的「不協議成本」（the Cost of No-agreement）與環境規範及協議的關連性。第二，全球氣候變遷議題如何受到美國國內之因素所限制。第三，氣候及環境暖化議題與美國極大化他方「獲勝集合」的體現。

第三節 研究模型與分析架構

壹、全球氣候變遷議題研究模型圖

　　全球氣候變遷與暖化議題之研究可參照下圖 1-1 之模型圖所示。本文研究主題為：「全球氣候變遷下的美國角色與環境雙層博弈」。因此，研究主軸以「全球氣候變遷議題」作為開端，觀察並研究「國際團體」及「國家」對其議題的回應。其中，本文將「國際團體」分為「國際組織」（IGOs）及「國際非政府組織」（INGOs）兩類，前者主要以「聯合國」及其框架下的「聯合國氣候變化框架公約」（UNFCCC）作為討論主要範疇；後者則援引觀察「綠色和平組織」（Greenpeace）之發展為主。而有關「國家」行為者的研究對象則包含了「已開發國」及「開發中國」，前者設定以「美國」為主，亦即本文主要的研究對象；而後者則以「中國」作為代表。透過本文的觀察，在「國際組織」、「國際非政府組織」、「已開發國」及「開發中國」間均存在有互為影響的雙向關係，此在本文架構圖中以雙向實線之符號加以表示。

　　而圖中亦顯示國家對於全球氣候變遷與暖化議題的因應過程，同時反映了「內政」及「外交」層面的互動。而這個具有雙重屬性的環境議題，又轉而會影響個別國家對全球氣候變遷與暖化議題的回應。因此，遂形成本模型圖之構成。其中，由於本文研究主軸著眼於「美國」角色與環境雙層博弈，因此，在「國際組織」與「美國」、「聯合國氣候變化框架公約下各項會議」與「美國」以及「美國內、外因素互動」等三項討論範疇以雙向實線表示。藉此突顯本文的核心研究方向與討論範疇。而其餘在圖示中的其他面向關係亦與本文所研究之主軸有關，故將其互動關聯之發展以雙向虛線加以表示。

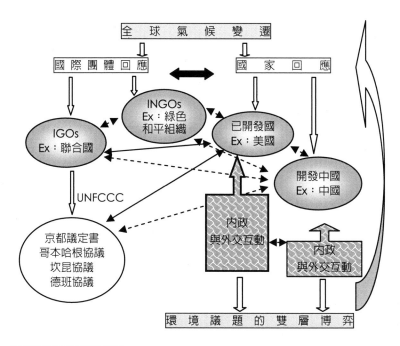

備註：架構圖符號說明

⬇ 單向粗白箭頭：事件脈絡發展或是直接影響所造成的結果。

⬅➡ 雙向粗黑箭頭：「國際團體」及「國家」回應間的互動，包含圖中所有雙向實線及虛線間關係。

◄► 雙向實線：「已開發國：美國」與「IGOs: UN」及「已開發國：美國」與「UNFCCC 框架下各協議」間的雙向互動關係。此為本論文之研究主軸。

◄ ► 雙向虛線：除雙向實線外，其餘國際團體及國家間的雙向互動關係。其互動關係亦為研究範疇的一環，故亦於本文各章節中合併討論。

🔲 槽化線箭頭：源自國家內、外因素互動的象徵圖代表。

⤴ 反轉箭頭：指環境議題的雙層博弈特性會反過來影響國家對全球氣候及暖化議題的回應態度。

圖1-1　全球氣候變遷議題研究模型圖

資料來源：筆者自行繪製。

貳、本文架構圖

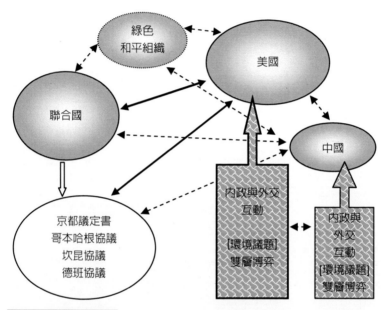

備註：架構圖符號說明

⇩ 單向粗白箭頭：事件脈絡發展或是直接影響所造成的結果。

◆▶ 雙向實線：「美國」與「聯合國」及「美國」與「UNFCCC 框架下各協議」
間的雙向互動關係。此為本論文之研究主軸。

◆▶ 雙向虛線：除雙向實線外，其餘國際團體及國家間的雙向互動關係。

☗ 槽化線箭頭：源自國家內、外因素互動的象徵圖代表。

圖 1-2　研究架構圖

資料來源：筆者自行繪製。

「全球氣候變遷議題研究模型圖」所描繪的是在全球氣候變遷與暖化議題之研究中，所指涉各項國際團體及國家回應之互動關聯。又由於本文的研究核心主要著眼於「美國」之角色與其內政及外交互動的環境雙層博弈。因此，如本文論文架構圖 1-2 所示，本文研究將以「美國」與「聯合國」及「聯合國氣候變化框架公約下各項會議」間的互動關聯為主，並以其與「綠色和平組織」及「中國」間的互動關係為輔，將各項因素一併納入討論。從而觀察「美國」在全球氣候變遷及暖化議題下的內、外因素互動及其角色。

參、分析架構圖

圖 1-3　分析架構圖

資料來源：筆者自行繪製。

承繼著上述的研究模型圖及論文架構圖，圖 1-3 所描繪的則是本文的分析架構圖。本文欲分析影響美國環境政策的「輸入」（imput）成因，包含：國內因素及國際因素的影響。而這些影響是如何的促成美國環境政策之生成。此外，美國在因應氣候變遷議題時的政策「輸出」（output），反映在不同階段其與政府間組織（如：聯合國）、非政府間組織（如：綠色和平組織）及與其它已開發國家（如：歐盟）、開發中國家（如：中國）之間的互動。這些均會深切的突顯新古典現實主義對於國內、國際交相互動之重要性的論述。在此基礎之上，從而導引出本文對於「美國」角色與環境雙層博弈的觀察。

第二章

國際關係理論

第二章　國際關係理論

　　本章之內容包含四大部分，第一，回顧國際關係三大主要理論基礎，及其與環境議題相結合之相關研究領域文獻討論。第二，綜合分析此三大理論與環境議題結合運用之適用程度。第三，將本文主要的研究途徑：「新古典現實主義」、「第二意向反轉」、「雙層博弈」等加以統整說明。最後，回顧與本文研究範疇相關之全球氣候變遷及國際合作之相關研究與結果。

第一節　國際關係三大理論回顧

　　本文將國際關係三大理論主要界定為：「現實主義」、「自由主義」及「建構主義」。其中，分別針對三大主義的理論背景及其發展整理概述。其次，再針對各理論與氣候變遷及環境議題之結合，將其主要的文獻論述歸納整理如下。

壹、現實主義

一、現實主義理論及其發展

「現實主義」（Realism）理論自二次世界大戰後成為當時國際關係的主流，取代了之前盛極一時的「理想主義」（Idealism）思潮。其主要基本假設及論點包含：第一，認為人性是自私的。第二，民族國家是國際體系的最重要成員。第三，認為「無政府狀態」（Anarchy）是國際體系的本質。第四，國家會理性的追求自身利益。[11]因此，現實主義視「國家利益」（National Interest）在本質上是衝突的，並認為其是影響國家行為的重要成因。

現實主義的理論發展，至少包含了五大相關理論：1950 年代漢斯摩根索（Hans Morgenthau）的「古典現實主義」（Classical Realism）、1980 年代肯尼茲瓦茲（Kenneth N. Waltz）的「新現實主義」（Neorealism）、1990 年代以來的「守勢現實主義」（Defensive Realism）及「攻勢現實主義」（Offensive Realism）與「新古典現實主義」（Neoclassical Realsim）。[12]二戰結束後，摩根索主張國際政治因受限於客觀及普遍適用的法則，故無論決策者的心理狀態為何，他們都必將追求「國家利益」，也就是追求「權力」。[13]瓦茲除了同

---

[11] Joshua S. Goldstein, Jon C. Pevehouse, 2010, International Relations: 2010-2011 Update (ed. 9). N.Y: Longman, pp.40- 45.

[12] 鄭端耀，2005，〈國際關係新古典現實主義理論〉，《問題與研究》，第 44 卷，第 1 期，頁 117。

[13] Hans J. Morgenthau, 1985, "Six Principle of Political Realism," in International Politics, eds. Robert J. Art, Robert Jervis, 2010. N.Y: Longman, pp.16-23. Joshua S. Goldstein, Jon C. Pevehouse, op. cit., pp.40-45.

意國家必須運用力量捍衛「國家利益」外，也提出須從國際體系的層次分析著手。這個國際體系乃是一個包含國家與國際結構概念的集合體。[14]守勢現實主義最早由羅伯特杰維斯（Robert Jervis）所提之文章探討：「攻守間的平衡」（Offense-Defense Balance）與「攻守兼的差異」（Offense-Defense Differentiation）。[15]守勢現實主義主張國際關係不必然是權力鬥爭，因國家之間可透過外交的手段尋求合作的途徑。[16]攻勢現實主義的代表人物約翰米爾海默（John Mearsheimer）則將國家視為理性的行為者，能理智而有效的設計極大化生存機會的策略；然國際體系結構迫使國家必須採取攻勢的思考及行動。[17]

而新古典現實主義之名源自紀登斯羅斯（Gideon Rose）綜合根據理論的主張及特色所加以命名。[18]羅斯在〈新古典現實主義及外交政策理論〉（Neoclassical Realism and Theories of Foreign Policy）一文中，曾提到要理解國家回應外部環境的行為，必須要先分析「系

---

[14] Kenneth N. Waltz, 1979, Theory of International Politics. Massachusetts: Addison-Wesley Publishing, p.40. Kenneth N. Waltz, 1988, "The Anarchic Structure of World Politics," in International Politics, eds. Robert J. Art, Robert Jervis, 2010. N.Y: Longman, pp.37-58.

[15] Robert Jervis, 1978, "Cooperation Under the Security Dilemma," World Politics, Vol.30, No.2, pp.186-214. Robert Jervis, 1978, "Offense, Defense, and the Security Dilemma" in International Politics, eds. Robert J. Art, Robert Jervis, 2010. N.Y: Longman, pp.93-113.

[16] 鄭端耀，2003，〈國際關係攻勢與守勢現實主義理論爭辯之評析〉，《問題與研究》，第42卷，第2期，頁2。

[17] John J. Mearsheimer, 2001, The Tragedy of Great Power Politics. N.Y.: W. W. North & Company. John J. Mearsheimer, 2001, "Anarchy and the struggle for Power," in International Politics, eds. Robert J. Art, Robert Jervis, 2010. N.Y: Longman, pp.59-69.

[18] 同註12，頁123。

統」（System）如何受到「內部因素」（Internal Factors）的中介而轉換，如決策者的認知或國內國家的結構。[19]因此，這個存在於「系統」與「外交政策」（Foreign Policy）間的「內部因素」因果邏輯，構成了此理論與其他現實主義理論最大差異之處。綜觀上述五類現實主義理論族群，其實並無脫離現實主義的中心思想，當中的差異表現在國際結構、層次分析等不同的主張論點上。隨著時間發展，後起的新現實主義理論也提供了更多元的融合與突破。接下來也將以現實主義的觀點為基礎，結合全球氣候變遷的議題進行探討。

二、現實主義與氣候變遷及環境議題

將現實主義者的理論結合全球氣候變遷的議題，1960 晚期如加勒特哈汀等派的學者，對於環境資源及公共財議題的探討多從「人口」的角度切入研究。亦即當全球人口快速成長的同時，亦會帶來許多不可避免的環境悲劇。如：保羅埃爾利西（Paul R. Erhlich）在 1968 年的專書《人口炸彈》（The Population Bomb）中，提到了快速的全球人口成長率，對於有限資源的浩劫與可能帶來的傷害……等。[20]1968 年哈汀發表著名的〈共有財的悲劇〉一文中，將濫用環境資源視為是共有財悲劇的實例，敘述個體的「理性計算」（Rational Calculation）因共享集體的資源將會造成整體環境的傷害。他同時將世界資源的承載力比喻為「救生艇」（Lifeboat）；並將「人口過多的國家」類比如同「過度擁擠的救生艇」，若不能

---

[19] Gideon Rose, 1998, "Neoclassical Realism and Theories of Foreign Policy," World Politics, Vol.51, No.1, pp.144-172.

[20] Paul R. Ehrlich, 1968, The Population Bomb. N.Y.: Sierra Club/ Ballantine.

限制這些國家過多的人口成長，那麼就會危及整艘船的安全。[21]哈汀並且強調過多的人口所造成的環境問題，不能依賴富有國家擔負責任而解決。人口過多的國家若不限制出生率，那麼這些過多的人口成長壓力以及食物需求，將會壓迫到已開發國家的食物生產能力。[22]

　　根據哈汀等學者所提出的概念可以觀察出，在無政府狀態下，共有財的使用因缺乏一個強而有力的權威機制加以規範維護，而走向共有財的悲劇。基於個別行為者理性的計算，享受共有財所帶來的好處，然對整體環境卻會造成傷害。國家是自私而貪婪的，對於資源利益的追求無窮止境且彼此衝突。因此，已開發國家並無必要去「完全承擔」這些環境資源的維護成本。相反的，我們必須要正視開發中國家（如:中國或印度）因人口過多所可能帶來整體環境負載過重的後果。再者，正因無一強而有力的中央權威加以限制管理，哈汀提出若無限制的給予使用公共資源的「自由」（Freedom），那麼將會「毀了整體」（Brings ruin to all）。因此，要解決環境的爭議必須要強加動機來限制天然資源的使用。[23]

　　理查馬修（Richard A. Mattew）則是在〈人類、國家及自然：重新思考環境安全〉（Man, the state and nature: rethinking environmental security）一文中提到隨著全球變遷的時代成熟，環境及安全的連結已獲得了更多的關注，工業的發展過程及改變已與環境變遷及安全問題息息相關。[24]工業科技的興盛進步帶來了商品生產、交易以及貿

---

[21] Garrett Hardin, 1968, "The Tragedy of the Commons," in International Politics, eds. Robert J. Art, Robert Jervis, 2010. N.Y: Longman, pp.502-507. Marvin S. Soroos, op. cit., pp.35-49.

[22] Garrett Hardin, op. cit., pp.502-507. Marvin S. Soroos, op. cit., pp.35-49.

[23] Ibid.

[24] Richard A. Matthew, 2005, "Man, the state and nature: rethinking

易的活絡。但卻有如雙面刃般，因現代化工業繁榮發展之下所可能造成有形、無形的環境污染而引起爭議。Mattew 強調不論是個人或是國家、是個體或是群體，都必須要重新思考環境的安全。然由於限制公共資源的使用與抑制氣候變遷的減排措施，亦會同時限制了國家工業化的發展並損及其經濟利益。因此，在「理性」與「自利」的因素考量下，如何顧及「國家利益」與維護環境共有財，成為必須謹慎思考的重要議題。

巴里史瓦茲（Barry Schwartz）在〈人類共有財的暴政〉（Tyranny for the Commons Man）一文中，將現實主義與公共財的論述結合的淋漓盡致。史瓦茲認為：公共財的問題是由所有個體與集體、短期與長遠間的利益衝突所交織形塑而成。[25]國際場域上由於缺乏超國家的「治理主體」（Governing Body），因此要以合作的方式解決環境爭議是時十分困難的。由於難以明確獲知到其他國家的意圖，因此在合作過程中，容易陷入「背叛的循環」（Cycle of Defection）。[26]史瓦茲並清楚論述到若沒有給予這些背叛者清楚真實的代價或提供促進合作的誘因，那麼所有關於環境變遷的條約都將持續是毫無用處的。[27]這些論述不僅點出長久以來氣候變遷議題所面臨的困難與窘境，更結合了現實主義的觀點為談判的僵局與合作中的背叛做了分析上的詮釋。

---

environmental security," in Handbook of Global Environmental Politics, eds. Peter Dauvergne, Northampton: Edward Elgar Publishing, pp.127-144.

[25] Barry Schwartz, 2009, "Tyranny for the Commons Man," in International Politics, eds. Robert J. Art, Robert Jervis, 2010. N.Y: Longman, p.509.

[26] Barry Schwartz, op. cit., p.510.

[27] Barry Schwartz, op. cit., p.511.

貳、自由主義

一、自由主義理論及其發展

「自由主義」（Liberalism）論者反對現實主義有關國家的觀點及對世界政治的悲觀理解，並且相信國際制度有助於國家間進行合作。其中心基本假設及論點包含：第一，人性本惡的說法並不正確。第二，反對現實主義「國家中心論」的觀點，重視「非國家行為者」的重要性。第三，國際秩序的基礎尚包括了國家的合作與互惠，因此，國家間可能建立和平與合作的關係。第四，反對現實主義認為國家是理性行為者的觀點。因此，自由主義對「國家合作」（National Cooperation）的前景提出了較為樂觀的看法，並對於國際制度有助於國家合作的能力抱持希望。[28]

自由主義的理論發展，包含了三大相關理論：早期傳統的「理想主義」（Idealism）、1950 年代的「自由主義」（Liberalism）與 1980 年代後羅伯特歐基漢（Robert O. Keohane）與喬許奈伊（Joseph S. Nye）的「新自由主義」（Neoliberalism）。傳統理想主義在一次大戰結束到二次大戰爆發前的發展極盛，其論點相信「人性本善」的說法，強調人性可作為國家間建立和平、合作可能的基礎。並將研究焦點放在國際法、道德、國際組織……等議題上。[29]隨著二次大戰的爆發，理想主義無法對衝突的戰爭現況作出解釋遂被批評為不

---

[28] David A Baldwin ed., 1993, Neorealism and Ne-liberalism: the Contemporary Debate. N.Y.: Columbia University Press, pp.1-20, 90-115. Joshua S. Goldstein, Jon C. Pevehouse, op. cit., pp.88-95.

[29] Joshua S. Goldstein, Jon C. Pevehouse, op. cit., pp.42- 50.

切實際的理論。1950 年代後的傳統自由主義轉而針對現實主義提出諸多批判，質疑軍事武力必須付出高昂的代價，然國際組織等相關規範卻能提供相對穩定的談判環境。且國際政治上的國際合作模式也並未崩潰，仍有許多通過國際制度而持續實現國際合作的案例出現。[30]

1980 年代後的新自由（制度）主義延續傳統自由主義的核心概念，但更強調「互惠」（Reciprocity）的概念與「制度」（Institution）對增加雙贏並減少欺騙背叛的重要性。此時，興起眾多學者紛紛討論合作與「建制」（Regime）的相關研究。1977 年歐基漢及奈伊的《權力與互賴》（Power and Interdependence）一書問世後，標誌著新自由制度主義興起的理論基石。其所提出的「複雜互賴」（Complex Interdependence）概念更具體化了：社會間互動的多渠道聯繫、問題間無上下等級之分、及軍事成為次要角色……等的思想主張。[31] 厄尼斯特哈斯（Ernst B. Hass）提出隨著弱國數量的增加、霸權權力的式微以及溝通管道的增加，必須有更多更完備的建制去解決現存的問題，因此提出了許多具體的測量與指導方針。[32]

---

[30] 如：在金融領域上，已開發國家的私人銀行及政府共同與國際貨幣基金作，解決國際債務危機；貿易方面，已開發國家完成世界貿易組織下的各項貿易回合談判及協商，共同促進自由貿易的合作等。其他諸如：能源及高科技領域也多有協調與協商的合作實例。詳細內容參閱 David A Baldwin ed., op. cit., pp.95-110.

[31] Robert O. Keohane, Joseph S. Nye, 2000, Power and Interdependence. London: Longman Press.

[32] Hass 提出三種議題連結分類，包含：戰略性連結、片段性連結與實質性連結；以及四種認知的分類，包括：實用主義、理性主義、折衷主義與懷疑主義。同時也提出四程序分類：普遍架構、共同場域、普遍政策與單一政策；三種規則分類：分享資訊、增加知識與管道。藉此評析 Regime 的功能與發展狀況。詳細內容參閱 Ernst B. Hass, 1980, "Why Collaborate? : Issue-Linkage and International Regimes," World Politics, Vol.32, No.3,

亞瑟史汀（Arthur A. Stein）討論了建制的功能不僅解決共有利益的問題，當雙方都有不想接受的結果時，亦能利用建制解決。因此在無政府世界下的建制，同時具有「合作」（Collaboration）及「協調」（Coordination）的功能。[33]此外，新自由主義也利用「博弈理論」（Game theory）的解釋，說明國家合作的可能性。如肯尼茲歐伊（Kenneth A. Oye）在論述無政府狀態下的合作策略一文中，以三種博奕理論模型為例說明重複賽局在不同模型中與合作間的關係。[34]當中提到互惠策略與報酬結構均會影響合作的可能性與動機。而建制的功能在於藉由集體運作的機制（懲罰違反規則者）等來降低背叛與增加合作的動機。

此後，許多學者將研究重心放在「全球治理」（Global Governance）的討論範疇。詹姆斯羅素諾（James Rosenau）將「全球治理」定義為：「人類行為在所有層級中的一套規則系統──從『家庭』到『國

pp.357-405.

[33] 根據 Stein 的論點，在雙方具有「共同利益」的問題時必須依賴「合作」（Collaboration）；而要解決「共同避免」則需仰賴「協調」（Coordination）。Arthur A. Stein, 1982, "Coordination and Collaboration: Regimes in an Anarchic World," International Organization, Vol.36, No.2, pp.299-324.

[34] 作者以「囚徒困境」、「獵鹿賽局」及「懦夫賽局」三者為例。將四種合作類型分類為：CC（共同合作）、DD（相互背叛）、DC（單邊背叛）、CD（無報償的合作）。在「囚徒困境」中的偏好好次序：DC>CC>DD>CD，說明了在單一囚徒困境中，個人理性的行為將產生集體次佳的結果；在「獵鹿賽局」的偏好次序：CC>DC>DD>CD，說明在單一獵鹿賽局中，雙方會因最佳結果的好處而放棄背叛；在「懦夫賽局」中的偏好次序：DC>CC>CD>DD，說明在單一懦夫賽局中，雙方會因恐懼被對方背叛、兩敗俱傷而放棄背叛。綜上分析，重複賽局在「囚徒困境」與「獵鹿賽局」中，因能強調未來的合作層面而有利促進合作動機。詳細內容參閱 Kenneth A. Oye, 1986, "Explaining Cooperation Under Anarchy: Hypotheses and Strategies," in Cooperation Under Anarchy. Princeton, New Jersey: Princeton University Press, pp.1-226.

際組織』——透過有跨國影響的控制來達到目標。」這也同時包含了「控制」和「影響」，並可能發生在「國家」或是其他層級的行為者。[35]羅倫斯芬柯斯汀（Lawrence S. Finkelstein）則針對羅素諾的定義作出了補充。其認為應要明確指明治理的清楚定義及範圍，於是提出應將「全球治理」視為一種「活動」（Activity），其行為者可能是組織或是代理人，並且能夠提供某種解決問題方案的手段。[36]2006年克勞茲汀偉茲（Klaus Dingwerth）及菲利浦派特柏格（Philipp Pattberg）撰文再回應了芬柯斯汀對於「全球治理」的定義，兩位作者認為治理本身應有其概念的歷史存在。而這項概念主要放在不同的社會行為者及政府體制的複雜連結中。同時也提到「倫理」與公、私行為者間互動合作的重要性。[37]這些關於「全球治理」的討論與延伸發展，提供了更為全面的治理分析，更強化了世界在複雜互賴體系下，更需仰賴「合作」與「制度」來增加問題解決的功能性。

---

[35] James Rosenau, 1995, "Governance in the Twenty-first Century," Global Governance, Vol.1, pp.13-14. James Rosenau, 1997, Along the domestic-foreign Frontier: Exploring governance in a turbulent world. N.Y.: Cambridge University Press, pp.144-171.

[36] Finkelstein 提出具體的治理目標及明確定義，並且告訴讀者明確定義治理的好處。同時提出制的目標範疇不應該只有制定規則，尚包括資訊創造、交換以及影響一般國際秩序並促進共識知識的原則……等 8 大部分，藉此構成一個健全且能發揮功能的全球治理。詳細內容參閱 Lawrence S. Finkelstein, 1995, "What Is Global Governance?" Global Governance, Vol.1, pp.367-372.

[37] Klaus Dingwerth and Philipp Pattberg, 2006, "Global Governance as a Perspective on World Politics," Global Governance, Vol.12, pp.185-203.

二、自由主義與氣候變遷及環境議題

　　將自由主義者的理論結合全球氣候變遷的議題，學者普遍認為因跨國通訊網絡的建立發展與科技、經濟整合的結果，加深了國家間依存關係並提高了全球的互賴程度。對於維護環境的永續發展須仰賴各國共同承擔責任。自由主義者認為，在公共財資源的議題中，建制扮演了重要的角色。因為這些建制能提供談判的遊戲規則，進而增加合作利基。[38]羅素諾在論述關於「環境治理」（Environmental Governance）的議題時提到：「決定未來數十年環境治理的發展關鍵──在於人們集體面對多樣性環境問題的治理過程。」[39]這也說明了羅素諾認為當環境議題變成一個「全球性範圍」（Global Scale）的議題時，有效的環境治理必須仰賴共同合作以提升效用。大衛維克特在回應如何使氣候變遷議題的集體合作模式更為有效，也提出了自己的觀點。包含了理解「國際合作的需求」（The demand for international cooperation）、「參與國的數量及其利益」（The numbers of countries participating and their interests）的再思考、與評估「促進合作的機制設計」（the design of the institutions that aim to promote cooperation）。[40]希望能透過這些機制的改良來促進合作，將協商的

---

[38] 歐信宏、胡祖慶合譯，Joshua S. Goldstein 著，2003，《國際關係》。台北：雙葉，頁 436。

[39] James Rosenau, op. cit., p.191.

[40] 就 Victor 所提的三項觀點，就「國際合作的需求」而言，作者認為我們必須先理解「誰要合作？」──即合作的對象為何？以及理解「為什麼要合作？」──也就是合作帶來的好處及共享的利益為何。Victor 建議對合作性氣候政策的需求在於：應將特定社會或政府納入考量，而非僅看整體。在「參與國的數量及其利益」中，作者提出氣候變遷雖是全球問題，但不一定要以全球參與的模式加以解決，因為越多的參與會帶來較高的成本。故最佳的參與國黃金組合是由前十大碳排放國、加上巴西

過程視為是一種外交上的努力，並透過合作來增進氣候變遷議題的共識。

在氣候變遷議題上，自由主義認為功能性的國際組織、專業社群與其他非政府行為者的重要性也不容忽視。史黛西文迪爾在論述國際環境合作及其效率發展的相關研究中，曾提及國際環境協議必然受到許多行為者的行為影響，除了國家之外，尚包括許多非政府行為者、公司、社會及個人。[41]歐基漢與喬許奈伊在比較現實主義與複雜互賴下的政治進程中，提出在複雜互賴的條件下，「相互依賴」、「國際組織」及「跨國行為者」的管理將成為政府政策工具的主要手段。[42]喬舒雅巴西比更是明確指出：「氣候變遷的議題不能單靠政府之力完成，必須要與私人（非國家行為者）共同努力發展新的氣候協議。」[43]同時，巴西比仍肯定 UNFCCC 存在的貢獻與價值，即便常遭受到外界關於其「有效性」（Effectiveness）的質疑，但巴西比仍認為其是一個有用的機制，但應要在效率上更加強化。如：藉由小團體的集會解決問題、動員氣候的財政支持……等方面著手。[44]此外，除了聯合國的「氣候變遷的政府間小組會」（IPCC, Intergovernmental Panel on Climate Change）外，巴西比也具體提到了諸如：「全球環境機構」（GEF, Global Environment Facility）以及「乾淨發展機制」（CDM, Clean Development Mechanism）等環境議

及印尼。就「促進合作的機制設計」面向，作者提議非綑綁約束性的協議傳統上雖然被視為較無公信力，但其卻能因具備彈性而讓政府更容易達成協議。詳細內容參與 David G. Victor, op. cit., pp.515-522.

[41] Stacy D. VanDeveer, 2005, "Garrett Hardin and tragedies of global commons," in Handbook of Global Environmental Politics, eds. Peter Dauvergne. Northampton: Edward Elgar Publishing, p.95.

[42] Robert O. Keohane, Joseph S. Nye, op. cit., pp.22-30.

[43] Joshua W. Busby, op. cit., pp.1-3.

[44] Joshua W. Busby, op. cit., pp.5-12.

題變遷的相關組織。這些組織除了能協助提供匯聚各國聲音的交流平台、協調全球氣候政策外，亦能促進改善環境變遷的發展。就長遠而言，是具有許多潛在好處與重要意義的。

有關國家對於涉及公共財的維護與協調的環境議題下，自由主義論者多採取較為樂觀的視角分析。他們認為這些過程能夠透過建制的協調而化解國家間的衝突、甚而減少國家間使用武力的機會。如古德斯汀就曾指出：「『環境』的議題就如同其他國際政治經濟的問題，環境保護涉及公共財的提供和維護，根本的解決之道在於減少相關國家衝突，⋯⋯而在這方面，建制扮演了重要的角色。」[45]歐基漢及奈伊也曾在探討公共資源與環境建制變遷的研究中，論述到世界在「複雜互賴」的條件下，問題和溝通管道將逐漸走向多元化，公眾態度及利益團體的變化也將會大大削弱武器的作用。[46]因為國家會意識到使用武力與成本與代價太高、成效不明。因此，相互依賴導致規則與制度的安排，將會促使軍事力量位居次要的地位。

參、建構主義

一、建構主義理論及其發展

建構主義（Constructivism）理論自 80 代開始興起發展，在國際關係主流與非主流學派中形成一套折衷的發展路徑。亦即建立一個在「理性主義」（Rationalism）與「反思主義」（Reflectivism）[47]範疇

---

[45] 同註 38，頁 437。

[46] Robert O. Keohane, Joseph S. Nye, op. cit., pp.3-36.

[47] Keohane 將新現實主義、新自由制度主義及世界體系理論⋯⋯等視為「理

間的「中間道路」。其主要基本假設及論點主張包含：第一，國家仍是國際關係的主要行為者，國際體系的文化及規範決定了國家對其身分的認同與利益之界定，並決定國家的行為。因此，強調「整體」對個體的作用，即國際體系結構或國際制度對個體的影響。[48]第二，重視諸如身份認同、倫理規範、思想抱負……等「觀念」對行為者產生的影響，極力倡導非物質性「軟權力」（Soft Power）之重要性。[49]第三，重視「科學性」與「客觀性」，以科學方法進行實證與分析。認為社會雖與自然類別不同，但不能否認以「觀念」作為核心的社會仍具有客觀性。[50]

　　建構主義的理論發展，主要以亞力山卓溫特（Alexander Wendt）為其重要的理論代表學者。其將建構主義三大特徵整理如下，包含：一、建構主義是體系結構理論。二、建構主義是行為者和結構之間的互動。三、建構主義是會變動、樂觀的進化理論。[51]由於其理論成形與發展進程較現實主義及自由主義晚，也促成建構主義之發展集各家學派之大成，以折衷之路發揚光大。自溫特在 1987 年一篇討論國際關係理論中行為者及結構間關係的論文開始，其他諸如：尼可

性主義理論」；而將規範理論、女性主義理論、批判理論、歷史社會學思潮……等統稱為「反思主義理論」。詳細內容參閱 Robert Keohane, 1989, International Institutions and State Power. Boulder: Westview, pp.158-179.

[48] Alexander Wendt, 1999, Social Theory of International Politics. N.Y.: Cambridge University Press, pp.47-91.

[49] John Gerard Ruggie, 1988, "What Makes the World Hang Together? New-Utilitarianism and the Social Constructivist Challenge," International Organization, Vol.52, No.4, pp.855-885.

[50] 張振江，2006，「英國學派與建構主義之比較」，收錄於陳志瑞，周桂銀，石斌主編，2006，《開放的國際社會——國際關係研究中的英國學派》。北京：北京大學出版，頁 107。

[51] Alexander Wendt, op. cit., pp.47-91.

拉斯奧斯夫（Nicholas Onuf），佛雷德克克拉托奇維爾（Freidrich Kratochwill），瑪莎芬納莫爾（Martha Finnemore）以及彼得卡贊斯坦（Peter Katzenstein）皆完成許多建構主義的重要著作。[52]奧斯夫認為建構主義重視社會活動及思想與文化的作用，有別於主流理論所強調的「物質至上」；[53]1996 年卡贊斯坦及芬納莫爾分別就「國際體系結構」與「國家利益」的關聯提出相關研究發現：卡贊斯坦提到國際體系中的社會結構不僅限制了國家安全，同時亦影響了國家認同與安全利益；芬納莫爾更明確指出：「國家利益的形成受到國際社會體系中的『規範』與『認同』所影響。」而就「方法論」及「世界觀」而論，溫特則將建構主義定位為「整體」及「觀念」的範疇。[54]而此類正符合建構主義所強調「整體」對個體的作用影響，以及重視「觀念」的核心價值。

---

[52] Nicholas Onuf, 1989, World of our making. Columbia: University of South Carolina Press. Freidrich Kratochwill, 1989, Rules, Norms and Decisions. Cambridge: Cambridge University Press. Martha Finnemore, 1996, National Interest in International Society. Ithaca: Cornell University Press. Peter Katzenstein, ed., 1996, The Culture of National Security: Norms and Identity in World Politics. N.Y. Cambridge University Press.相關整理請參閱秦亞青，2001，〈國際政治的社會建構──溫特及其建構主義國際政治理論〉，《美歐季刊》，第 15 卷，第 2 期，頁 2-3。

[53] Nicholas Onuf, 1998, "Constructivism: A User's Manual," in International Relations in a Constructed World, eds. Vendulka Kubalkova, Nicholas Onuf and Paul Kowert,. N.Y.: M. E. Sharpe, pp.58-63.

[54] Wendt 定義國際關係諸流派的方式主要以兩大主軸（方法論及世界觀）與四大指標（整體、個體、物質、理念），勾勒出四大流派分類的框架。包含：如世界體系理論、新葛蘭西馬克思學派的「整體／物質主義」；英國學派、世界社會、後現代及女性主義的「整體／理念主義」；傳統現實及新現實主義的「個體／物質主義」與傳統自由及新自由主義的「個體／理念主義」。Wendt 將建構主義界定為「整體／理念主義」這類。詳細內容參閱 Alexander Wendt, op. cit., pp.1-44.

而溫特的分類也反映了社會建構主義的兩大重要原則：一為「反理性主義」，即認為國際政治的社會結構會深深影響行為體及其身份及利益。另一為「反物質主義」，認為國際政治的基本結構除了物質外，是由社會性所構建的。總的來說，建構主義強調運用「認同」、「觀念」與「文化」等因素解釋世界政治。建構主義雖承認國際體系下有著實質的物質分配與權力關係，但更強調存在於體系內行為者的「認同」反而是促成整體結構生成的因素。[55]亦即，無政府狀態本身是國際社會成員在相互的實踐中所建構而成。而這個「認同」亦構成了利益與行為的要素。在建構主義學派內部雖存有不同派別的分歧，[56]然其將「文化」層面的影響帶入國際關係，提供另一角度的研究視野是其重要的研究貢獻。

---

[55] Wendt 在其 1992 年的文章中提出：「無政府狀態是國家所造就的。」由於行為者間「認同」的差異，會反過來影響整個結構體系。詳細內容參閱 Alexander Wendt, 1992, "Anarchy is What States Make of it: The Social Construction of Power Politics," International Organization, Vol.43, No.2, pp.407-408.

[56] 據整理，美國學界對國際關係領域的建構主義大致分為四類：第一，John Gerard Ruggie 書中所分成的：「新古典建構主義」、「後現代論建構主義」與「自然主義建構主義」。第二，Peter Katzenstein, Robert Keohane 與 Stephen Krasner 所界定的「傳統建構主義」、「批判建構主義」及「後現代主義」。第三，Ted Hopf 所區分的：「傳統的建構主義」、「批判的建構主義」。第四，Alexander Wendt 所主張的：「現代的建構主義」、「後現代建構主義」與「女性主義建構主義」。詳細內容參閱廖文義，2006，〈國際關係理論中的建構主義學派〉，《通識研究集刊》，第 9 期，頁 259-263。 John Gerard Ruggie, 1998, Constructing the World Polity: Essays on International Institutionalization. N.Y.: Routledge, pp.35-36. Peter J. Katzenstein, Robert K. Keohane, and Stephen D. Krasner, 1998, "International Organization and the study of World Politics," International Organization, Vol.52, No.4, pp.674-678. Ted Hopf, 1998, "The Promise of Constructivism in International Relations Theory," International Security, Vol.23, NO.1, pp.171-185. Alexander Wendt, op. cit., pp.393-394.

二、建構主義與氣候變遷及環境議題

　　將建構主義者的理論結合氣候及環境資源議題，學者瑪格利特凱克（Margaret E. Keck）及凱斯琳斯琳克（Kathryn Sillink）相當重視「思想力量」在國際政治中的作用。許多來自四面八方的「活動者」（Activists）將其「道德理念」及「價值觀」組織起來，透過「跨國倡議網絡」（Transnational Advocacy Networks）的概念建立國家參與的聯繫管道。而這些共同的道德觀及規範，即構成支撐建構主義相當重要的核心價值。凱克與斯琳克在《跨國的行動家：國際政治的倡議網絡》（Activists beyond Borders: Advocacy Networks in International Politics）一書中，曾談論到非政府組織及跨國倡議網絡下的「環境倡議網絡」（Environmental Advocacy Networks）。他們提到在「環境倡議網絡」下，行為者所採用的是一套規範、利益和價值觀念。[57]該書中文版的譯者韓召穎及孫英麗更曾為本書下此註解：「作者從建構主義角度對國際社會中行為體跨國活動的論述，解釋了國際關係中許多難以解釋的問題，彌補了現實主義和自由主義國際理論傳統的不足。」[58]而以建構主義的視角結合環境議題的研究，他們認為「環境倡議網絡」藉由尋求有力的行為者與機構來擴大實現自己的期望，重視網絡內部培養組織者良好的問題思考與應對意識。這也顯示了建構主義者重視以「觀念」及「意識」來思考環境等公共財的議題。

---

[57] Margaret E. Keck, Kathryn Sikkink, 1998, Activists beyond Borders: Advocacy Networks in International Politics. N.Y.: Cornell University Press.

[58] 韓召穎、孫英麗合譯，Margaret E. Keck, Kathryn Sikkink 著，2005，《超越國界的活動家——國際政治中的倡議網絡》。北京：北京大學出版，頁 19。

除了「國家」行為者外，建構主義認同其他諸如：國際組織、雙邊援助組織以及非政府組織等行為者在環境議題中所扮演的重要角色。此外，也認同國家與國家之間在環境議題上的互動，會反過來形塑整個體系的運作。亦即，國家的角色與他國的互動能夠形塑環境議題合作的運作模式。學者艾利卡韋莎（Erika Weinthal）曾在《國家制定及環境合作：連接中亞的國內及國際政治》（State Making and Environmental Cooperation: Linking Domestic and International Politics in Central Asia）一書中，從中亞區域的例子去探討「國家角色」與「環境合作」之間的關係。[59]艾利卡韋莎特別是從一種「結構」的視角去研究國家在環境合作中所扮演的角色。國家與外部行為者的關係會影響國家內部的決策制定，同時，政治相對的穩定度也會關係到環境資源的議題。

　　而由於建構主義學者強調「科學性」與「客觀性」，因此套用於環境議題的研究時，除了「政治」的影響外，建構主義學者強調以「科學性數據」去解讀環境的議題。哈利柯林斯（Harry Collins）及羅伯特艾文斯（Robert Evans）就曾將這種科學辯論下的「政治化延續」（Politicized Continuation）視為是建構主義科學研究的邏輯性結果。[60]他們試圖強化「科學數據」（專門技術）與「政治意涵」（權利與控制）間彼此的關連。並且認為「科學數據」能夠解決公共問題中的正當性問題。[61]大衛帝莫爾利特（David Demeritt）曾論述到：「氣

59　Erika Weinthal, 2002, State Making and Environmental Cooperation: Linking Domestic and International Politics in Central Asia. Cambridge, MA: MIT Press, pp.1-274.

60　Harry M. Collins, Robert Evans, 2002, "The third wave of science studies: studies of expertise and experience," Social Studies of Science, Vol.32, p.263.

61　Ibid., p.263.

候變遷的案例顯示出：要明確區別科學的問題及與之關聯的價值問題是非常困難的。」[62]

肆、三大理論運用於環境議題之比較

綜上所述，本節將回顧三大理論之主張及其與氣候環境議題的連結，並綜合比較分析其運用於環境議題解釋性之比較。首先，回顧「現實主義」理論結合氣候環境議題，其整理如下三點所示：

第一，利益掛帥。國家會運用一切力量極大化「國家利益」。氣候環境議題由於涉及複雜的公共財問題，涉及技術的開發與移轉、資料的蒐集與轉化，因此須付出相對的時間與資金成本。集體行動所造成的無效率更會擴大國家所必須付出的代價。因此，在「國家利益」至上的現實主義者眼中，當因應環境議題會損及一國利益時，國家捍衛並追求其利益的動機是難以消除的。

第二，理性考量。國家的所有行為皆是「理性」評估後的結果。現實主義認為「理性」能夠驅使行為者追求並擴張近在眼前的短程利益。然而，解決氣候變遷問題乃屬於一項必須拋開一時得失而長遠追求的永續目標。依據現實主義者的觀點，若重視群體的長遠利益勝於己身的短程利益，都不是理性行為的表現。

第三，合作無解。「衝突」才是國際關係的常態，「合作」只是例外。尼可拉斯史派克門（Nicholas J. Spykman）曾將「合作」視為是國際關係上國家少有罕見的模式。[63]巴里史瓦茲亦同意當國家行為

---

[62] David Demeritt, 2006, "Science studies, climate change and the prospects for constructivist critique", Economy and Society, Vol.35, No.3, p.474.

[63] 胡祖慶譯，Robert L. Pfaltzgraff Jr., James E. Dougherty 著，1993，《國際關係理論導讀》。台北：五南，頁 62。

者參與協商的真實目的並非真為了「合作」。因此，對於現實主義論者而言，要透過「合作」來具體解決環境氣候變遷的問題是非常困難且艱鉅的任務。

其次，「自由主義」理論主張和氣候環境議題連結亦包含以下三點：第一，合作有利。合作具有許多潛在好處，帶來了機會也建立協商的雙贏。國際制度賦予國家進行合作的能力，以降低交易的成本並達到雙方共同的獲益。因此，無政府狀態下的環境議題合作不僅僅是可能的願景，同時也為各國帶來互惠的收益。

第二，更加多元。行為者的更加多元使得國家不再是唯一的核心行為者。在複雜互賴的環境議題下，已使得許多行為者間出現了跨政府的政策協調機制。這些非國家行為者將成為環境議題的重要議程設置與參與者。

第三，軍事次要。軍事武力已不再是決定結局、至關重要的因素。因為環境議題不能僅靠武力解決，而必須要依賴相關的技術發展與協商談判。自由主義者認為相互依賴是和平的基礎，隨著相互依賴網絡的擴散，各國的合作關係網絡亦會更加擴大。

最後，「建構主義」理論的要旨與氣候環境議題連結，可包括：第一，重視價值。氣候環境的議題涉及環境永續生存的「意識」，以及透過道德理念的價值性來號召行為者共同解決環境問題。此類非物質性的「價值」、「認同」與「規範」，同時也對氣候環境議題的行為者產生了影響。

第二，國家互動。國家與國家在環境議題的互動，成為形塑氣候環境議題合作模式的重要影響。國家與其他國際政治中的行為者亦同時扮演重要的角色。包含政治穩定度、政策制定……等皆會成為影響氣候環境議題的重要因素。因此，環境議題合作模式並非是既定的，而是國家與國家互動中所生成的。

第三，融合科學。科學數據提供了氣候環境議題探討時的重要依據。此包含了溫室氣體排放量檢測及其與地球溫度升高之間的關係、地球溫度升高與人類生存環境的關連……等。重視科學性的結果與現實觀念價值下的結合，此觀念價值亦符合了「客觀性」。因此，三大理論與氣候環境結合之整理，可參考圖 2-1 所示：

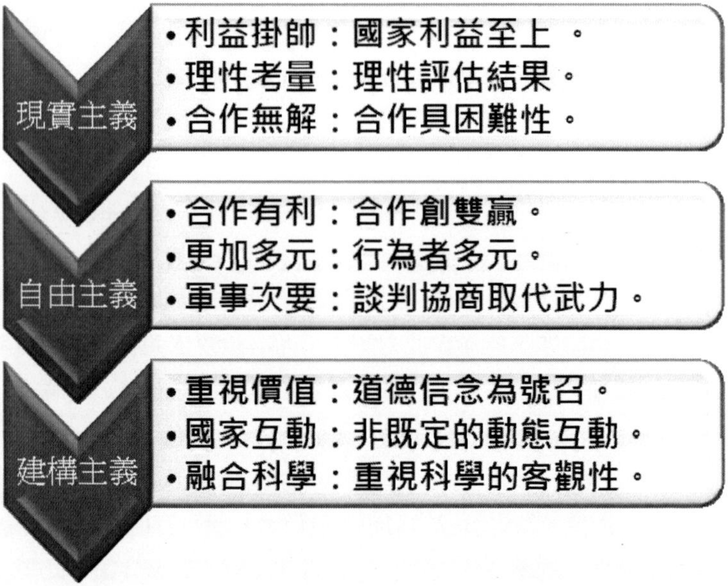

現實主義
- 利益掛帥：國家利益至上。
- 理性考量：理性評估結果。
- 合作無解：合作具困難性。

自由主義
- 合作有利：合作創雙贏。
- 更加多元：行為者多元。
- 軍事次要：談判協商取代武力。

建構主義
- 重視價值：道德信念為號召。
- 國家互動：非既定的動態互動。
- 融合科學：重視科學的客觀性。

圖 2-1　三大理論運用於環境議題之整理

　　然就本文實際研究主題而言，筆者發現上述理論內容並不能完全解釋現今各國氣候環境變遷議題合作之狀態與發展。以「自由主義」理論為例，不論是早期的理想主義、中期的自由主義或是晚期的新自由制度主義……等，其雖共同強調了「合作」所帶來的雙贏互惠與收益，也對「國家合作」之前景抱持樂觀。但現實世界在歷

經多次氣候變遷及國際合作會議下的狀況，卻讓我們觀察到國家間利益角力的「衝突」本質在國際氣候變遷合作的場域中展現無遺，進而使國家合作共創雙贏的期待蒙上一層陰影。米米爾海默即曾對國家間合作的可能表示看法，其認為國家之間合作之路的過程必定艱辛、無法長遠並且充滿變數。即便有國際組織的存在，也難以停止大國現實主義的行徑。[64]因此，「自由主義」理論主張無法完全解釋環境議題之現狀。

又就「建構主義」而論，強調整體國際結構或制度對個體國家的影響層面固然重要，但就現今國家角色與氣候環境變遷的議題來看，國家行為者既受到外部因素（結構）所影響、亦受到內部因素（領導人、政府體制、政黨）所控制。此外，本文環境議題的著重焦點並不在由建構理論所極力倡導的社會學及文化途徑，亦不在試圖使用科學的方法進行實證或分析。美國著名的外交史學家約翰蓋迪斯（John Gaddis）曾表示：「國際關係學越來越強力的『科學化』、越來越強調『規律性』及『預測性』，使得原應屬於『軟科學』的國際關係理論逐漸走向『硬化』。」[65]因此，「建構主義」的論點主張並不能完全解釋於本文環境議題之研究。因為國家間環境議題之合作，不僅受到彼此間權力、國際結構分配與國內……等各因素影響，也無法僅就科學性的數據結果來預測推論並解釋當今世界之現狀。

而就「現實主義」的主張而言，其「利益至上」、「理性考量」與「合作無解」之主要論點雖較能符合當前各國因應氣候環境變遷議題的現狀。然影響現實世界發展的考量因素多元，不應僅關注傳

---

[64] John J. Mearsheimer, op. cit. pp.1-30.
[65] John L. Gaddis, 1992, "International Relations Theory and the End of the Cold War", International Security, Vol.17, No.3, pp.5-58.

統現實主義重視的「權力」面向。正如同約翰阿肯貝瑞（John Ikenberry）過去提出反思國際秩序建構的途徑時，批評「現實主義」過分專注並誇大了「權力」的面向。[66]此外，現實世界中「無政府狀態」的體系結構也不完全如「攻勢現實主義」論者所言，是引起國家爭奪權力並造成無法避免衝突之因。反之，「無政府狀態」促成合作或是造成衝突仍須視當時的狀況而定。就環境議題的討論範疇而言，國家間形成合作或衝突之發展就須以結合當時內、外因素的考量來看。因此，傳統的「現實主義」理論主張亦無法完全解釋環境議題之現狀。

綜上所述，傳統的現實主義、自由主義及建構主義之理論主張均不能構成本文議題研究的理論核心。因此，本文將援引現實主義理論中一個融合古典現實主義及外交政策主張的新興分支——「新古典現實主義」來加以解釋。此一強調「跨越」及「融合」的中間路線也能為本文議題的解釋提供較為全面的分析途徑。本文除了將新古典現實主義視為核心的理論研究基礎外，為提供更具體的解釋力，同時納入另外兩項研究途徑。一為重視國家間權力分配、國際體系影響因素的「第二意象反轉」之論，二為結合強調內、外在因素互相牽連影響的「雙層博奕」理論主張。將「新古典現實主義」、「第二意象反轉」及「雙層博奕」等三項重要的理論基礎結合，以期能提供在全球氣候變遷與暖化下的國際合作議題研究中，有一較為清晰、完整的分析全貌。

---

[66] John Ikenberry, 2001, After Victory: Institutions, Strategic Restraint, and the Rebuilding of order after major wars. NJ. : Princeton University Press.

第二節　本文理論基礎

壹、新古典現實主義（Newclassical Realism）

一、新古典現實主義

在回顧「現實主義」、「自由主義」及「建構主義」的各項理論主張及其發展，並結合本篇氣候變遷及環境的研究主題下，本文將以「現實主義」中的「新古典現實主義」作為本篇論文的核心理論基礎。在此，筆者也將以理論的「興起背景」、「論點主張」與「回應其他理論」……等脈絡分述如下。

首先，就「興起背景」而言。「新古典現實主義」是「現實主義」較晚生成的理論。在此之前，國際關係理論時值「新現實主義」及其批判辯論的學術浪潮之中。學界普遍對於國際體系的本質及其對國際結果（如：和平或戰爭）的影響、多極或雙極體系何者較具衝突本質、以及國際制度與增加合作性之間的關聯……等議題進行討論。[67]「新現實主義」從關心「國際政治」（International Politics）出發，在一個「給定的體系」（A Given System）下，試圖解釋國家的行為結果及其互動。Waltz 提出須從國際體系（包含:國際結構）的「層次分析」（Level of Analysis）來解釋國際關係現象。[68]此一符合當時時代背景的理論隨著「冷戰」的結束，興起後續一波波對其理論解釋性的質疑與批評。[69]原本發展處於較弱勢的「外交政策分析」

---

[67] Gideon Rose, op. cit., pp.144-145.
[68] Kenneth N. Waltz, op. cit., p.40.
[69] 當時對「新現實主義」提出的主要批評包括：第一，無法對國際關係重

（Foreign Policy Analysis）亦在歷經多元化的修正調整後改頭換面。[70]現實主義在承受諸多批評與挑戰下，逐步修正並進而形成了多項以現實主義為核心基礎下的「分支」。「新古典現實主義」便在這樣的歷史背景因素下生成，成為一套主張融合「古典現實主義」及「外交政策分析」論點的折衷派分支觀點。

其次，就「論點主張」而言。羅斯將「新古典現實主義」定義處在「純結構理論者」（Pure Structural Theorist）與「建構主義者」（Constructivist）間的「中間路線」（Middle Ground）。[71]其既受到外部國際政治的影響、也受到內部因素所控制。其同時強調「系統誘因」（Systemic Incentives）中「獨立變項」與「內在因素」（Internal Factors）中「中介變項」所扮演的角色。「新古典現實主義」認為世界的「無政府狀態」是渾沌不明且難以理解的。其仍以「權力」作為主要分析基礎，但更強調透過決策者和國內政治的因素「移轉權力」。[72]亦即，除了國際權力的分配、國家相對能力的改變之外；決策

要的發展演變做出警示與預測。第二，無法解釋國際權力的變化及其轉向新結構的方式。第三，無法解釋國家外交政策行為的變化。第四，忽視國內政治的重要影響。第五，忽視決策者對外交政策及國際關係的影響力。詳細整理內容參閱：鄭端耀，2005，〈國際關係新古典現實主義理論〉，《問題與研究》，第 44 卷，第 1 期，頁 121。

[70] 外交政策分析朝向更多層次與更多元的發展，包括：不再過度高估科學「量化」方法的適用性、重視「國內政治」等因素的重要性……等。詳細內容參閱：Laura Neack, Jeanne A. K. Hey, and Patrick J. Haney, 1995, Foreign Policy Analysis: Continuity and Change in Its Second Generaion. Englewood Cliffs, N. J.: Prentice Hall, pp.1-16.

[71] Gideon Rose, op. cit., p.152.

[72] Kandall L. Schweller, 2003, "The Progressiveness of Neoclassical Realism," in Colin Elman, Miriam Fendius Elman, eds., Progress in International Relations Theory. Cambridge, Massachusetts: MIT Press, pp.317-318, pp.321-322.

者的認知、單一事件的衝擊影響、國內政黨及政府的能力與國家領袖
動員人力與物質資源的能力等，皆是「新古典現實主義」所關注的焦
點。其理論的因果邏輯可參考表 2-1 所示。學者布萊恩羅斯本（Brian
Rathbun）將「新古典現實主義」視為是「新現實主義」的延伸、「結
構現實主義」的產物。其認同羅斯提出「新古典現實主義」須同時關
注到「內在」（Internal）因素之觀點。其在〈以羅斯為名：將新古典
現實主義視為是邏輯且必要的結構現實主義延伸〉（A Rose by Any
Other Name: Neoclassical Realism as the Logical and Necessary
Extension of Structural Realism）一文中回應到：「新古典現實主義所具
有的一致性邏輯，包含了「觀念」（Ideas）及「國內政治」（Domestic
Politics）。」[73]而這兩項因素恆常是影響決策制訂的重要因素。

表 2-1　新古典現實主義理論的因果邏輯

理論 Theory	因果邏輯 Causal Logic
新古典現實主義	系統誘因（獨立變項）→內在因素（中介變項）→外交政策

資料來源：參照 Gideon Rose, 1998, "Neoclassical Realism and Theories of
　　　　　Foreign Policy," *World Politics*, Vol. 51, No. 1, p.154.

最後，就「回應其他理論」而言。「新古典現實主義」挑戰了其
他理論的重要觀點。第一，認為「國內政治」（Innenpolitik）理論太
側重單一形塑國家外交政策的因素，認為其引導的方向是錯誤的。
第二，提出「守勢現實主義」太強調國家對威脅的回應、而忽略了

---

[73] Brian Rathbun, 2008, "A Rose by Any Other Name: Neoclassical Realism as
the logical and Necessary Extension of Structural Realism," Security Studies,
Vol.17, p.296.

那些由「相對物質權力」（Relative Material Power）形塑出對威脅的認知。第三，相較於「攻勢現實主義」所假設國家追求「安全」（Security）的觀點，「新古典現實主義」認為國家尋求著的是「控制」及「型塑」外在環境以回應國際無政府狀態下的不確定性。[74]總的來看，「新古典現實主義」提出影響與型塑國家互動及行為的因素應結合「相對權力」、「外在環境」與「國內政治」等多元因素。有關「新古典現實主義」回應其他理論的整理，可參考表 2-2 所示。

表 2-2　新古典現實主義對其他理論的回應

新古典現實主義觀點	國內政治	守勢現實主義	攻勢現實主義
	不應側重單一形塑國家外交政策之因素	不應忽略相對物質權力對威脅認知之型塑	不應忽略國家對外在環境控制型塑的追求

資料來源：參照 Gideon Rose, 1998, "Neoclassical Realism and Theories of Foreign Policy," World Politics, Vol. 51, No. 1, pp.150-157.

二、新古典現實主義與氣候環境議題的結合

本文以「美國」作為主要研究對象，核心背景則探討全球氣候變遷及環境暖化議題。將本文核心理論基礎──「新古典現實主義」結合氣候環境議題的說明分析如下：

第一，氣候環境議題及美國行為的「多層次分析」。「新古典現實主義」主張採取多層次分析來研究影響國家對外行為之因素。[75]就環境議題而言，國際體系權力結構的外在因素（如：「美——中」的相對權力消長）與決策者認知（如：時任美國總統的態度）及國內

---

[74] Gideon Rose, op. cit., pp.150-152.
[75] 同註 12，頁 124。

政治（如：國內民意、政黨及國會傾向）等的內在因素，皆會影響美國對環境議題的行為與回應。因此，透過「多層次分析」較能全面的解釋並分析一國環境議題的外交政策行為。

第二，無政府狀態促「合作」或「衝突」須視當時狀況而定。由於「新古典現實主義」認為世界的無政府狀態充斥著不確定性及複雜性。[76]因此，必須視當時的內、外在因素來觀察其形成國家合作或衝突的發展。無政府狀態並不必然如「攻勢現實主義」所言會造成不可避免的國家衝突；也不全然如「新自由主義」所樂觀期望能以互惠合作化解衝突。因此，就氣候環境議題而言，觀察並分析美國當下的內、外在因素將更有助於解釋國家間「合作」或「衝突」的行為關係。

第三，已開發國家的責任？──美國的國家利益考量。「新古典現實主義」視「權力」為國家的能力資源。當國家擁有越多的能力資源，越有助於其對外行動的能力。這些對外行動亦包括了國家利益的考量。[77]就氣候環境議題而論，美國相較於其他國家擁有較高的能力資源及對外行動的能力，然由於本國的國家利益考量，促使美國思考國際合作行動所須付出的相對應成本──包括：投入資金援助及技術轉移給開發中國家。對美國而言，全球日益嚴重的暖化危機不應僅是已開發國家（如：美國）所獨攬的責任。

---

[76] Gideon Rose, op. cit., p.171.

[77] 同註 12，頁 125。

貳、第二意象反轉（Second Image Reversed）

一、第二意象反轉

　　古拉維奇於 1978 年於《國際組織》（International Organization）期刊中發表了一篇有關國內政治及國際因素的探討一文，其中提出著名的「第二意象反轉」之論，深切影響到後世眾多研究國內與國際政治互動的學者。該文首頁即論述到：「要回答有關國內的諸多問題，則必須要先將國際體系視為解釋的變項。」[78]此說明了一項貫串本文的核心概念——亦即「國內結構」並非僅是影響「國際政治」之因素，而可能是受到其影響的結果。此外，古拉維奇分析了國際體系對國內政治的影響及層面涵蓋範圍包括：國際體系及國家間的權力分配、國際經濟或經濟行為與財富……等方面。[79]由此可知，古拉維奇強調在理解國內經濟行為及國家政策時，亦須將整個大環境及國際環境的結構視為重要的觀察前提。此外，他也特別論述了外在因素對國內政治的影響結果，可反映在以下幾項：包含特殊事件、特定決定、政策、聯盟的形態等。[80]因此，「第二意象反轉」所提出的論述除了提出國際因素的重要性之外，亦突顯其與國內結構因素之間互相牽連影響的互動關係。

　　古拉維奇將經濟因素視為一項重要的觀察指標。提出國際經濟的世界市場對於國內政治的影響。早期因工業進步帶動了國家對資本的需求，更需要增進國家在組織及協調的能力。也因此，在快速的高工

---

[78] Peter Gourevitch, op. cit., p.881.

[79] Ibid, pp.882-883.

[80] Ibid, p.883.

業化之下，改變了其他國家的發展策略。[81]古拉維奇並以六大學派觀點闡述有關國際經濟的觀點，分別為：「葛先克隆學派」（Gerschenkron）、「依賴理論」（Theories of Dependencia）、「自由發展學派」（The Liberal Development School）「互賴學派」（Interdependence School）、「新重商主義」（The Neo-mercantilism）與「國家中心馬克思主義」（State-centered Marxism）。[82]相關論點及代表人物整理如下表 2-3 所示：

表 2-3　國際經濟與六大學派理論觀點

六大學派	代表人物	理論觀點
葛先克隆學派	Gerschenkron	發展中國家邁向工業化的過程中，仍不可避免受到國際經濟的影響。
依賴理論	Wallerstein	從世界體系到國家來看政治的差異。關切強國與弱國間「核心——邊陲」的關係。
自由發展學派	Hechter	前人的技術與獲利將可讓後人受惠，認為新科技及競爭是有好處的。
互賴學派	Keohane & Nye	國際間相互依賴限制了政府行動的自由；影響了內在組織及政策。
新重商主義	Gilpin	挑戰自由發展學派及跨國論者的觀點，強調國家才是互賴的主宰
國家中心馬克思主義	Magdoff,Baran & Sweezy	強調國家的重要性，反對國家地位會走向衰退的說法。

資料來源：參照 Peter Gourevitch, 1978, "The Second Image Reversed: The International Sources of Domestic Politics," International Organization, Vol.32, No.4, pp.886-896.

---

[81] Gourevitch 舉工業革命時期，當時原本受到各國競相仿效的工業龍頭——英國，因為快速的高工業化發展使得技術層級越趨成熟，進而促使其他各國轉而各自發展的路線，不再一味仿效並仰賴英國。詳細內容參閱 Peter Gourevitch, op. cit., p.886.

[82] Ibid, pp.886-896.

在國內結構與國際關係部分，古拉維奇再次強調了國內結構深受國際體系影響之論述。[83]亦即不論在經濟或是政治、軍事等方面均受其決定而影響。同時，國際關係的研究中也包含了許多有關國內結構重要性的討論。因此，古拉維奇提出幾項重要的研究命題：第一，相對於世界經濟中的國家定位為何？國家的政策是否與其期待一致？若一致，那麼就不能解釋為「國家結構」凌駕於「利益考量」之上。第二，在社會之中，誰才是政策的受益者？又支持或反對政策的對象為？若政策與某個聯盟或團體的期待一致，則國家成為主導因素的說法變得薄弱。第三，政策的選項由誰定義？政策制定是否在體制內進行？若否，則顯示出國家僅是一種工具手段而已。第四，政策何以具有合法性？政策的阻力與助力為何？即用何種方式能將政策推行成功？又何者的反對將阻礙政策的推行？[84]以上這些研究命題的反思，都有助於對國際關係及國內政治間互動的各項議題釐清。總的來看，有別於單向研究國內因素對國際政治的影響，古拉維奇則嘗試將研究視角放在國際體系對國內政治的影響，並試圖聯繫起國際與國內層次的雙向關係。由於兩者之間彼此牽連的關連性，在研究任何議題時，都應要同時側重並結合兩者加以分析之。其示意圖如圖 2-2 所示：

---

[83] Ibid, p.900.
[84] Ibid, pp.906-907.

圖 2-2 「第二意象反轉」論點主張示意圖

資料來源：參照 Peter Gourevitch, 1978, "The Second Image Reversed: The International Sources of Domestic Politics," International Organization, Vol. 32, No. 4, pp.881- 911.

二、第二意象反轉之論與氣候環境議題的結合

本文以全球氣候變遷及環境暖化議題作為研究主軸，而以「美國」國內政治及國際關係的互動發展作為主要的研究對象。將本文另項核心理論基礎——「第二意象反轉」與氣候環境議題的結合分析說明如下：

第一，國際體系深切影響全球氣候變遷議題。「第二意象反轉」之論提出並強調「國際體系」對「國內政治」之重要影響。以全球氣候變遷及暖化議題而言，國際政治的影響因素包含：在聯合國各項組織框架下，各國共同研究商議之二氧化碳減量排放機制運作、已開發國家協商提供開發中國家各項技術及資金支援等的環境承諾、各國際環境協議的規則與規範……等。這些外在環境的國際性因素均會對美國的國內政治產生效應。

第二，全球氣候變遷議題亦深受國家間權力分配所影響。「第二意象反轉」特別重視國際間的權力分配變化。就美國而言，由於在

國際政治的權力地位中，美國掌握了優勢的資源與主導地位，其在各大國際環境協議中所表現的立場與態度也成為影響國際間各國執行環境協議的關鍵因素。因此，在環境議題下的集體合作協商模式中，超級大國的走向與立場與各國相對權力地位的變化……等均會成為影響國內政策走向的重要觀察點。

第三，國內因素及國際因素同時交織影響全球氣候變遷及暖化議題。就古拉維奇的研究觀點，其雖提出應重視「國際體系」對「國內政治」的重要影響，但仍在文章歸納總結時提及：「在分析及研究議題時，須將具有緊密關聯性的國際及國內層次因素同時納入，才能得到完成研究觀察的全貌。」[85]是故，就「第二意象反轉」之論結合全球氣候變遷及暖化議題，在研究途徑與範疇上，則須同時將環境議題中「國內政治」與「國際關係」兩者不同層次的因素結合起來。藉此觀察國家在內政及外交上的互動模式及其發展，以求一完整、清晰的分析圖像。

參、雙層博弈（Two Level Games）

一、雙層博弈

普南在 1988 年以雙層博弈的邏輯論述外交及內政間糾結牽連的關係，提出國內政治與國際關係間彼此相互影響的論述。[86]雙層博

---

[85] Ibid, p.911.

[86] Putnam 通篇文章以 1978 年的波昂高峰會（Bonn Summit Conference）為例，剖析國內政治及國際關係間複雜的糾結關係。詳細內容參見 Robert D. Putnam, 1988, "Diplomacy and domestic politics: the logic of two-level

弈理論提到若國家受到來自國內的壓力愈大，那麼其在國際上的相對位置愈弱；[87]國內的政治活動亦會受到國際壓力所強化。[88]就美國的例子而言，普南觀察到：由於美國國內規定任何協議或條約的「正式生效」（Ratification）批准，皆須經過參議院的正式投票程序通過。[89]因此，國內所要求「多數決制」的高門檻常成為國際談判上的重要影響因素，此亦時常成為談判者的手段之一。另方面，國際因素（如：利用國際盟友之力）亦常成為給美施壓的另項手段。因此，國際壓力不僅是政策轉變的一項必要情況及條件；若無國內的共鳴，國際的力量也無法構成和平協議的條件。普南提及到：「國內及國際事務顯示了國內在外交政策上的若干影響，為我們對國家及國際事務的連結性提供了觀察。」[90]

　　此外，普南認為對於國內及國際政治的互動不能僅止於觀察，而必須要試圖跳脫超越並提出一個能夠解釋並說明兩者間互相牽連糾結的理論。是以提出並區分了兩個層級：（一）國家層級（National Level）。（二）國際層級（International Level）。前者提到的範疇包括了：國內團體藉由施壓政府來追求採取其偏好的政策；亦或是從政者藉由與團體間建立聯盟來尋求權力。後者則是透過國家政府來極大化自身能力來去滿足國內的壓力，亦即試圖極小化國外之發展所帶來的不利結果。[91]綜上來看，雙層博弈是一個相對複雜的概念，因為若有任一「主要行為者」（Key player）不滿意在國際層級上的結果，那麼必然會成為影響談判的因素。且就領導者而言，也會存在

games," International Organization, Vol.42, No.3, pp.428-460.
[87] Ibid, p.449.
[88] Ibid, p.429.
[89] Ibid, p.436.
[90] Ibid, p.430.
[91] Ibid, p.434.

因無法滿足國內追隨者的期望而失去領導地位之風險性。這些均構成涵蓋國內與國際過程的互動。

　　以下，茲將雙層博弈理論應用在談判議題的兩大階段定義與普南所提的「獲勝集合」（Win-set）及其決定因素分述如下：第一，兩大階段。（一）第一階段（Level I）：由談判者之間進行談判後，所導致一初步、非確定性協議的階段。（二）第二階段（Level II）：談判者與其內部的選民或追隨者討論是否通過並生效協議的階段。在上述這兩階段中均反映出彼此互相牽連影響之處，例如：對於第二階段協議生效的需求，會影響第一階段的談判；在第二階段協議被否決的預期亦可能中止第一階段的協議……等。因此，協議核可生效必須是兩階段所共同協調並同意通過的，亦即若無第一階段談判者的同意，談判者不能在第二階段中逕自修改協議內容。是故，普南也指出：其複雜之處在於這兩大階段間交互影響的互動非僅一次性、而可能常是反覆的進行。[92]筆者將兩階段的談判示意圖整理繪製如下頁圖 2-3 所示：

---

[92] Ibid, p.436.

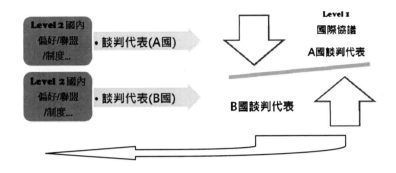

圖 2-3　雙層博弈理論兩階段互動示意圖

資料來源：筆者自行繪製。參照 Robert D. Putnam, 1988, "Diplomacy and domestic politics: the logic of two-level games," International Organization, Vol.42, No.3, pp.428-460.

　　第二，依據普南的定義，「獲勝集合」意旨：「在第一個階段所有達成所有可能『獲勝』的國際協議集合。因此，「獲勝集合」即是在第一個博弈階段所達成的協議、再得到第二階段國內選民的接受與認同之範圍。」[93]而「獲勝集合」越大，越有助於協議締約方彼此重疊的機會；進而促進合作與協議生效的可能性。其示意圖可參照圖 2-4 所示：

---

[93]　Ibid, pp.437-438.

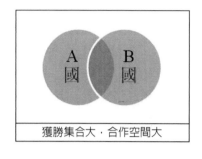
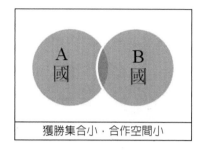

圖 2-4　獲勝集合與合作關係示意圖

資料來源：筆者自行繪製。參照 Robert D. Putnam, 1988, "Diplomacy and domestic politics: the logic of two-level games," International Organization, Vol.42, No.3, p.437-447.

　　而影響「獲勝集合」的三大決定因素分別為：（一）第二階段中的偏好（Preferences）及政黨聯盟（Coalitions）因素。據普南的觀察，獲勝集合的規模取決於第二層級內權力的分配、偏好及可能的聯盟成員。[94]例如：國內資源相對充分且富足的國家（如：美國），由於其獲勝集合較小，在國際間訂立協議的需求也相對較小。又若國內政府愈分立，其獲勝集合愈大，越有助於促進國際協議達成的可能性。（二）第二階段的政治制度因素。國內憲法制度賦予國父有權審視國際協議的核准與否，進而增加門檻並降低國際合作的規模。而主要決策者的自主性若愈高，愈能增加獲勝集合並增加達成國際協議的可能。（三）第一階段中談判者的策略因素。談判者的策略在於極大化對方的獲勝集合。因為即使增加己方的獲勝集合能夠較容易地達成協議，但卻也使得自己身處較弱的談判位置。[95]其示意圖可參照圖 2-5 所示：

---

[94] Ibid, p.442.
[95] Ibid, pp.443-447.

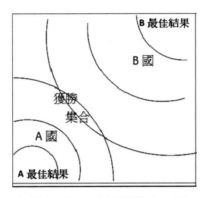

有利於 A 國：B 國獲勝集合＞A 國

圖 2-5　有利於 A 國的獲勝集合示意圖

資料來源：筆者參照 Robert D. Putnam, 1988, "Diplomacy and domestic politics: the logic of two-level games," International Organization, Vol.42, No.3, p.447.

　　筆者將普南所界定的談判兩方假設為 A 國與 B 國，圖 2-5 的左下角是 A 國的最佳結果；右上角則是 B 國的最佳選項位置。圖中所描繪的是當 B 國的獲勝集合範圍遠大於 A 國時，儘管雙方在重疊交集的區域達成了協議，但審視其結果是較有利於 A 國的。因為其達成協議的區域位置座落在較趨近左下角的 A 國最佳結果位置。反過來說，若 A 國的獲勝集合範圍越大，則最後的交集區域則會趨近於接近右上角的 B 國最佳結果位置。因此，總的來看，第一階段的談判者會盡可能的擴大對方的獲勝集合範圍，以期最後的協議結果愈趨近於己方的最佳選項位置。

二、雙層博弈之論與氣候環境議題的結合

本文的核心研究背景在探討全球氣候變遷及環境暖化議題，設定以研究「美國」國內政治及國際關係的互動發展為主。將本文另項核心理論基礎──「雙層博奕理論」與氣候環境議題的結合分析說明如下：

第一，氣候環境議題的「不協議成本」（the Cost of No-agreement）。普南曾在雙層博奕之論中提到：「對國內選民而言，『不協議成本』愈低、則『獲勝集合』愈小：」[96]就全球氣候環境及暖化議題的協商談判而言，其「不協議成本」的代價是高昂的，各國若無明訂一套共同遵守的協議與規範，未來將使全人類的生存環境遭受更加嚴峻的威脅。是故，從高昂的「不協議成本」來探究談判各方獲勝集合的增加幅度，將有助於觀察各國在氣候環境變遷議題的態度。

第二，全球氣候變遷議題深受美國國內因素所限。雙層博弈之論中提到眾多影響國際協議核准生效的重要國內因素，包括：領導人（談判者）的偏好及選票考量、國內政治制度所設的門檻……等。就氣候變遷環境議題而言，研究美國近代歷屆總統對於環境議題的重視程度、偏好及其為迎合選民期望的選舉考量因素，與觀察美國國會審議國際協議通過的程序限制，均有助於研究美國對外氣候變遷協議的態度轉變。

第三，氣候及環境暖化議題與美國極大化他方「獲勝集合」的體現。就雙層博弈理論中所提出的國家能力與簽訂國際協議需求的

---

[96] Ibid, p.442.

「不對稱關係」[97]中可發現，在氣候變遷及暖化議題範疇裡，豐沛的天然資源、相對強盛的國力與優越的國際地位皆會成為影響美國在國際氣候協議及談判中的態度。因此，當美國簽訂氣候變遷協議的需求及「獲勝集合」較小時，若欲使雙方的「獲勝集合」有交集，則必然走向極大化他方「獲勝集合」的發展。這也恆常是存在於「已開發國家」與「開發中國家」間的環境爭議。

第三節　全球氣候變遷及國際合作研究回顧

本文將氣候變遷因應的挑戰及整合研究回顧區分為：「氣候變遷緣起及發展階段」、「氣候變遷因應的困難」及「氣候變遷整合的機會」。其次，再針對影響氣候變遷因應政策成因的研究區分為：「國內因素」及「國際因素」。而有關國際合作的研究回顧，則就合作的型態、協調之概念、議題連結及其與全球氣候變遷議題之部分加以彙整探討。以下，將就相關主要文獻論述進行歸納彙整。

壹、氣候變遷因應的挑戰及整合

本文就全球氣候變遷研究進行回顧與整理。其中，有關氣候變遷議題的發展緣起及階段彙整、其所面臨在共有財合作問題上的困

---

[97] 依據普南的雙層博奕理論，這裡的「不對稱關係」乃意指國力相對強盛及富足的國家，由於其「獲勝集合」較小，故簽訂國際協議的需求比例也較低。詳細內容參見 Robert D. Putnam, 1988, "Diplomacy and domestic politics: the logic of two-level games," International Organization, Vol.42, No.3, p.443.

境，以及提供國家整合機會之契機等內容，將與本文所欲研究之主題相關。因此，將就此三方面的論述進行文獻彙整如下。

一、氣候變遷緣起及發展階段

有關全球氣候變遷發展之歷史，學者丹尼爾波登史蓋（Daniel Bodansky）曾將 1980 晚期及 1990 年代視為是氣候變遷環境行動浪潮的開始。以 1985 年作為分水嶺，直到 1992 年聯合國於里約召開的「聯合國環境及發展會議」（United Natons Conference on Environment and Development, UNCED）為止，將氣候變遷發展區分為五大階段。分別為：（一）1985 年前的「科學關注時期」：對於全球暖化發展的科學數據及資料的關注。（二）1985-1988 年的「議程設定時期」：氣候變遷已從科學議題轉變為政策的議題。（三）1988-1990 年的「政府涉入時期」：逐漸增加政府涉入政策過程討論的重心。（四）1992 年的「政府間協商時期」：以氣候變化框架公約為原則下，政府間正式協商討論的階段。（五）1992 年後的「合作承諾時期」：著重實踐氣候變化框架公約的合作基礎及協商承諾。[98]據此，可從丹尼爾波登史蓋之階段界定中，清楚將自 1980 年晚期至 1992 年後之氣候變遷發展歷程，歸納為五大發展階段。

此外，德特雷夫史賓茲（Detlef F. Sprinz）亦同意 1980 年代晚期為全球氣候變遷管理途徑的新開始階段。而自此時期後，全球環

---

[98] Daniel Bodansky, 2001, "The History of the Global Climate Change Regime," in Urs Luterbacher and Detlef F. Sprinz, ed., 2001, International Relations and Global Climate Change, London: The MIT Press, pp.23-24.

境變遷之議題也逐漸成為主導地球環境意識之基礎。[99]然而，德特雷夫史賓茲與優爾斯魯特貝裘（Urs Luterbacher）也承認，當時氣候變遷之發展仍在建構當中。與其他環境相關的發展體制相比，氣候變遷之協商機制及結構尚未成熟。[100]並且，要達成國際氣候體制的成功變革，尚須仰賴國家間在現行架構及國際規範下的管理機制。因此，氣候變遷之議題發展仍須面臨許多挑戰及威脅。一份來自「國際永續發展組織」（International Institute for Sustainable Development）的報告顯示，溫度的改變將對人類系統產生影響。不僅對動植物的生活、海平面之上升、糧食安全等都將造成危機。[101]因此，氣候變遷之議題不僅與人類健康及社會經濟相關，亦涉及人類生存安全及生活福祉等。國家在 1992 年氣候變化框架架構下，藉由著國際合作及協商之方式企圖解決氣候變遷議題。而有關過程中面臨的相關困難及挑戰之文獻研究，將於下面一併論述。

---

[99] Detlef F. Sprinz, 2001, "Comparing the Global Climate Regime with Other Global Environmental Accords," in Urs Luterbacher and Detlef F. Sprinz, ed., 2001, International Relations and Global Climate Change, London: The MIT Press, pp.247-248.

[100] Urs Luterbacher and Detlef F. Sprinz, 2001, "Conclusions," n Urs Luterbacher and Detlef F. Sprinz, ed., 2001, International Relations and Global Climate Change, London: The MIT Press, pp.297-298.

[101] International Institute for Sustainable Development Report, 2007, "The Climate Change Challenge," Climate Change and Foreign Policy: An exploration of options for greater integration, Winnipeg, Manitoba, Canada: Unigraphics Ltd., pp.3-4.

二、氣候變遷因應的困難

　　學者優爾斯魯特貝裘及德特雷夫史賓茲曾針對氣候變遷的集體公共財特性提出討論。其認同加勒特哈汀所提出「共有財的悲劇」之論點。具體指陳全球氣候變遷之因應乃須倚靠國際間的合作才得以實踐。然而，由於氣候是任何人均可獲得的共有資源。因此，資源的共有特性也將導致管理及規範上的限制。[102]除了共有財所造成合作的困境之外，因應氣候變遷也將導致與國家經濟及煤炭、燃油企業等發展利益集團的對立。德特雷夫史賓茲（Detlef F. Sprinz）和馬丁韋伯（Martin Weiβ）在其研究中曾指出：「即使環境利益團體的組織再好，它們對於執政團隊的效果仍舊有限。因為受到國內資金龐大的企業團體所影響。這些團體將會致力於阻止對於溫室氣體排放減量之限制義務。」[103]因此，要推行有利於因應氣候變遷之環境政策，環境利益團體須面臨與財大勢大的企業團體相抗衡之窘境。

　　而氣候變遷因應的另一項困難，則是來自於國家發展不同而導致不平等的國家協商基礎。學者愛德華派森（Edward Parson）及理查瑞克哈瑟（Richard Zeckhauser）曾就氣候變化框架公約下的協商機制作出觀察，其共同認為國家間就環境協議的協商機制，是在一個不平等的世界下所進行的。[104]其突顯了國家間發展不對稱的前

---

[102] Urs Luterbacher and Detlef F. Sprinz, op. cit., p.9.

[103] Detlef F. Sprinz, and Tapani Vaahtoranta, 1994, "The Interest-Based Explanation of International Environmental Policy." International Organization, Vol.48, No.1, p.79.

[104] Edward Parson and Richard Zeckhauser, 1995, "Equal Measures or Fair Burdens: Negotiating Environmental Treaties in an Unequal World," in Henry Lee ed., 1995, Shaping National Responses to Climate Change, Washington D.C.: Island Press, pp.81-82.

提，將導致氣候協商機制基礎的差異。而這項差異也將導致國家與國家間對於環境責任歸屬的認知差距與分歧。學者理查史帝瓦特（Richard Stewart）及約翰阿斯頓（John Ashton）也曾就不同國家發展狀況的主要溫室氣體排放國，在氣候管理規範上所造成的差異及困難現象進行研究。其表示：「要促使主要開發中排放大國參與減排義務，其挑戰是越來越大的。」[105]英國氣候變遷特別代表約翰阿斯頓（John Ashton）及世界銀行諮詢專家王雪曼（Xueman Wang）曾就氣候原則的公平性議題提出探討。其表示因應氣候變遷之行動，有賴其因應氣候變遷之能力。然而，已開發之工業國家相較於其他國家，有更多獲得科技資訊之管道及資金支援。在連結國內資源及國際承諾時，已開發國家也擁有相對於開發中國家更多的基本能力。[106]因此，其不僅是因為開發中國家之國內發展仍未臻成熟，其國力及經濟力仍不足以負擔減排所須的資金及技術。是故，已開發國家應扮演起協助開發中國家限制排放義務之角色。

　　國家氣候變遷議題除了須面臨共有財的困境，及國家發展不平均的先天差異外。仍須克服主要的已開發排放大國——美國，不加入氣候協議規範之挑戰。正如同學者理查史帝瓦特及強納生威拿的觀察，任何在國際法架構基本原則下的國際協議，均須在國家願意加入並接受後始生效力。而有關氣候變遷的因應，包括巨大的經濟成本、國內企業遊說壓力、國會須高門檻始能通過批准等因素。使

---

[105] Richard B. Stewart and Jonathan B. Wiener, 2003, "Participation by All Major Greenhouse Gas-Emitting Nations in Climate Regulation," Reconstructing Climate Policy Beyond Kyoto, Washington, D. C.: The AEI Press, p.43.

[106] John Ashton and Xueman Wang, 2003, "Equity and climate In principle and practice," in the Pew Center on Global Climate Change report, 2003, Beyond Kyoto Advancing the international effort against climate change, pp.63- 64.

得美國決定不受其溫室氣體排放管制之拘束。[107]美國決議於 2001 年退出《京都議定書》即是一例證。同時,美國也宣布不參與與京都機制有關的相關協商與討論。此皆與美國維護其國家利益及國內經濟發展之考量層面有關。然而,氣候變遷因應亦提供了國家整合之契機。以下將針對相關文獻加以彙整論述。

三、氣候變遷整合的機會

全球氣候變遷議題有賴國家之合作及共同的力量得以解決。德特雷夫史賓茲及優爾斯魯特貝裘如是認為,並提出隨著全球氣候變遷的危機出現,隨之而來的是對國際合作及協商之需求。[108]學者丹尼爾波登史蓋在提出氣候變遷體制的歷程發展之研究時,亦提出了氣候變遷帶來的認知轉變。其提到氣候變遷使得國家意識到其所帶來的危機是集體共同、而不再是個別國家的。[109]因此,國家間也必須仰賴共同的因應合作來解決共有的議題。這逐漸型塑氣候變遷整合之契機。

根據「國際永續發展組織」的研究報告指出,氣候變遷有助於提供多元議題整合之機會。整合範疇包含了:(一)增加國家多元回應氣候變遷之能力。(二)氣候變遷及能源安全目標的結盟。(三)氣候變遷及和平安全結合的實踐。(四)氣候變遷與貿易政策連結的策略。(五)影響開發中國家的發展合作政策連結。[110]就「國家多元回應氣候變遷」部分,學者們綜合於報告中的觀察提到,在聯

---

[107] Ibid, p.37.

[108] Urs Luterbacher and Detlef F. Sprinz, op. cit., p.9.

[109] Daniel Bodansky, op. cit., pp.37-38.

[110] International Institute for Sustainable Development Report, op. cit., pp.11-29.

合國體系下，惟有透過合作及強化體系的有效性，國家才能有效性的達成多元回應氣候變遷議題之目標。因此，可以將聯合國的體系架構視為背景框架，而將氣候變遷視為國家討論之議程選項。而在「與能源安全目標之結盟」上面，2006 年八大峰會國（G8）曾就此提出具體架構方案。該整合方案包括：主要能源生產的國際行動及合作、安全及貿易的基礎設施、對改善能源有效性的需求認知、乾淨能源的發展及採用、及個別國家發展能源安全計畫的需求等等。[111]此整合機會將促使國家發展與投資相關的能源研發、生產、運輸及使用等類別。而這些均有利於因應氣候變遷議題及永續能源發展。

在「與和平安全結合的實踐」中，與國際和平與安全結合之目的，在於促使國際社會將氣候變遷視為一項威脅。傳統而言，普遍將焦點放在立即的威脅。然而，氣候變遷議題之挑戰在於如何說服成員國該議題將是一個即將要發生的威脅。因此，聯合國大會已直接將海平面上升對小島國家的威脅連結。[112]而此正是將國家安全及生存與氣候變遷之議題相結合。而在「與貿易政策連結的策略」方面，「國際永續發展組織」的研究報告中指出，致力於發展貿易投資及政策之機會，將有助於達成國際氣候變遷之目標。[113]發展中國家透過貿易及投資中的獲利，使其國內機制之措施及運作能更具有效能。如此亦將有利於開發中國家因應氣候變遷行動之目標。最後，在「與影響開發中國家發展合作政策連結」部分，國家即使因為發展程度不同而有不同的合作需求。但連結發展合作策略將能成為影

---

[111] Ibid, p.14.

[112] Ibid, pp.22-23.

[113] Ibid, pp.26-27.

響開發中國家因應氣候變遷之手段。[114]而若能與發展中國家連結得宜，則能鼓勵並刺激發展中國家達成減少溫室氣體排放量之承諾目標。未來發展中國家也將在因應氣候變遷發展扮演重要的角色。

貳、影響氣候變遷因應政策的成因

本文乃就全球氣候變遷議題及影響美國環境政策的國內、國際成因進行討論。因此，文獻中乃就影響氣候變遷因應政策的成因之研究進行回顧與整理。其中，影響氣候變遷因應政策之國內因素及國際因素，將與本文所欲研究之主題相關。因此，將就這兩部分之論述進行文獻彙整如下。

一、影響氣候變遷因應政策的國內因素

學者德特雷夫史賓茲和馬丁韋伯曾將國內政治與全球氣候政策之主題結合並進行研究分析。當中提到：政府執政團隊深受國內壓力團體、國會多數政黨等因素影響。[115]此外，這些因素加總起來將會侷限國家決策制定者的行動。兩位學者曾就美國批准國際協議的實例，闡述總統並無權指揮國會內三分之二的多數。而國內領袖不僅要面臨到國際氣候協議的挑戰、也須應付國內因素的壓力。因此，政府在氣候變遷政策的因應上面勢必受到來自於許多國內限制

---

[114] Ibid, pp.29-30.

[115] Detlef F. Sprinz, and Martin Weiβ, 2001, "Domestic Politics and Global Climate Policy," in Urs Luterbacher and Detlef F. Sprinz, ed., 2001, International Relations and Global Climate Change, London : The MIT Press, pp.67-68.

之因素所影響。[116]其他探討相關層面因素的學者亦包括：探討全球氣候政策及美國國內限制因素的格林蘇斯門（Glen Sussman）、探討中國氣候變遷政策及其國內限制力量的楊儀（Yang Yi）、及研究全球環境政治及美國單邊主義下國內因素來源的伊莉莎白德松布爾（Elizabeth DeSombre）等。

學者格林蘇斯門將研究焦點著重在幾項影響美國環境政策的重要國內因素。包括：美國總統、美國國會、及國內利益團體。同時，學者也檢視了蒙特婁議定書及聯合國氣候變化框架公約下的數次氣候變遷大會。[117]當中，格林蘇斯門批評並指陳美國國內的國會執行無效率之問題。且國內由民主黨或是共和黨所掌控的國會多數，也將大大地影響美國環境立法及政策的推行。然而，民眾及選民的支持也將成為國會重視的施政來源。間接突顯國內民眾對於環境議題的關注程度，將會連帶影響國會偏好之施政方向。而北京學者楊儀則是從中國國內之經濟發展、貧窮狀況、能源策略等因素分別探討。楊儀提出：中國的經濟發展及境內的貧窮狀況將會影響社會的穩定性。因此，對中國而言，氣候變遷將在貧窮及永續發展間成為一項衝突來源。而對中國及多數開發中國家而言，能源的政策將是國內發展過程的優先考量。因為長久而來低效能的能源及高溫室氣體排放的來源，是源自於能源生產的技術性問題。這在開發中與已開發國家間的鴻溝差距是相當明顯的。[118]

---

[116] Ibid, p.72.

[117] Glen Sussman, 2004, "The USA and Global Environment Policy: Domestic Constraints on Effective Leadership," Interntaional Political Science Review, Vol.25, No.4, pp.349-350.

[118] Yang Yi, 2011, "Domestic Constraints and International Fores: Explore China's Position on International Climate Change Policy," Canadian Social Science, Vol.7, No.6, pp.138-147.

學者伊莉莎白德松布爾則是從美國單邊主義下的行動思維作為背景，探討美國及全球環境政治下的國內因素來源。作者首先點出全球氣候變遷之合作必須仰賴美國的參與，否則將無法產生有效之效果。然而，受到美國本身國力強大的背景因素影響，使得國家得以在捍衛本國利益的考量下，選擇排拒國際合作以解決氣候議題之模式。是故，伊莉莎白德松布爾在研究中，找出諸多美國走向氣候變遷單邊行動的佐證及說明。[119]這些有助於解釋美國拒絕加入《京都議定書》及其他溫室氣體減排機制之規範，其背後所面臨來自國內考量及影響的諸多因素。

二、影響氣候變遷因應政策的國際因素

茲將影響氣候變遷因應政策之國際因素區分為：（一）國際政府間組織之因素。（二）國際非政府組織之因素。就國際政府間組織的影響，多數以聯合國體系架構下的氣候變化框架公約為主要討論範疇。學者波登史蓋在回顧氣候變遷體制之發展史，將氣候變化框架公約視為是自 1992 年來各大重要會議的組織者。[120]其所提供的是作為各國溝通協商、及強化因應氣候變遷之承諾場域。其所設定的協商會議，也均設定在此架構體系之下。學者馬修帕特森（Matthew Paterson）在一篇研究全球氣候變遷脈絡下的正義原則基礎篇章中，也就氣候變化框架公約下設定的國家排放二氧化碳減量義務之標

---

[119] Elizabeth R. DeSombre, 2010, "The United States and Global Environmental Politics: Domestic Sources of U.S. Unilateralism." http://www.polisci.ufl.edu/usfpinstitute/2010/documents/readings/DeSombre%20Chapter.pdf.

[120] Daniel Bodansky, op. cit., pp.25-26.

準，來檢視分配原則的正當及正義性。[121]學者艾倫衛根特（Ellen Wiegandt）同樣以聯合國氣候變化框架公約下的氣候變遷協議，來作為探討國際氣候變遷協商中的平等性問題。[122]除了 1992 年所通過的聯合國氣候變化框架公約之外，尚包括 1988 年所成立的「政府間氣候變遷小組」（Intergovernmental Panel on Climate Change, IPCC）。學者德特雷夫史賓茲及優爾斯魯特貝裘曾於文章中提到，由「聯合國環境計畫」（United Nations Environment Programme, UNEP）及「世界氣象組織」（World Meteorological Organization, WMO）所共同組成的科學合作組織。其科學資料的提供連結了人類行為對於氣候變遷加劇之影響。[123]

　　除了國際政府間組織恆常成為氣候變遷議題相關的討論背景基礎外，非政府組織角色的躍升也成為探討主軸。哈佛大學學者李亨利（Henry Lee）曾撰文研究型塑氣候變遷之國家回應主題。再觀察政策發展過程及與非政府組織間之關係。其表示：非政府組織在國際環境協議上，已扮演連結公共支持意見之影響力角色。[124]其觀察了非政府組織從過去乃至於現今之發展，過去環境非政府組織過於著重在單一的議題，而現在卻已越來越能獨立於政府並提出實質貢

---

[121] Matthew Paterson, 2001, "Principles of Justice in the Context of Global Climate Change," in Urs Luterbacher and Detlef F. Sprinz, ed., 2001, International Relations and Global Climate Change, London : The MIT Press, pp.119-121.

[122] Ellen Wiegandt, 2001, "Climate Change, Equity, and International Negotiations," in Urs Luterbacher and Detlef F. Sprinz, ed., 2001, International Relations and Global Climate Change, London: The MIT Press, pp.127-128.

[123] Urs Luterbacher and Detlef F. Sprinz, op. cit., pp.3-4.

[124] Hernry Lee, 1995, "Introduction," in Henry Lee ed., 1995, Shaping National Responses to Climate Change, Washington D.C.: Island Press, pp.1-3.

獻。而這也說明了非政府組織之角色已日益突顯。學者波登史蓋則認為，非政府組織角色在 1997 年的《京都議定書》之後更形明顯。[125] 而學者卡爾羅斯提亞拉（Kal Raustiala）則是直接將研究焦點放在全球氣候體制中的非國家行為者。其研究表示，許多參與氣候變遷體制內的非國家行為者，在聯合國體制內多扮演諮詢性的顧問性質。這使得不論是氣候變化框架公約或是「政府間氣候變遷小組」，均在非政府組織之緊密監督之下。[126]非政府組織致力於推動將氣候變遷議題作為重要的國際環境議題之議程。卡爾羅斯提亞拉並彙整了非政府組織的五大主要行動及任務。（一）協助設定國際議程及提升環境挑戰的意識。（二）提供政策建議及資訊。（三）透過政治壓力來影響國際協商的過程。（四）監督政府的行動。（五）協助執行之過程。[127]而這些非政府組織之行動也直接的與全球氣候變遷政策及氣候變化框架公約有關。綜上，有關影響氣候變遷因應之國內及國際因素研究文獻，除了列舉各項影響國家因應氣候變遷之因素外，也提供本文作為研究影響美國環境政策之國內、國際因素探討之參考。接下來，將分別針對國際關係的主要理論回顧，結合氣候變遷之議題予以綜合探討及研究。

---

[125] Daniel Bodansky, op. cit., p.37.

[126] Kal Raustiala, 2002, "Nonstate Actors in the Global Climate Regime," in Urs Luterbacher and Detlef F. Sprinz, ed., 2001, International Relations and Global Climate Change, London : The MIT Press, pp.95-97.

[127] Ibid, pp.103-111.

參、國際合作

　　本文以全球氣候變遷與暖化下的國際合作為題，欲研究美國的環境雙層博弈案例。則須將國際合作的相關研究整理納入文獻歸納中。以下茲就多位學者對於國際合作之觀察進行彙整，分別從國際合作的概念、合作模式之改變、以及議題連結的型態等層面觀察。以作為本文研究觀察全球氣候變遷國際合作研究之參考。倫敦經濟學院的學者史考特巴雷特（Scott Barrett）曾針對國際合作的理論進行研究。當中談到要維繫國際合作的體制，必須要兼顧個體與集體的理性。無政府狀態下必須顧及個體的理性；國家間的多次協商與合作則須顧及集體的理性。[128]史考特巴雷特提出對於國際合作的研究觀察，惟有在參與行為者數目不多的狀況下，多個行為者的國際合作結果方能具有成效。此外，若參與國均能自我實踐條約或協商的內容，更有利於協商結果的達成。[129]鄧肯史奈德爾（Duncan Snidal）亦曾就國際合作的相對獲利及合作型態進行研究。史奈德爾雖承認國際政治中的相對獲利問題，將是無政府狀態下對於國家合作的一大威脅。[130]然而，真正關鍵在於，大國與小國在國際協商中所獲得的成本與獲利並不對稱。史奈德爾企圖透過對於國際合作的研究，反駁現實主義認為相對獲利可能消除國際合作可能性之觀點。[131]隨著協商參與國的數量增加，國際合作型態已逐漸從贏者全拿的單一

---

[128] Scott Barrett, 1998, "A Theory of International Cooperation," http://www.feem.it/userfiles/attach/Publication/NDL1998/NDL1998-043.pdf. pp.1-30.

[129] Ibid, pp.29-30.

[130] Duncan Snical, 1991, "Relative Gains and the Pattern of International Cooperation," The American Political Science Review, Vol.85, No.3, p.701.

[131] Ibid, pp.721-722.

零和轉變為多贏模式。因此，史奈德爾的國際合作觀點，同時涉及了國際協商模式與參與成員組成的多元轉變。

學者厄尼斯特哈斯曾以「議題連結」（Issue-Linkage）剖析國家為何選擇合作之因。透過普遍架構及共同場域之連結、資訊分享之管道，進行議題與議題間的連結與認知架構。[132]學者亞瑟史汀則是將國際合作的討論範疇擴及到「協調」的領域。其中談到國家間依賴合作的重要前提，必須在雙方具有相同或相似利益的前提之下；然而，當面臨到具有威脅或利益衝突之際，則須仰賴國家間相互「協調」。[133]因此，國際合作不應僅涵括共同趨利的「合作」思維，尚應包括具共同避險的「協調」概念。肯尼茲歐伊在探討世界政治中的合作條件時，曾提到國家透過無政府下的合作得以了解共同之目標。[134]因此，在國際社會中，即使缺乏單一國際權威，政府通常會傾向採取對雙邊均有利的行動作為。即便國家的行為可能會遭受拘束或牽制。在探討到如何促進多行為者協商時的合作策略，肯尼茲歐伊提出了兩點研究觀察，包括：（一）合作協商與會議能提供一套遵行原則，減少交易及資訊之成本。（二）合作的集體執行機制能減少背叛機會與增加對違反規範者的懲罰制約。[135]如此，可從歐伊的論點中看出其所主張的合作效用及問題解決的可能性。

本文將全球氣候變遷議題與國際合作之主題結合，學者德特雷夫史賓茲及優爾斯魯特貝裘曾對兩者的結合提出，伴隨著全球氣候

---

[132] Ernst B. Hass, op. cit., pp.357-405.

[133] Arthur A. Stein, op. cit., pp.299-324.

[134] Kenneth A. Oye, op. cit., pp.1-22.

[135] Ibid.

變遷議題而來的，是對於國際合作及協商的需求不斷提升。[136]他們所提出的主張並非是對於國家利益衝突性的忽略，而是強調如亞瑟史汀所提出的，一種藉由國家間彼此「協調」所「共同避險」之概念。亦即，當氣候變遷的危機不再是個別國家所有、而擴及到集體共同的傷害時，國家須共同「協調」以共同因應氣候變遷之議題。大衛維克特亦曾將氣候變遷議題與國際合作相結合。其談到必須要依循「理解合作對象」、「理解合作源由」的路徑來增加國際合作的效能。[137]亦即，若能有條件性的篩選協商參與國的母體，則愈能減少減少協商成本。以氣候變遷議題與國際合作為例，若能以主要碳排放大國之協商模式參與，將會使國際合作更具效率。然而，維克特也注意到環境合作不易達成的困難性。國家的環境作為容易因受到它國環境作為之牽制而陷入停滯或緩慢前進的僵局。

---

[136] Urs Luterbacher and Detlef F. Sprinz, op. cit., p.9.

[137] David G. Victor, op. cit., pp.515-522.

第三章

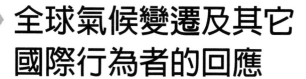

全球氣候變遷及其它國際行為者的回應

第三章　全球氣候變遷
　　　　及其它國際行為者的回應

> 承認地球氣候之變化及其不利影響是人類共同關心之問
> 題，……注意到歷史上前全球溫室氣體排放之最大來源為已
> 開發國家；開發中國家之人均排放量仍相對較低；開發中國
> 家在全球排放中所佔之比重將會增加……，意識到陸地及海
> 洋生態系統中溫室氣體儲存庫之作用及重要性……。[138]
> （UNFCCC, 1992）

> 沒有人知道暖化到甚麼程度才算是「安全」，我們只知道氣候
> 變遷已經傷害了人類及生態體系。我們可以從溶化的冰河、
> 破裂的極冰、垂死的珊瑚礁、上升的海平面……等現象中看
> 到這些事實。而這些也正改變著生態體系及帶來毀滅性的熱
> 浪……。這些都還只是開始，面對危險的氣候變遷危機……
> 我們必須要對此作出行動……。[139] （Greenpeace, 1992）

早自 1972 年《聯合國人類環境會議宣言》（Declaration of the United Nations Conference on the Human Environment）開始，聯合國

---

[138] 轉引自《聯合國氣候變化綱要公約》，1992，http://www.tri.org.tw/unfccc/download/unfccc_e.pdf，http://www.tri.org.tw/unfccc/download/unfccc_c.pdf.

[139] 轉引自國際綠色和平組織（Greenpeace International）的官方網站呼籲內容。詳細內容參閱 http://www.greenpeace.org/international/en/campaigns/climate-change/impacts/.

便針對改善人類環境需求問題提出一套原則指導方針。當中除了將「環境」視為基本人權之外，並就環境資源規劃、環境保育推廣及協助開發中國家從事環境保護……等任務視為主要努力方向。[140] 1992年《聯合國氣候變化綱要公約》設定了國家間共同努力因應氣候變遷挑戰的整體架構；而《里約熱內盧宣言》除了重申《斯德哥爾摩宣言》（Stockholm Declaration）外，更強調須在國家及其他部門間建立創新且公平的夥伴關係。而就國際環境非政府組織而言，透過其綠色訴求及反溫室氣體排放之倡議，企圖影響政府決策及引起公眾關注。以「綠色和平組織」（Greenpeace）與因應氣候變遷議題之實例來觀察，其呼籲全人類拿出「實際作為」（Actions speak louder than words）已然成為其因應全球氣候變遷危機的主要號召。因此，無論從國際組織與全球氣候變遷連結之面相著手研究分析，抑或是自國際非政府組織結合全球氣候變遷議題的發展中觀察，兩者皆能成為研究國際團體回應氣候變遷議題的良好觀察點。以下，本章將分別就聯合國及綠色和平組織的視角來研究其與氣候變遷議題之關係發展。

第一節　聯合國與氣候變遷議題

本節主要將焦點放在聯合國及氣候變遷議題之探討，觀察及討論範疇主要分為兩大部分：（一）統整自 1979 至 2010 年間，各大氣

---

[140] 《聯合國人類環境會議宣言》又名《斯德哥爾摩宣言》。於 1972 年 6 月 16 日通過，其中包含七大宣布事項及二十六大原則。詳細內容參閱 http://www.china.com.cn/chinese/huanjing/320178.htm.

候變遷之重要會議回顧。(二)整理本文所討論的相關協議內容。(三)綜合比較評析相關協議內容範圍進行評析與整理。

壹、回顧氣候變遷之國際重大會議（1979-2010）

回顧世界氣候變遷的重要會議史，可以觀察自 1979 至 2010 年間的主要重要事件。當中包括：「世界氣候會議」（World Climate Conference）分別在 1979、1990 及 2009 年召開；「政府間氣候變遷專題小組」（IPCC）於 1988 年建立後，在 1990、1995、2001 及 2007 年共發佈了四次具有學術參考價值的科學評估報告；而每年需召開一次的「聯合國氣候變化綱要公約（UNFCCC）締約國大會」，則自 1995 年開始，至今已召開了十七次的締約國大會。除此之外，其他亦有許多重要的宣言及條約誕生，包括：里約宣言、二十一世紀章程、京都議定書、聯合國千禧年宣言、跨國環境影響評估公約之政策環評議定書、哥本哈根協議、坎昆協議……等。以下，將就世界氣候變遷的重要會議整理如下表 3-1 所示：

表 3-1　氣候變遷重要會議大事紀（1979-2011）

時間	名稱
1979	第一屆世界氣候會議（WCC）
1988	政府間氣候變遷專題小組（IPCC）成立
1990	IPCC 第一次科學評估報告
	政府間氣候變遷綱要公約協商委員會（Intergovernmental Negotiation Committee fora Framework Convention on Climate Change）成立
	第二屆世界氣候會議（WCC）

1992	聯合國氣候變化綱要公約（UNFCCC）通過 聯合國環境與發展大會（里約地球高峰會議）及里約宣言 二十一世紀章程
1995	IPCC 第二次科學評估報告 UNFCCC 第一次締約國大會（COP-1）Bonn, Germany.
1996	UNFCCC 第二次締約國大會（COP-2）Geneva, Switzerland. 日內瓦宣言（Geneva Declaration）通過
1997	UNFCCC 第三次締約國大會（COP-3）Kyoto, Japan. **京都議定書（Kyoto Protocol）簽署**
1998	UNFCCC 第四次締約國大會（COP-4）Buenos Aires , Argentina. 布宜諾斯艾利斯行動計畫
1999	UNFCCC 第五次締約國大會（COP-5）Bonn, Germany.
2000	UNFCCC 第六次締約國大會（COP-6）Part-1 Hague, Holland. UNFCCC 第六次締約國大會（COP-6）Part-2Bonn, Germany. **聯合國千禧年宣言（UN Millennuum Declaration）**
2001	IPCC 第三次科學評估報告 UNFCCC 第七次締約國大會（COP-7）Marrakech, Morocco. 馬拉喀什部長宣言（Marrakesh Ministerial Declaration）
2002	UNFCCC 第八次締約國大會（COP-8）New Delhi, India. 德里部長宣言（Delhi Ministerial Declaration）
2003	UNFCCC 第九次締約國大會（COP-9）Milan, Italy. **跨國環境影響評估公約之政策環評議定書** **（Protocol on Strategic Environmental Assessment to Espoo Convention）**
2004	UNFCCC 第十次締約國大會（COP-10）Buenos Aires, Argentina
2005	UNFCCC 第十一次締約國大會（COP-11）Montreal, Canada. 京都議定書生效的第一次締約國會議（The 1st Conference of Parties, CMP1）

2006	UNFCCC 第十二次締約國大會（COP-12）Nairobi, Kenya. 京都議定書生效的第二次締約國會議（The 2nd Conference of Parties, CMP2）
2007	IPCC 第四次科學評估報告 UNFCCC 第十三次締約國大會（COP-13）Bali, Indonesia. 京都議定書生效的第三次締約國會議（The 3rd Conference of Parties, CMP3）
2008	UNFCCC 第十四次締約國大會（COP-14）Poznan, Poland 京都議定書生效的第四次締約國會議（The 4th Conference of Parties, CMP4）
2009	第三屆世界氣候會議（WCC） UNFCCC 第十五次締約國大會（COP-15）Copenhagen, Denmark. 京都議定書生效的第五次締約國會議（The 5th Conference of Parties, CMP5） **哥本哈根協議（Copenhagen Accord）**
2010	UNFCCC 第十六次締約國大會（COP-16）Cancun, Mexico. 京都議定書生效的第六次締約國會議（The 6th Conference of Parties, CMP6） **坎昆協議（Cancun Agreement）**
2011	UNFCCC 第十七次締約國大會（COP-17）Durban, South Africa. 京都議定書生效的第七次締約國會議（The 7th Conference of Parties, CMP7） **德班協議（Durban Agreement）**

資料來源：筆者參照聯合國官方文件 http://www.tri.org.tw/unfccc/download
/unfccc_e.pdf, http://www.tri.org.tw/unfccc/download/kp_e.pdf. 等
內容彙整。

依據表 3-1 之整理內容，後續將節錄自 1992 年「聯合國環境與發展會議」後的部分具代表性的重要協議與宣言，作為本文設定的主要討論及評析範疇（如表 3-1 中的黑體字所示）。

貳、本文探討氣候變遷之相關協議（1992-2010）

> 聯合國環境與發展會議於 1992 年 6 月 3 日至 14 日在里約熱內盧舉行……，懷著在各國、在社會各重要部門與在人民之間創造新合作標準，從而建立一公平之新全球夥伴關係之目，致力於達成既尊重各方利益又兼顧保護全球環境與發展體系完整性之國際協定，認識到地球之整體相互依存性質……。[141]（里約熱內盧宣言，1992）

1992 年對聯合國推動氣候變遷發展可謂是關鍵啟動的一年。自 1992 年《聯合國氣候變化框架公約》開始，同年《里約熱內盧宣言》及《二十一世紀章程》等兩大重要的環境發展規範誕生；其後歷經 1997 年的《京都議定書》；五年後的《聯合國千禧年宣言》；2003 年的《跨國環境影響評估公約之政策環評議定書》；及四年後備受國際關注的《哥本哈根協議》；最後是近期 2010 年的《坎昆協議》。這段將近二十年光景的歷程發展，經歷了聯合國在初始階段提出因應氣候變遷對策之總體方針、到中期明定後續各項執行目標及標準、及近期階段詳細敘明綠色基金、技術等細節。

---

[141] 轉引自《里約熱內盧宣言》之官方中文版，1992，http://www.wtocenter.org.tw/SmartKMS/fileviewer?id=22999。

以下將就聯合國與氣候變遷議題之發展整理如下頁圖 3-1 所示。在「聯合國與氣候變遷議題相關協議一覽」中，清楚羅列自 1992 年至 2010 年間，聯合國與氣候變遷相關的各項規範與協議。當中如《里約熱內盧宣言》或《二十一世紀章程》等內容雖為不具約束力的「軟法」（soft law），但在國際環境法的發展過程中，「軟法」仍扮演相當重要的指導性角色，實質層面也形塑了後續許多國際環境公約之內容。[142]

1992.05.09　聯合國氣候變化綱要公約（UNFCCC）
1992.06.14　里約熱內盧宣言（Rio Declaration）
　　　　　　二十一世紀章程（Agenda 21）
1997.02.11　京都議定書（Kyoto Protocol）
2000.09.08　聯合國千禧年宣言（UN Millennuum Declaration）
2003.05.21　跨國環境影響評估公約之政策環評議定書
　　　　　　（Protocol on Strategic Environmental Assessment to
　　　　　　Espoo Convention）
2009.12.18　哥本哈根協議（Copenhagen Accord）
2010.12.11　坎昆協議（Cancun Agreement）
2011.12.11　德班協議（Durban Agreement）

圖 3-1　聯合國與氣候變遷議題相關協議一覽

資料來源：參照聯合國官方文件 http://www.tri.org.tw/unfccc/download/unfccc_e. pdf, http://www.tri.org.tw/unfccc/download/kp_e.pdf，等內容整理繪製。

---

[142] 書中將這些不具拘束力的「軟法」稱為「柔性規範」。編著者並認為近來國際社會不斷以「法典化」之方式，將軟法的精神具體落實在國際法規範上。詳細內容參閱葉俊榮主編，2010，《國際環境法：條約選輯與解說》。台北：新學林，頁 1。

一、聯合國氣候變化框架公約及里約熱內盧宣言

　　1992 年 5 月份通過的《聯合國氣候變化框架公約》包含了二十六項主要指導原則。當中特別針對氣候變化所帶來不利的影響及溫室氣體排放問題進行檢討。承認這些問題需要所有國家盡可能發展廣泛的合作，而公約中也首度提及這是國家「共同但有差異之責任」。相較於 1972 年的《聯合國人類環境會議宣言》，聯合國更加明確地將最終目標、採取行動原則及締約承諾闡明。[143]並且認定應由已開發國家率先依據公約目標來改變人為排放的長期趨勢。同年，6 月份通過的《里約熱內盧宣言》包含了二十七項主要原則。該宣言於 1992 年 6 月 14 日在聯合國環境與發展會議（地球高峰會）中簽署，相較於 5 月份的《聯合國氣候變化框架公約》，該宣言更加明確認知到建立夥伴關係以共同致力保護全球環境與發展體系之重要性。在宣言中的第七、第十二以及第十四原則中，均分別提到有關「國際合作」的重要性。[144]

---

[143] 《聯合國氣候變化綱要公約》中的第二條明定「目標」為：將大氣中溫室氣體之濃度穩定在可預防氣候系統受到危險之人為干擾水準，此一水準應在足以使生態系統自然地適應氣候變化，確保糧食生產免於威脅；第三條明定「原則」包含五大項：各締約方依照共同但有差異之責任及各自能力，為人類當代及後代之利益保護氣候系統、應充分考慮到開發中國家締約方之具體需求及特殊情況、各締約方應採取預防措施以預防或盡量減少引起氣候變化之原因、有促進永續發展的權利與義務、各締約方應合作促成獲致永續經濟成長與發展，使其更有能力因應氣候變化而採取措施；第四條明定十大「承諾」主要包括：制定執行並定期更新減緩氣候變化措施、教育培訓並提高公眾意識、溫室氣體排放回復到 1990 年之水準、已開發國家應提供資金及技術轉移協助開發中國家。詳細內容參閱《聯合國氣候變化綱要公約》，1992，http://www.tri.org.tw/unfccc/download/unfccc_e.pdf.

[144] 《里約熱內盧宣言》中原則七表示：各國應秉持全球夥伴精神，為保存、保護及恢復地球生態系統之健康與完整進行合作；原則十二：為更有效

二、二十一世紀章程

而同樣於聯合國環境與發展會議中簽署的《二十一世紀章程》，其包含層面較廣泛但仍重申《聯合國氣候變化框架公約》及《里約熱內盧宣言》中所強調的永續發展及國際合作問題。除此之外，此章程更加突顯「跨部門合作」之重要性。章程中第二十七章明確以「加強非政府作為永續發展合作者之角色」為主旨論述非政府組織應扮演的角色與功能。非政府組織必須促進彼此間的合作與聯繫以加強其作為永續發展過程促進者的功效。[145]在地球高峰會後與環境及氣候相關的正式文件中，透過《聯合國氣候變化框架公約》、《里約熱內盧宣言》及《二十一世紀章程》之提出，使得國際社會對於環境及氣候變化議題有了更加認識的基礎。然為了要達到《聯合國氣候變化框架公約》中所明定：將大氣中溫室氣體之濃度穩定在可接受之目標，仍須配合訂定具有強制力之議定書來管制溫室氣體排放量來落實。此也促成 1997 年於氣候變化框架公約第三次締約方大會所通過的《京都議定書》。

處理環境惡化問題，各國應合作促成具支持作用、開放之國際經濟制度；原則十四：各國應進行有效合作，阻卻或防止任何造成環境嚴重惡化或證實有害人類健康之活動與物質遷移及轉讓他國。詳細內容參閱《里約熱內盧宣言》之官方中文版，1992，http://www.wtocenter.org.tw/SmartKMS/fileviewer?id=22999.

[145] 參閱《二十一世紀章程》之聯合國官方版，1992，http://www.un.org/esa/dsd/agenda21/res_agenda21_00.shtml.

三、京都議定書

　　《京都議定書》延續《聯合國氣候變化框架公約》所揭示的「共同但有差別的責任」，因此溫室氣體之減量目標乃依據不同國家之狀況分別訂定。要求在《聯合國氣候變化框架公約》中被列為「附件一」之工業國以個別或共同之方式，在 2008 至 2012 年間減少溫室氣體排放量直至該國 1990 年排放平均量的 5.2%。[146]其主要減排合作機制有三，包括：「共同減量機制」（Joint Implementation）、「排放交易機制」（Emission Trade）及「清潔發展機制」（Clean Development Mechanism）。「共同減量機制」明定國家所減少之排放單位可轉讓並扣減轉讓方的排放量配額；「排放交易機制」則是規定無法達成減量目標的國家，可藉由向進度超前減量的國家購買排放額度來符合其被分配的應減排放額度；而「清潔發展機制」則認為工業國可對開發中國進行技術及財政上之協助，所減少的排放量可由雙方共享之。[147]從以上三項合作機制亦可發現，其將減排計畫視為整體國際社會的共同目標，導因於非工業國的能力及技術資源有限，因此不論個別國家的減排能力如何，能透過交易⋯⋯等合作的方式減少整體的排放量乃是主要目標。然可惜的是，國際上普遍將美國的拒絕

---

[146] 《聯合國氣候變化框架公約》中的「附件一」共羅列了四十一國：當中包括美國、加拿大、法國、德國、英國、日本、丹麥、挪威、芬蘭、比利時、希臘、匈牙利⋯⋯等國。詳細內容參閱 UNFCCC, 1992，http://www.tri.org.tw/unfccc/download/unfccc_e.pdf.

[147] 「清潔發展機制」中「工業國」之定義乃依據：《聯合國氣候變化綱要公約》中「附件一」所羅列之國家；按「清潔發展機制」規定，這些國家可對非「附件一」所列之開發中國家之溫室氣體減量計畫提出支援。詳情請參閱《京都議定書》之官方中文版，1997，http://www.tri.org.tw/unfccc/Unfccc/UNFCCC01.htm.

簽署視為是《京都議定書》的一大失敗。美國參與國際氣候變遷的態度與角色於焉引起廣泛討論。此部份之探討將於後面的章節中一併討論。

四、聯合國千禧年宣言

2000 年各國領袖聚集聯合國總部召開高峰會，其中通過了《聯合國千禧年宣言》，宣言中除了提倡教育普及、性別平等、消除貧窮、降低孩童死亡率之外，加強環境保護及環境永續發展亦為其主要的發展目標。[148]宣言內容中亦重申了對《二十一世紀章程》及《京都議定書》等國際環境公約的重視，並將永續發展視為是最終之目標。此外，相較於 1992 年的《里約熱內盧宣言》，《聯合國千禧年宣言》更加強化聯合國機制發揮作用之有效性。在宣言中的第八章中，便提到了加強聯合國實踐目標之能力，並再次強調聯合國之作為各國相互合作協調橋樑的重要功能。

五、跨國環境影響評估公約之政策環評議定書

《聯合國千禧年宣言》後，2003 年 5 月 21 日通過了《跨國環境影響評估公約之政策環評議定書》。此議定書乃為 1991 年《跨國

---

[148] 《聯合國千禧年宣言》中的千禧年發展目標共有八項，包括：消除貧窮及飢餓、教育普及、性別平等、降低兒童死亡率並確保其健康、改善產婦保健、迎戰愛滋病、環境永續發展及全球合作。宣言由八個章節組成，詳細內容參閱《聯合國千禧年宣言》之官方中文版，2000，http://health.sohu.com/2004/07/01/02/article220810269.shtml.

環境影響評估公約》之延續。[149]條文中明確將主要目闡述界定，包含：審慎並考量所有環境、健康之發展計畫；評估立法對其的影響；提供公共參與環境評估之方式⋯⋯等。相較於 1991 年的《跨國環境影響評估公約》，此延續的議定書除了更加強調公開有效之環評程序及政策外，亦更清楚地規範實施環評政策後的後續追蹤與監控。如議定書第十二條內容中所述：「完成決策後，仍須持續監控計畫是否造成嚴重的環境及健康影響。」[150]因此，除了重視跨國環評執行規劃之事前預防與準備工作之外，事後的監督與追蹤亦扮演相當重要的角色。

六、哥本哈根協議

2009 年 12 月 18 日通過的《哥本哈根協議》乃是為了追求《聯合國氣候變化綱要公約》中所述的最終目標。在該公約所提出的「共同但有差異的責任」基礎下，加強各國因應氣候變化之長期合作。

---

[149] 聯合國歐洲經濟委員會（UNECE）於 1991 年在芬蘭召開會議時擬定《跨國環境影響評估公約》。此約以提升環境影響評估在跨國層次的國際合作為目標，多數歐美國家皆為主要簽約國。其主要會員國於 2003 年舉行特別會議時通過《跨國環境影響評估公約之政策環評議定書》，欲以確保建立公開透明的政策環評程序。詳細內容請參閱《跨國環境影響評估公約之政策環評議定書》之官方版，2003，http://ples.law.ntu.edu.tw/UserFiles/protocol%20on%20SEA.pdf.及葉俊榮主編，2010，《國際環境法：條約選輯與解說》。台北：新學林，頁 595-616。

[150] 《跨國環境影響評估公約之政策環評議定書》第十二條之完整內容如下：第一，各締約方應監控，依第十一條通過之計畫與規劃所導致的包含健康在內的重大環境影響，在及早階段以確認未被預見之有害影響，並能採取適當的補救行動；第二，監控之結果應根據國內立法及依第九條第一項所提之有關機關及公眾，必須具有可獲得性。同上註，頁 610-611。

因此，該協議提出依據 IPCC 第四次評估報告之內容，應減少全球之碳排放量以控制氣溫升幅不得超過攝氏兩度為原則。[151]此一碳排放量控制標準乃依據大會所通過的科學數據值，依據各國發展程度不同，而設定有不同程度的減量目標。以歐盟為例，參照 1990 年的標準，至 2020 年減少排放量範圍應為 20%至 30%之間。[152]另明列於協議附表中應自願承諾減排的開發中國家，則必須每兩年透過國家報告程序向聯合國秘書處報告延緩氣候變化之措施，[153]以利聯合國進行統籌的審查及評估。相較於 1997 年的《京都議定書》，《哥本哈根協議》更具體將已開發及開發中國家的承諾減排目標量化並提供數值；而為了加強並配合開發中國家之需求，協議中也明訂已開發國家至 2020 年以前，每年須募集一千億美元的資金以提供支援。綜合以上針對已開發國家應盡「責任」之論述，協議中也提及了追蹤開發中國家後續應配合執行及回報進度的「義務」。然而各國對這些「責任」與「義務」劃分的認知與解讀各異，造成不同行為者間的角力衝突。此部分將於本文後續章節中一併探討之。

---

[151] 《哥本哈根協議》之聯合國官方版，2009，http://unfccc.int/resource/docs/2009/cop15/eng/l07.pdf.

[152] 在《哥本哈根協議》的附表一中，明列了包括歐盟、加拿大、日本等國與會方承諾減少排放量之資訊。其中歐盟是以立法通過方式承諾 2020 年減少排放量範圍值為 20%至 30%。詳細內容參閱《哥本哈根協議》官方版，2009，http://unfccc.int/resource/docs/2009/cop15/eng/l07.pdf.

[153] 《哥本哈根協議》的附表二中，整理包含中國、巴西、印度等開發中國家的自願減排承諾目標。其中設定中國至 2020 年須以 2005 年之標準上，減少 40%至 45%的減碳密度。

七、坎昆協議

2010 年 12 月 11 日通過的《坎昆協議》有九大重要目標，包括：第一，對減少溫室氣體排放量建立明確目標，使得全球平均溫度能控制在 2 度 C 以內。第二，鼓勵所有參與國依據個別國家不同的責任及能力減少排放量。第三，確保各國採取國際行動的透明度，使得全球能朝向長程的目標邁進。第四，動員發展並轉換技術以幫助氣候變遷，使得資源能發揮最大效用。第五，不論短期或長期，動員並提供按比例提高的基金去幫助發展中國基採取更多更有效的行動。第六，面對不可避免的氣候變遷影響，特別對世界志工提供支援及協助。第七，保護具有儲碳功能的世界雨林。第八，特別針對開發中國家，應建立一套能因應整體挑戰的全球能力。第九，建立一套能確保實踐成功目標的有效機制及系統。[154]

而《坎昆協議》的具體成果有三：第一，三大承諾包括：正式性的認知、明定現行污染之目標、承諾世界主要污染國需負擔全球 80% 的排放量。而《坎昆協議》也是聯合國正式協議當中，首次來自於美國、中國及所有主要經濟體（包含已開發及開發中國家）的承諾。第二，成立新的「綠色氣候基金」（Green Climate Fund）：同意建立一個新的基金，至 2020 年每年要提供 1000 億的資金協動員低污染經濟發展、保護熱帶雨林並且幫助世界最脆弱之民族對抗氣候變遷影響。不過目前尚未決定如何向公私部門籌款之方式。第三，改善「透明度」（Transparency）：衡量如何改善及確認國內減少污染的透明度問題，包含由技術專家審視國家行動的過程……等。[155]相

---

[154] 《坎昆協議》之聯合國官方版，2010，http://cancun.unfccc.int/cancun-agreements/significance-of-the-key-agreements-reached-at-cancun/#c45.

[155] The Climate Institute, 2010. 12. 14, http://www.climateinstitute.org.au/our-

較於 2009 年的《哥本哈根協議》,《坎昆協議》提出建立氣候技術中心及網絡專責機構,以加速技術發展與移轉;並且提出了「坎昆調適綱領」(Cancun Adaptation Framwork)等調適策略。[156]依據台灣大學柳中明教授參加《坎昆協議》後的經驗分享表示:「『透明度』與『民主共決』使得《坎昆協議》相較於《哥本哈根協議》獲得了更多的掌聲!」[157]

八、德班協議

2011 年 12 月 11 日,各國為達成減少溫室氣體減排的層級,以將溫度控制在攝氏兩度以內的目標。齊聚南非德班共同商討因應急迫性議題之對策。在此會議中,國家均同意最遲要在 2015 年之前,採用全球通行的氣候變遷協議。《德班協議》的主要決定包括:(一)綠色氣候基金。(二)對窮國及開發中國家之執行方式。(三)技術層面。(四)支持發展中國家之計畫。(五)其他重要決定。在「綠色氣候基金」方面,應於 2012 年之前準備好開始施行以此援助開發中國家之計畫。「執行方式」部分,國家成員應向 UNFCCC 報告其援助開發中國家之努力內容。應首先支援最窮困及脆弱性最大的國家,使其能受到保護並避免受氣候變遷影響而遭受損失。在「技術層面」,技術機制應於 2012 年前被充分運作。而在「支持發展中國家之計畫」方面,政府應同意登記那些獲得財政支援的開發中國家

---

publications/reports/772-the-cancun-agreement-a-preliminary-assessment.
[156] 環境資訊中心(TEIA),2010,http://e-info.org.tw/node/61974.
[157] 台灣大學大氣科學系柳中明教授將其參與《坎昆協議》後的第一手觀察資料整理並分享。詳細內容參閱:柳中明,2011,www.greentrade.org.tw/backend/lession/doc/40/2011692753.ppt.

減緩行動紀錄。以比照這些國家接收支援及實際執行之狀況。而「其他重要決定」部分，則包括：應建立氣候變遷行動有關非計畫性結果的討論論壇、工作計畫及政策等。在《京都議定書》的乾淨發展機制下，政府應採行允許排碳及儲碳的方案等。[158]

參、綜合評析聯合國與氣候變遷議之協議（1992-2010）

綜上所述，茲將本文所探討的數項聯合國與氣候變遷議題之相關內容，分別就各項協議之「內容要點」及「特別意義」，綜合評析並整理如下頁表3-2所示：

表 3-2　聯合國與氣候變遷議題各項協議內容及意義

	內容要點	特別意義	
聯合國氣候變化綱要公約 UNFCCC	■26 條與 2 個附件 ■氣候變化帶來的不利影響與溫室氣體排放	提出「共同但有差別之責任」	
里約熱內盧宣言 Rio Declaration	■27 項指導原則 ■合作實踐永續發展	提出「夥伴關係」共同保護環境發展	相較於 **UNFCCC**
二十一世紀章程 Agenda 21	■40 章，共 4 大部份 ■涵蓋範圍較廣泛	突顯「跨部門」合作之重要性	相較於 里約宣言
京都議定書 Kyoto Protocol	■28 條與 2 個附件 ■可透過 3 大減排合作機制合作	設定溫室氣體具體減量目標	相較於前述宣言／章程

---

[158] UNCCC, 2011, "Durban Conference delivers breakthrough in international community's response to climate change," http://unfccc.int/files/press/press_releases_advisories/application/pdf/pr20111112cop17final.pdf.

聯合國千禧年宣言 UN Millennuum Declaration	■32 條，共 8 大部份 ■加強環保與環境永續發展	強化聯合國機制作用之有效性
跨國環境影響評估公約之政策環評議定書 Protocol on Strategic Environmental Assessment to Espoo Convention	■26 條與 2 個附件 ■審慎考量環境及健康發展計畫並評估立法對其的影響。	清楚地規範實施環評政策後的後續追蹤與監控
哥本哈根協議 Copenhagen Accord	■12 條與 2 個附表 ■控制氣溫升幅不得超過攝氏兩度／各國發展程度不同，而設定有不同程度的減量目標	明訂劃分已開發及開發中國家之責任與義務
坎昆協議 Cancun Agreement	■2 份主要文件 ■建立氣候技術網絡專責機構／坎昆調適綱領	加強透明度及民主共決精神
德班協議 Durban Agreement	■2 份主要文件 ■確立綠色氣候基金運行方式／及提倡受支援國家應同意受監督	京都議定書進入第二承諾期／劃定減排時間表

相較於跨國環境影響評估公約

相較於京都議定書

相較於哥本哈根協

相較於坎昆協議

資料來源：參照聯合國官方文件 http://www.tri.org.tw/unfccc/download/unfccc_e.pdf, http://www.tri.org.tw/unfccc/download/kp_e.pdf，等內容整理繪製。

表 3-2 的統整中可觀察到，依循歷史脈絡之發展，各項協議的內容及其演進皆有其代表的意義。諸如：相較於《聯合國氣候變化框架公約》，《里約熱內盧宣言》更加明確認知到建立夥伴關係以共同致力保護全球環境與發展體系之重要性。而《二十一世紀章程》除了重申《聯合國氣候變化框架公約》及《里約熱內盧宣言》中所強調的永續發展及國際合作外，亦更加突顯「跨部門合作」之重要性。《京都議定書》相較於前述公約，首次提出了三大減排機制及明確的溫室氣體減排目標。而《哥本哈根協議》相較於《京都議定書》，更具體的將已開發國家及開發中國家的責任與義務明訂出來。而相較於此，《坎昆協議》則是更加強透明度與民主共決的精神。

第二節　綠色和平組織與氣候變遷議題

> 我們曾經結束美國和法國的核試，並促使通過商業捕鯨禁令。我們成功說服一些全球最大的食品公司，包括麥當勞、雀巢等等停止購買來自森林砍伐的公司。由玩具到手提電腦，我們都努力確保人們的日常家居用品遠離危險的化學物質。我們更是其中一個最早為減緩氣候變遷工作的組織，自1988 年以至今天，氣候變遷仍然是我們的優先項目……。[159]
> （綠色和平組織，2011）

---

[159] 轉引自 2011 年 3 月綠色和平組織發佈「綠色和平行動 40 年」之專題報導部分內容，顯見「氣候變遷」議題在現階段仍為該組織的主要議題項目。回顧近幾年來的發展，許多活動均與氣候變遷議題有關，詳細內容參閱 http://www.greenpeace.org/taiwan/zh/news/feature-stories/40-years-in-action/.

2011 年 3 月 8 日，綠色和平組織發佈「綠色和平行動 40 年」的系列專題報導，報導中詳述自 1970 至 2011 年的所有努力歷程及階段。[160]該組織與氣候變遷相關的活動包括：積極支持 1997 年《京都議定書》的簽署、2004 年《斯德哥爾摩公約》的生效；2005 年八國高峰會期間極力倡導風力發電能減少二氧化碳之排放；2007 年呼籲中國應減少對高度污染煤礦的依賴；2009 年哥本哈根大會開會期間的持續監控與呼籲等。

壹、以綠色和平組織作為 INGO 觀察實例之因

本文以綠色和平組織之發展作為國際非政府組織與氣候變遷議題觀察之代表，其理由有三：第一，綠色和平組織的「行動力」：綠色和平組織向來提倡以行動力來落實其維護環境的主張，其對於氣候變遷與極地環境保護議題的關注亦不遺餘力。以關懷極地環境議題為例，根據英國布萊頓大學（University of Brighton, UK）教授茱莉道爾（Julie Doyle）的觀察，自 1997 年開始，綠色和平組織即積極地領導考察團隊至北極、南極觀察並記錄因氣候變遷影響而消退

---

[160] 當中將 1970 至 2000 年定為該組織的「起步階段」；而 2000 至 2011 年則是「精彩十年」。「起步階段」的活動包括：令美國放棄於阿拉斯加的核試驗、迫法國結束在南太平洋地區的大氣核試驗、促「國際捕鯨委員會」通過商業捕鯨禁令、推動通過永久禁止在海上傾倒放射性及工業性垃圾、努力使歐盟同意永久性禁止拖網捕魚……。「精彩十年」階段的活動則包括：推動旨在控制基因改造的《生物安全議定書》之通過、推動旨在管制農藥及其他持久性有機污染物的《斯德哥爾摩公約》之生效、使麥當勞停止購買自亞馬遜雨林出產的大豆飼料、推動蘋果電腦成為首個在電腦產品中淘汰聚氯乙烯的電腦生產商……。詳細內容參閱綠色和平組織官方網站，http://www.greenpeace.org/taiwan/zh/news/feature-stories/40-years-in-action/.

破裂的冰河。[161]而 2011 年 6 月份時，國際綠色和平組織總幹事庫米奈都（Kumi Naidoo），更是為了阻止凱恩能源公司（Cairn Energy）在北極地區開採石油，於是親自登上凱恩公司位於北極地區格陵蘭海岸的鑽油平台並向該公司遞交成情書。[162]奈都透過綠色和平戰艦的無線電通話對外表示：

> 阻止開採北極石油是這個世代一場決定性的環境戰役。……北極海域的冰蓋迅速融化，已給我們發出嚴重警告，在化石燃料已肆虐全球並加速氣候變化的當下，凱恩（能源公司）卻視其為開採化石燃料的機會……，我們必須堅定拒絕，我現在就在北極的海冰上，堅決反對凱恩的作為。[163]（庫米奈都，2011）

第二，綠色和平組織的「指標性」：綠色和平組織在形塑環境議題上扮演了重要的角色。學者摩門特（Mormont）及達斯諾伊（Dasnoy）曾在其著作中公開認可了綠色和平組織在界定氣候變遷問題及科學

---

[161] Julie Doyle, 2007, "Picturing the Climatic: Greenpeace and the Representational Politics of Climate Change Communication," Science as Culture, Vol.16, No.2, p.129.

[162] 格陵蘭時間 2011 年 6 月 17 日，由國際綠色和平總幹事庫米奈都登上凱恩能源公司位於北極地區的鑽油平台 Leiv Eirilsson，向凱恩能源公司遞交一份由 5 萬人簽署的請願書。內容為呼籲該鑽油平台立即停止在北極開採石油，並要求公司提交「石油洩漏應變計畫書」為止。http://www.greenpeace.org/taiwan/zh/news/feature-stories/climate_change_energy/kumi-naidoo-boards-arctic-oil-rig/.

[163] 此為 Kumi Naidoo 在綠色和平戰艦「希望號」上，透過無線電與外界的最後通聯紀錄。Naidoo 以實際行動將 5 萬人連署反對凱恩能源公司的北極鑽井開採作業陳情書遞交給該公司。http://www.greenpeace.org/taiwan/zh/news/feature-stories/climate_change_energy/kumi-naidoo-boards-arctic-oil-rig/.

範疇上，扮演了前瞻性及顯著性的角色。[164]學者羅伯特泰勒（Robert. Taylor）及馬修羅恩（Mathew. Roune）在接受筆者訪問時也曾提及綠色和平組織在環境及氣候變遷議題的指標性，其表示：

> 談到環境非政府組織，就會想到「綠色和平組織」。它是一個很棒的非政府組織，也是一個有名、且於全世界運作的組織。最重要的是，它的教育性價值意義——它們企圖向人類世界提出一個重要的環境警訊。[165]（羅伯特泰勒，2011）

> 談到環境非政府組織，第一個會想到的大概是「綠色和平組織」。它們不僅是最大、也是有有最悠久歷史的環境非政府組織。我知道仍有其他這種組織，但老實說我唯一先想到的還是「綠色和平組織」。[166]（馬修羅恩，2011）

第三，綠色和平組織的「影響公眾性」：綠色和平組織擅長使用傳播媒體之工具，將其綠色的環境訴求傳遞給公眾。根據學者茱莉道爾的觀察，綠色和平組織善於利用「影像」傳達，將第一手的畫面透過鏡頭直擊，藉此傳達意念並引起大眾共鳴。[167]綠色和平組織將自己定位為「公眾」及「氣候變遷」議題的連結者，企圖將公眾的關切焦點與氣候環境之議題連結起來。因此，綠色和平組織除了扮演監督氣候政治的角色外，也建立起一套人類群體和地球能源之間的牽連關係。美國猶他州大學（Utah State University）教授愛德溫

---

[164] Mormont M. and Dasnoy. C., 1995, "Source strategies and the mediatization of climate change," Media, Culture and Society, Vol.17, pp.49-64.

[165] 內容摘自 2011 年 8 月 2 日筆者訪談美國佛羅里達理工大學人文科學及溝通學院系主任 Dr. Robert Taylor 之內容。

[166] 內容摘自 2011 年 8 月 3 日筆者訪談美國佛羅里達理工大學人文科學及溝通學院教授 Dr. Mattew Roune 之內容。

[167] Julie Doyle, op. cit., pp.131-134.

史塔佛德（Edwin R. Stafford）及凱西哈特門（Cathy L. Hartman）與澳洲紐卡斯爾大學教授麥克杰波倫史蓋（Michael Jay Polonsky）在其共同發表一篇研究綠色聯盟與環境非政府組織的文章中，援引綠色和平組織作為環境非政府組織之重要影響關係及策略橋樑角色。其中連結了綠色和平組織與公眾及媒體之間的關係，其關係圖更顯示了綠色和平組織透過基層的民間宣傳，刺激了媒體及公眾的興趣。而媒體的報導同時也會回過來激發公眾的關注。如此循環會增加大眾對綠色運動的需求與關注。[168]

貳、綠色和平組織的運作及工作內容

綠色和平組織於 1971 年成立，至 2011 年已在世界超過 40 個國家和地區設有分部及辦事處，並擁有超過 280 萬名支持者。[169]綠色和平組織的運作資金來源主要依賴市民及獨立基金的直接捐款。根據綠色和平組織官方表示：「為了維持公正性和獨立性，綠色和平組織不接受任何政府、企業或政治團體的資助。」[170]其主要的工作重點包括：推展氣候變化工作、阻止水污染、促進清潔生產、推動糧食安全、保護原始森林等項目。

回顧綠色和平組織過去 41 年來的發展與努力，大致可區分為兩大主要推動工作時期：（一）1971-1989 時期：此時期的成果主要著

---

[168] Edwin R. Stafford, Michael Jay Polonsky and Cathy L. Hartman, 2000, "Environmental NGO-Business collaboration and strategic bridging: A case analysis of the Greenpeace-Foron Alliance," Business Strategy and the Environment, Vol.9, p.130.

[169] 綠色和平組織台灣官方網站，「國際環保組織綠色和平成立東亞分部」，2010，http://www.greenpeace.org/taiwan/zh/news/20101120.

[170] 同上註。

重在阻止國家進行核子試驗、推動禁捕鯨魚法令、維護海洋環境……等。自 1971 年開始，綠色和平於溫哥華及阿拉斯加的首次行動便成功使美國放棄其在阿拉斯加安其島的核子試驗測試；1975 年迫使法國結束其在南太平洋的大氣核子試驗；1982 年成功促使「國際捕鯨委員會」通過商業捕鯨禁令，進而在 1994 年成功推動將南大洋列為禁止捕鯨區域；繼 1983 年推動倫敦公約成員國大會通過臨時性禁止在海上傾倒廢棄物條約、10 年後成功促成永久禁止傾倒放射性及工業垃圾到全世界海洋中。（二）1989-2011 時期：此時期工作主要以推動國家或企業共同協助解決氣候變化……等議題。1989 至 1997 年間，歷經綠色和平組織及其他環保組織機構的共同努力倡議下，全球多個國家以共同合作並承諾的方式完成《京都議定書》之簽署。2000 年綠色和平組織在其總部（阿姆斯特丹）表示：「氣候變化成為全球綠色和平的重點工作議題，約佔總體資源的一半。」[171]可見氣候變化議題在組織中的重要性躍升。此後，綠色和平組織擴展其在南非、東亞的分部以加強後續推動地區應對氣候變化及環境保護……等相關工作。以下，茲就綠色和平組織的運作及推動工作內容整理如表 3-3 所示：

---

[171] 同註 160。

表 3-3　綠色和平組織運作及工作內容整理

時間	運作及內容
1971	綠色和平組織首次行動。使美國放棄在阿拉斯加安其島的核試驗
1975	行動使法國結束其在南太平洋的大氣核試驗
1982	促「國際捕鯨委員會」通過商業捕鯨禁令
1983	推動倫敦公約成員國大會通過臨時性海上禁止傾倒廢棄物條約
1989	促聯合國通過臨時性禁止拖網捕魚的條約
1993	促永久禁止在全世界海洋中傾倒放射性及工業垃圾
1994	成功推動「國際捕鯨委員會」將南大洋列為禁止捕鯨區域
1997	努力倡議全球多國以共同合作及承諾方式完成《京都議定書》之簽署
1998	努力促請歐盟同意永久性禁止拖網捕魚
2000	推動各國政府通過《生物安全議定書》
2002	成功阻止日本要求恢復商業捕鯨
2004	努力推動《斯德哥爾摩公約》生效
2005	在 G8 前提出《風力 12》報告，推廣風電能減少近 110 億噸的碳排放
2007	推動蘋果電腦成為全球首個在電腦產品中淘汰聚氯乙烯塑膠的公司 成功促使聯合利華公司核准溫室氣體策略，提出減少碳排放承諾
2008	南非成立分部以應對氣候變化、森林砍伐等問題
2009	利用歐巴馬總統訪華期間促請美國政府帶領氣候變化談判 全程監控哥本哈根會議並向各國施壓，要求立即減碳抗暖化
2010	東亞成立分部，欲更有效以全球視野統合亞洲的環境保護工作 抵制會破壞印尼當地雨林與加速全球暖化的亞洲漿紙 APP 相關產品
2011	促請福斯汽車改變生產策略，推出更環保的車輛 反對凱恩能源公司並發起「保護北極，阻止石油鑽採」行動

資料來源：參照綠色和平組織官方網站 http://www.greenpeace.org/taiwan/zh/
　　　　　news/201101120.http://www.greenpeace.org/taiwan/zh/news/feature
　　　　　-stories/climate_change_energy/kumi-naidoo-boards-arctic-oil-rig/.
　　　　　等內容整理繪製。

參、綠色和平組織推動氣候變遷議題

綠色和平組織推動氣候變遷議題的目的：以保護地球為訴求，結合民間團體與政府、企業的力量共同對抗氣候變化。有關綠色和平組織推動因應氣候變遷議題的主要手段可包括：（一）以大型宣傳標語為號召。2009 年 11 月，當時正值執政領袖在西班牙巴塞隆納召開最後一次的哥本哈根前置會議。綠色和平組織成員於是在當地懸掛上「拯救地球」的巨大標語。[172]希望藉此引起執政代表官員們注意氣候變遷的議題。同年 12 月，時值哥本哈根會議進行的最後一週，綠色和平組織為呼籲世界各國共同合作以挽救氣候變遷危機，其成員至澳洲雪梨歌劇院屋頂掛上「不要政治，只要氣候協議」的大型示威標語。[173]其目的希望提醒在哥本哈根舉行氣候變遷會議的各國代表能夠正視全球暖化對於地球的危機。並期望各國代表以氣候議題之承諾為目標，而不要受到政治角力所支配。於此同時，綠色和平組織為抗議香港特首曾蔭權未承諾制定減排指標及全面應對策略，在丹麥最具影響力的報紙之一：「資訊報」（Information）刊登印有特首曾蔭權頭像的「通緝氣候逃犯」之廣告，希望藉各國元首聚集哥本哈根之際，利用傳媒給予香港特區政府壓力。[174]2010 年

---

[172] 綠色和平組織官方網站，「綠色和平組織　齊聚巴塞隆納抗氣候變遷」，2009，http://ecolife.epa.gov.tw/blog/post/878379.

[173] 綠色和平成員於雪梨歌劇院屋頂掛上宣傳標語的行為，雖於 2 個小時後就遭到警方逮捕，但其示威宣傳手法仍引起注意及關注目光。詳細內容參閱：華友週報，「綠色和平示威 攻占雪梨歌劇院頂」，2009，http://www.acnew.com.au/index.php?action=newshow%7Cacnnews%7C616%7Cb5%7C1487,2205%7C2205.

[174] 當時身處哥本哈根的綠色和平項目主任古偉牧批評：「特首聲稱關注氣候變化，但從不承諾制訂減排指標與全面應對政策。即使氣候變化已是全球的討論焦點，但特首仍對會議毫無準備、不聞不問，氣候逃犯本質未

5 月，綠色和平組織成員再次為抗議香港特首曾蔭權拖延公佈氣候變化顧問研究報告，漠視減少碳排放量的目標。在香港特區政府總部外寫上「救氣候 擒逃犯」的字句。[175]要求香港特區政府應承諾2020 年，較 1990 年水準應減少溫室氣體排放總量 40%、或較 2005年降低碳強度 66%。

（二）倡議再生能源的使用發展：早在 2005 年，綠色和平組織即大力倡導發展風力發電以減少二氧化碳之排放。其報告指出利用這種清潔能源將能使大氣層減少 110 億噸的二氧化碳排放。綠色和平國際再生能源項目負責人斯凡泰斯克（Sven Teske），在 2005 年八國峰會前夕呼籲:「風力發電將是人類對抗氣候變化的最有力手段之一，八國必須鼓勵支持風電在全球的發展，從而扭轉全球變暖之趨勢。」[176]2007 年，綠色和平組織與歐盟再生能源委員會（EREC）共同提出的報告中，再次強調以再生能源代替燃燒石化燃料的發展，除了能減少每年 1800 億美元的能源支出、亦能在 2030 年達到溫室氣體二氧化碳減半的目標。[177]因此，投入再生能源的發展使用，能兼顧減少開支及達成節能減碳的目標。2011 年，國際綠色

變，令香港人蒙羞。」詳細內容參閱：http://www.greenpeace.org/hk/press/releases/climate-energy/2009/12/4257260/.

[175] 綠色和平成員使用的是無毒及水性顏料工具，譴責曾蔭權特首為「氣候逃犯」無心減排。原因為曾蔭權在香港立法答詢時，透露特區政府僅採納大陸中央政府的碳強度目標。若香港以此為目標，則香港於 2020 年的溫室氣體排放較聯合國要求的已開發國家基準年 1990 年還上升了 6%。此舉為變相減排遂引起綠色和平組織抗議。詳細內容參閱：http://www.greenpeace.org/taiwan/zh/news/4722663.

[176] 綠色和平官方網站，「八國峰會即將討論氣候變化」，2005，http://www.greenpeace.org/hk/press/releases/climate-energy/2005/06/20050630 wind force 12 html/.

[177] 台灣環境資訊中心，「綠色和平組織：再生能源可望節省上千億美元能源支出」，2007，http://e-info.ortw/node/24319.

和平組織發表了《全球電力市場發展研究報告》，再次論證可再生能源的發電技術及未來潛力。[178]著名學者安東尼紀登斯（Anthony Giddens）在其著作「氣候變遷政治」（The Politics of Climate Change）中也表示到：「發展再生能源將是未來應對氣候變遷所必須面臨的道路。」[179]

（三）遊說及施壓：企業與政府。就因應氣候變遷議題而言，綠色和平組織多次透過其行動以改變企業或政府的環境政策方針。就企業的實例觀察，2007 年聯合利華（Unilever）公司核准一項溫室氣體策略，提出在 2012 年前，根據 2004 年之基準每公噸公司製造作業熱能二氧化碳減少 25%、投資更有效率的電能及蒸氣發電科技，並研發更低能量密集的製造過程……等。[180]在與綠色和平組織的密切合作下，聯合利華公司採用一套不含氫氟碳化物（HFC）的冷凍科技，以使用保護氣候的冷媒系統。[181]綠色和平組織曾對聯合利華公司響應清除產品中對氣候變遷有害的氣體之行為表示肯定，並呼籲其他企業也能採取相同的作法。另外一個企業實例的觀察發生於 2011 年，由於福斯汽車公司未能將其所聲稱能有效降低耗油量及燃油成本的技術引用至所有車種中，而引起綠色和平組織的關注。綠色和平組織於是運用相同的廣告宣傳策略來反諷福斯汽車未

---

[178] 綠色和平組織官方網站，「全球可再生能源革命 已經展開」，2011，http://www.greenpeace.org/taiwAn/zh/news/feature-stories/climate_change_energy/global-renewable-energy-revolution/.

[179] Anthony Giddens, 2009, The Politics Of Climate Change, Cambridge: Polity Press.

[180] 在 2007 年聯合利華公司提出的溫室氣體策略涵蓋了直接及間接的影響。直接影響即為在 2012 年前減少碳排放的 25%；間接影響則包含三大目標：（1）改善既有產品組合的排放量（2）利用溫室氣體評鑑工具進行評估（3）配合顧客及供應商解決問題。詳細內容參閱：http://www.unilever.com.tw/sustainability/environment/climate-change/default.aspx.

[181] 同上註。

能落實減少溫室氣體發展。[182]綠色和平組織希望透過此行動改變福斯汽車公司的生產策略，促其推出更為環保及使用清潔能源的車輛，以期能作為其他汽車產業的示範參考。

就影響國家政府而言，綠色和平組織企圖透過遊說及施壓方式，敦促國家政府支持協力因應氣候變遷議題。2007 年 9 月，香港綠色和平代表在聯合國氣候變化問題會議上，呼籲世界政府領袖應立即採取行動以應對氣候變化。[183]其強調，世界所需要的不是口頭承諾或是紙上空談，而應更加具體的就《京都議定書》的下一步達成協定。2009 年 9 月，在中國國家主席胡錦濤宣佈將在 2020 前大幅降低碳排放強度之際，綠色和平組織藉此機會敦促美國歐巴馬總統也應立即拿出更大的行動，以引領世界各國共同合作應對。綠色和平氣候與能源項目經理楊愛倫表示：「美國總統歐巴馬責無旁貸，必須在距離哥本哈根會議僅剩的 7 個多星期內發揮真正的領袖姿態，拿出更宏偉的減排計畫，確保哥本哈根氣候談判的成功。」[184]2010 年 6 月，在綠色和平組織的努力下，美國白宮發表聲明指出：「美國將在未來三年，提供印尼 1 億 3,600 萬美元的資助，以援助印尼推

---

[182] 福斯汽車於 2011 年推出一部宣傳廣告，宣稱其擁有可降低耗油量的環保「藍色驅動系統」技術，並打造「關愛家庭、關心環境」的企業形象。但據綠色和平組織發現，福斯汽車並未將該技術運用在所有車種之中，因此，綠色和平組織模仿福斯汽車製作一個廣告，諷刺福斯汽車無視高耗油量及消費者的燃油成本問題，與其宣傳的形象並不符合。詳細內容參閱：http://www.greenpeace.org/taiwan/zh/news/feature-stories/climate_change_energy/Volkswagen-dark-side/.

[183] 綠色和平組織官方網站，「香港綠色和平代表聯合國大會呼籲：世界首腦立刻行動應對氣候變化」，2007，http://www.greenpeace.org/hk/press/releases/climate-energy/2007/09/1380051/.

[184] 綠色和平組織官方網站，「綠色和平歡迎中國氣候承諾　敦促歐巴馬立即迎頭趕上」，2009，http://www.greenpeace.org/hk/press/releases/climate-energy/2009/09/un-meeting2009/.

動環境及氣候變遷方案。」印尼總統蘇斯洛班邦尤多約諾（Susilo Bambang Yudhoyono）表示，若能獲得國際資金援助將承諾在 2020 前減少 41%的二氧化碳排放量。美國國會研究處於是在 2011 年 1 月份的研究報告中，再次確立了美國與印尼間針對「氣候變遷及環境」（Climate Change & the environment）領域的「全面性夥伴關係協定」（The Comprehensive Partnership Agreement）。[185]

第三節　中國與氣候變遷議題

中國的發展付出了環境被破壞的代價……。中國的環境問題壓力在加大，雖然中國在 15 年中取得了很大的發展，但中國的經濟已經受到了水、空氣、土壤等環境破壞方面的影響。……中國政府要意識到，環境問題也會引發社會問題，並容易引起國際關注……。[186]（馬利歐阿瑪摩，2007）

---

[185] 部分資料參考美國國會研究處報告，其中將美國及印尼間的「全面性關係夥伴協定」分成六大主要領域，包括：（1）貿易與投資（2）教育（3）能源（4）氣候變遷及環境（5）安全（6）民主和公民社會……等。詳細內容請參閱：Bruce Vaughn, 2011, "Indonesia: Domestic Politics, Strategic Dynamics, and U.S Interests," Congressional Research Service, 7-5700, pp.1-36.

[186] 此為 2007 年時任 OECD 的副秘書長 Mario Amarno 接受記者採訪時的公開發言。OECD 自 2005 年起開始對中國環境狀況進行評估報告。Mario Amamo 同時提出三項中國政府可改進的相關工作，包括：（一）進行綠色稅收改革。（二）政府加強與民眾溝通。（三）加強國家間跨國合作。詳細內容參閱：中國評論新聞網，2007，「OECD：中國環保政策效率低 環保總局贊同」，http://www.chinareviewnews.com/doc/1004/1/4/3/100414 379.html?coluid=7&kindid=0&docid=100414379.

目前氣候變化已成為全人類關注的重要議題，中國堅持「共有但有區別的責任」原則，同時將擔負起自己的責任。……實現這個目標是非常艱鉅的，但我們已經下定決心，已關閉了上萬座小煤窯，550 萬千瓦的小電廠。……中國還面臨人口眾多的現實，但中國人民同世界各國人民一樣期待藍天、青山、綠水，我們將為此作出不懈努力。[187]（溫家寶，2007）

中國自 90 年代起，隨著大規模工業化及經濟活動之快速發展下,其背後所付出的各項環境代價已逐步形成諸多問題。誠如 OECD 副秘書長馬利歐阿瑪摩（Mario Amarno）所闡述的，中國的環境問題壓力已逐漸擴大，這將迫使中國政府必須開始思考環境意識及社會責任的問題。就全球氣候變遷議題而言，有鑒於早期中國綠色環境意識不足的侷限，除 1990 年設立「國家氣候變化協調小組」、1992 年加入（1994 年批准）UNFCCC、及 1998 年簽署（2002 年批准）《京都議定書》之外，政府鮮少有與全球氣候變遷議題相關的政策作為及國際合作情事。此顯示早期中國政府並未完全將此議題視作首要優先考量事項。直至 2007 年始，中國應對氣候變遷議題的態度逐漸轉趨積極。從氣候變化領導小組的成立、相關機構規模的擴大並改組、政策與行動白皮書的發表、官方代表向外公開的承諾……等，顯示了中國政府跳脫過去「先經濟、後環境」的思維模式，而願意開始邁向承擔部份環境責任的腳步。2011 年，中國「環境保護

---

[187] 中國國務院總理溫家寶於 2007 年 8 月與德國總理 Angela Merkel 共同會面記者時表示。其中提出近期目標到 2010 年，單位國內生產總值能耗比 2005 年降低 20%；污染物排放量降低 10%。詳細內容參閱：新華網，2007，「溫家寶：中國將在應對氣候變化方面擔負自己的責任」，http://big5.xinhuanet.com/gate/big5/news.xinhuanet.com/newscenter/2007-08/27/content_6611988.htm.

部」更公開了 2010 年其與國際環境合作交流的履約工作相關報告。[188] 足以顯示其在國際環境公約履行的自我檢視及環境相關工作的推動上,已有別於以往的進步趨向。

本節將核心焦點放在中國氣候變遷因應歷程之回顧與探討,觀察及討論範疇主要分為三大時期:(一)1990 至 2003 年:早期氣候變遷因應之發展緣起。(二)2003 年至 2007 年:中期氣候變遷因應發展之醞釀轉型。(三)2007 年至今:後期中國提出政策及實際作為之主動因應。除了整理與回顧三大時期內主要的發展過程外,並統整中國在氣候變遷因應脈絡下的發展方針及評估報告。

壹、發展緣起(1990-2003)

全球氣候變遷議題自 1980 年代晚期逐漸形成備受國際關注的重要討論議題。1990 年國際間時值「政府間氣候變遷綱要公約協商委員會」的成立,同年「政府間氣候變遷專題小組」發佈了第一次的科學評估報告;「第二屆世界氣候會議」也於此年舉辦。全球氣候變遷議題逐漸朝向一種國際性的談判模式發展。隨著國際間對全球氣候變遷議題協商討論愈形正式的氛圍下,1990 年中國政府遂正式成立「國家氣候變遷協調小組」(National Climate Change Coordination Group),以應對未來即將面臨的各項國際氣候談判議題。[189]

---

[188] 中華人民共和國環境保護部官方網站,2011,「2010 年國際環境合作與交流及國際公約履約供作綜述」,http://gjs.mep.gov.cn/lydt/201106/t20110603_211648.htm.

[189] Chayes, Abram and Charlotte Kim, 1998, "China and the United Nations

由於 1991 年「政府間談判委員會」（Intergovernmantal Negotiating Committee, INC）開始著手進行相關氣候變遷會議的工作。根據 Michael Hatch 教授的觀察，在 INC 協商期間，中國代表反對針對全球氣候變遷議題提出一個具體的目標及時間表，並強烈重申「主權」保護及開發中國家權益的重要性。[190]中國代表的回應反映了其對於氣候變遷承擔「責任」的看法與態度。這種態度從而發展而為一種反對開發中國家被要求作出實質承諾的立場。而這也逐漸形成一股集結開發中國家的力量。誠如學者哈里斯（P. G. Harris）所作如下的觀察：

> 中國成功的建立一種集結開發中國家的力量，以對抗來自於工業化國家所要求開發中國家所作的任何形式承諾。開發中國家強調已開發國家對於氣候變遷的歷史責任。並且僅在開發中國家不被要求作出實質承諾的條件下，同意參與氣候協商談判……。[191]（哈里斯，2003）

Framework Convention on Climate Change," in *Energizing China: Reconciling Environmental Protection and Economic Growth*, Elroy M. B., Nielsen C. P. and Peter Lydon, eds., MA: Harvard University Press, p.514. 此外，中國政府亦在 2008 年一篇應對氣候變化政策及行動的回顧中，提及此一於 1990 年所成立的應對氣候變化相關機構。詳細內容可參閱：中華人民共和國國務院新聞辦公室，2008，「中國應對氣候變化的政策與行動」，http://zfs.mep.gov.Cn/fg/gwyw/200810/t20081030_130653.htm.

[190] 中國代表認為一個普遍性的架構會議不應建立一種特殊性的責任約束，特別是對開發中國家而言。同時，極力堅持保護國家主權重要性之主張。詳細內容參閱：Michael T. Hatch, 2003, "Chinese Politics, Energy Policy, and the International Climate Change Negotiations," in *Global Warming and East Asia: the Domestic and International Politics of Climate Change*, Harris P. G., eds., London and N. Y.: Routledge, pp.50-52.

[191] P. G. Harris, eds., 2003, *Global Warming and East Asia: the Domestic and*

1992 年「聯合國氣候變化框架公約」（UNFCCC）通過，中國遂於該年簽署並於 1994 年批准通過。自里約高峰會議及其宣言、至 1995 年 UNFCCC 第一次締約國大會及 IPCC 第二次科學評估報告……等階段，中國在初始時期的國際氣候變遷因應參與度並不積極。究其因素主要來自於《公約》及《議定書》對已開發國家所能產生效用的有限性產生懷疑。如北京外交研究學院學者楊儀（Yang Yi）引述 1995 年《地球議題協商公報》（Earth Negotiations Bulletin）之資料觀察，中國代表對於早期 UNFCCC 締約國大會及其公約內容是持著相對保留且懷疑的態度。因此，中國早期的立場為：若明列於 UNFCCC「附件一」下的（已開發）國家尚未執行其承諾時，中國並無興趣參與議定書的協商。[192]而中國政府也延續其條件式的不主動參與態度直至 1997 年 UNFCCC 第三次締約國大會時。[193]

1998 年，中國簽署了延續 UNFCCC 所揭示「共同但有差別責任」的《京都議定書》。由於中國並未在「附件一」的工業國之列，故不受溫室氣體減排機制之限制。取而代之的，由於《京都議定書》中的「清潔發展機制」（CDM）規範有利於中國接受來自於已開發國家的技術及財政支持。[194]因此，中國在簽署並於 2002 年批准該議

International Politics of Climate Change, London and N. Y.: Routledge, pp.27-28.

[192] Yang Yi, 2011, "Domestic Constraints and International Forces: Exploring China's Position on International Climate Change Policy," http://www.nautilus.org/projects/seoul/workshop-papers/Exploring_Chinas_Position_on_International_Climate_Change_Policy.pdf.

[193] 同上註。在此會議期間，中國代表反對紐西蘭提出的：發展中國家應確保其履行承諾。中國認為必須強調已開發國家須負擔的責任，堅持這些明列於「附件一」的國家須先承諾並實踐其承諾。

[194] 同註 147。有關「清潔發展機制」之介紹，可參照本文第三章第一節內文所述。

定書後，依舊維持其一貫強調已開發國家應承擔多數責任之立場。2002 年 9 月時任中國總理朱鎔基於南非世界高峰會議就曾表示:「中國已完成議決通過京都議定書。中國以開發中國家的身份參加京都議定書，因此，目前沒有議定書的責任與義務問題，也沒有削減溫室效應氣體的管制量問題。」[195]

貳、醞釀轉型（2003-2007）

2003 年可視為中國對於全球氣候變遷議題回應的第一個轉折點。當年時值 UNFCCC 第九次締約國大會的召開，中國提出公開聲明表示，該會之討論將能加倍地增加發展中國家未來參與減排行動的能力及意願。[196]而根據學者楊儀的觀察，認為此一聲明象徵並代表了未來發展中國家將會更進一步地涉及與全球氣候變遷議題有關的討論。[197]此外，「中國環境保護部」（Ministry of Environmental Protection of the People's Republic of China）（原:「國家環境保護總局」）下的「國際合作司」，亦將 2003 年設定為觀察中國政府對外履約狀態的起始點,其一系列的履約動態官方記錄也從 2003 年持續觀察至今。[198]由於 2007 年後中國政府之態度有其明顯的轉變，故乃將

---

[195] 中國環保署，2002，「中國宣佈批准京都議定書」，http://ivy3.epa.gov.tw/ international_news/news02091.htm.

[196] Center For Climate And Energy Solutions (C2ES), 2003, "Ninth Session of the Conference of the Parties to the UN Framework Convention on Climate Change (COP 9) Milan, Italy", http://www.pewclimate.org/what_s_being _done/in_the_world/cop9.

[197] Yang Yi, op. cit., p.5.

[198] 完整的中國官方履約動態記錄自 2003 年至 2011 年。其中包括了：2003 年「履行持久性有機汙染物斯德哥爾摩公約國際合作項目概覽」、「全球環境基金新報告：關注發展中國家可再生能源市場」、「聯合國氣候變化

2003 年後至 2007 年的這段期間，視為是其後態度轉變的醞釀過渡
階段，以承接其後轉變時期各項發展的緣由論述。

　　根據一份來自中華人民共和國國務院新聞辦公室的官方資料回
顧指出，中國政府及專家參與了「政府間氣候變遷專題小組」（IPCC）
的相關報告編寫工作，並於 2004 年提交了《中華人民共和國氣候變
化初始國家資訊通報》。[199]這項通報同時也成為中國代表團於
UNFCCC 第十次締約國大會時，所主動向大會通報及宣傳其相關氣
候變化政策措施的代表。[200]這對中國政府對外表達其對氣候變遷議
題的關注而言，跨出了更進一步的里程碑。在該通報中，其具體列
出了「國家溫室氣體清單」、「氣候變化影響與適應方案」、「減緩氣
候變化應對措施」等，並各從「教育」、「宣傳」、「公眾意識」、「資
金技術需求」等方面提出可應對的方式。[201]從此資料可觀察到，中

框架公約簡介」;2004 年「中國環境保護國際合作與履約工作成效」;2005
年「清潔發展機制運行管理辦法」; 2006 年「關於開展全國持久性有機
汙染物調查通知」……等。於 2008 年升格的中國環境保護部將 2003 年
訂為官方記錄的起始點。詳細內容參閱：中華人民共和國環境保護部官
方網站，「履約動態」，http://gjs.mep.gov.cn/lydt/index_4.htm.

[199] 中華人民共和國國務院新聞辦公室，2008，「中國應對氣候變化的政策與
行動」，http://zfs.mep.gov.Cn/fg/gwyw/200810/t20081030_130653.htm.

[200] 中國環境報，2004，「中華人民共和國氣候變化初始資訊通報」，http://
big5.china.com.cn/tech/zhuanti/wyh/2008-01/07/content_9490641.htm.

[201] 根據《中華人民共和國氣候變化初始資訊通報》內容，「國家溫室氣體清
單」包括：二氧化碳（CO2）、甲烷（CH4）、氧化亞氮（N2O）等溫室氣
體;「氣候變化影響及應對方案」包括：13 部相關法令條例、生態環境
保護建設……;「減緩氣候變化應對措施」則包含由國務院及建設部所先
後發佈實施的政策規定;「教育、宣傳及公眾意識」部份，中國則公開表
示認同宣傳及教育是推動社會共同參與減緩及適應氣候變化行動的重要
手段;最後，再次肯定「資金、技術需求」對發展中國家的重要性……
等。詳細內容參閱：http://big5.china.com.cn/tech/zhuanti/wyh/2008-01/07
/content_9490641.htm.

國政府的態度逐漸從以往較為保留的態度立場，漸趨轉型成走向國際發聲的路線。將其對溫室氣體排放的減量訴求、因應方式及對策，訴諸國際舞台以傳達其「進行中」的努力。

2006 年，第一部由中國編製有關全球氣候變化及其影響的《氣候變化國家評估報告》於北京發佈。其具體內容含括三大部份，包括：「氣候變化的歷史與未來趨勢」、「氣候變化的影響與適應」、「減緩氣候變化的社會經濟評價」。[202]有關該評估報告，中國科技部常務副部長李學勇表示：

> 《氣候變化國家評估報告》發布的意義在於，一是向國際社會進一步表明我國高度重視全球氣候變化問題；而是為我國參與全球氣候變化的國際事務提供科技支撐；三是為促進國民經濟和社會的可持續發展提供科學決策依據。四是為我國未來參與全球氣候變化領域的科學研究指出了方向。[203]（中華人民共和國環境保護部，2004）

這份評估報告發佈的意義誠如李學勇副部長所言，象徵著中國對外表明其重視全球氣候變遷議題的程度已有改變。並且，結合著科學技術的支撐基礎，為往後更大規模的涉入國際氣候議題作出規劃與準備。這也足以說明此時期在承接 2003 年至 2007 年間的轉型發展，並延伸到 2007 年後中國所經歷一連串的轉變的態度及其對「環境責任」界定之差異。

---

[202] 該報告之編寫於 2002 年 12 月開始啟動，至發佈歷時 4 年。詳細內容參閱：中華人民共和國環境保護部官方網站，2004，「履約動態」，http://gjs.mep.gov.cn/lydt/200701/t20070108_99313.htm.
[203] 同上註。

參、主動因應（2007 至今）

　　2007 年可視為中國對於全球氣候變遷議題回應態度轉為主動的轉折點。該年 6 月中國發佈了《應對氣候變化國家方案》，當中設定中國須在 2010 年以前減少 10 億噸溫室氣體排放之中程目標。[204]依據中國國務院的官方文件指出：「國務院要求各地區、各部門結合本地區、本部門，實際認真貫徹執行《應對氣候變化國家方案》。」[205]中國遂成為第一個制定應對氣候變化國家方案的發展中國家。[206]除了發佈該減排方案外，中國亦提出了有關「再生能源」的相關規劃方案，包括：《可再生能源法》、《可再生能源中長期規劃》……等。同年，中國成立了一個由國務院總理負責統籌領導的「國家應對氣候變化領導小組」，以負責制定並規劃相關的重要決策與氣候變化因應方案。[207]不論是具體實行的準則發佈或是後續追蹤其執行狀況的小組成立，都可顯示中國已逐步加強其對全球氣候變遷議題的重視程度。同時，也從「先經濟、後環境」的單一思維，逐漸跳脫發展至新興的「低碳經濟」模式。2008 年中國進一步加強了應對氣候變化的工作，包括：公佈「中國應對氣候變遷政策及行動」（China's Policies and Actions for Addressing Climate Change）白皮書、改組中

---

[204] 同註 189。

[205] 同上註。

[206] 學者宋國誠對該方案作出如下觀察：「中國發佈實施《應對氣候變化國家方案》，成為第一個制定應對氣候變化國家方案的發展中國家。該方案載明，在能源強度方面，明確提出到 2010 年單位 GDP 能耗在 2005 年基礎上減少 20%左右、森林覆蓋率要達到 20%。並明確實現這些目標的重點領域及政策措施。」詳細內容詳閱：宋國誠，2009，「中國大陸氣候變遷對策——中國走向『低碳經濟』時代」，國際與大陸情勢年度評估報告，http://iir.nccu.edu.tw/attachments/journal/add/5/1-11.pdf.

[207] 同註 189。

國「環境保護總局」為「環境保護部」……等。前者使得中國更加具體闡述國家的低碳政策與方針;[208]而後者有關「環境保護部」的升格更代表了中國以更高規格的機構來統籌氣候變化之議題。一篇來自《中國網》的報導就提到:「這意味著政府的環境保護職能得到進一步的重視和強化。」[209]

中國除了內部職能的強化外,在外部環境議題的合作上也有所突破。在傳達其「負責任大國」的意向上也愈形鮮明。如此現象可從 2008 年來自中國《人民日報》及《中國環境報》的報導中觀察到:

> 中國現在還處於發展工業化的階段,在減排指標上雖然不能按處於後工業化的發達國家來對待,但中國是負責任的大國,會在「共同但有區別」的原則下積極實施減排。在這一立場下,中國將積極發展與包括日本在內的各國充分合作,……實現「低碳經濟」、「循環經濟」結合起來,以先進的科學技術為支撐,促進經濟建設與環境保護協調發展。[210]
> (人民日報,2008)

---

[208] 同註 206,頁 3。

[209] 2008 年 3 月的第 11 屆全國人民代表大會第一次會議通過《國務院機構改革方案》,將「國家環境保護總局」予以升格為「環境保護部」。詳細內容參閱:中國網,2009,「國家環保部:從機構升格到職能強化」,http://big5.china.com.cn/news/zhuanti/hblps/2009-05/08/content_17745809.htm.

[210] 由於 2008 年的八國集團領導人對話會議於日本舉行,2007 年中國又與日本簽訂《中華人民共和國政府與日本國政府關於進一步加強環境保護合作聯合聲明》,因此,中國於隔年後的聲明特別強調中國將積極與包括日本在內的各國進行充分合作。詳細內容參閱:人民日報,2008,「八國集團會議攜手應對氣候變化」,http://www.mep.gov.cn/zhxx/hjyw/200807/t20080708_125219.htm.

> 作為一個負責任的環境大國，……在國內履約機制建議、履約計畫制定和實施、履約項目執行、宣傳教育和國際方面開展了酌有成效的工作。認真履行了公約義務和承諾。[211]（李干杰，2008）

中國對於氣候議題的關注及低碳經濟的實施持續發展。2009 年 8 月，中國在全國人大常委會通過了「關於積極應對氣候變化的決議」。[212]筆者將中國欲積極發展低碳經濟的推動方針稱之為「節能式」的發展模式。中國再次重申「節能式」發展路徑的必要，企圖在氣候變遷議題與國家經濟發展間取得平衡。同年 9 月 22 日，中國國家主席胡錦濤於氣候變化高峰會中發言時，亦就未來國家應對氣候變化議題的措施表示：

> 中國已經制定了《應對氣候變化國家方案》，明確提出 2005 年到 2010 年降低單位國內生產總值能耗和主要污染物排放、提高森林覆蓋率和可再生能源比重等有約束力的國家指標。……今後，中國將進一步把應對氣候變化納入經濟社會發展規劃，並繼續採取強有力的措施。[213]（胡錦濤，2009）

---

[211] 環境保護部副部長李干杰於最佳環境實踐論壇 2008 年年會時的致詞。中國環境報，2008，「李干杰在最佳環境實踐論壇指出加強區域合作與推進履約進程」，http://www.mep.gov.cn/zhxx/hjyw/200812/t20081210_132222.htm.

[212] 同註 206，頁 3。

[213] 以下節錄胡錦濤於致詞時所提出的四大有力措施：（1）加強節能：爭取到 2020 年單位國內生產總值二氧化碳排放比 2005 年有顯著下降。（2）大力發展可再生能源與核能：爭取到 2020 年非化石能源佔一次能源消費比重達到 15%左右。（3）大力增加森林面積及蓄積量：爭取到 2020 年森林面積比 2005 年增加 4000 萬公頃、蓄積量增加 13 億立方米。（4）大力發展綠色經濟：積極發展低碳經濟與循環經濟。詳細內容參閱發言全文：

根據中國「環境保護部」對 2010 年國際環境合作與交流工作的檢視，其認為該年是中國環境保護國際合作相當活躍的一年。[214]除了國家高層多方出席國際環境會議、並參與國際環境和談之外，中國也逐漸向國際社會展露其「負責任大國」的形象。繼 2008 年中國公佈「中國應對氣候變遷政策及行動」白皮書後，2011 年又進一步發佈了「最新中國應對氣候變化的政策與行動」白皮書。[215]內容除了重申國際環境議題的重要性之外，低碳發展也是中國努力的方向。值得注意的是，中國在闡述國際談判的參與時，特以「積極參加聯合國進程下的國際談判」為標題論述。而在結語中，亦再次自我定位為一個「負責任的發展中大國」，並闡述其具有與國際社會共同推動一更為全面有效安排的意願。[216]從這些政策方針及成果檢視，都可觀察出中國政府本身的態度。除了肯定其自 2007 年以降所積極參與的各項會議及

聯合國中國官方網站，2009，「胡錦濤在氣候變化問題首腦會議上的發言」，http://www.un.org/zh/focus/hujintao/summit.shtml.學者宋國誠對此發言作出如下觀察：「中國國家主席胡錦濤在聯合國氣候變化高峰會上，已經明確提出中國應對氣候變化一攬子有力措施，明確中國實施低碳增長和綠色發展戰略的決心，這意味著中國已經為全球氣候變化作出了『負責任的承諾』。」同註 206，頁 2。

[214] 同註 199。

[215] 最新版本的「中國應對氣候變化的政策與行動」白皮書共分為八大部份：（1）減緩氣候變化。（2）適應氣候變化。（3）基礎能力建設。（4）全社會參與。（5）參與國際談判。（6）加強國際合作。（7）十二五時期的政策目標及行動。（8）中國參與氣候變化國際談判的基本立場……等。詳細內容參閱：新華網，2011，「中國應對氣候變化與政策（2011）白皮書全文」，http://big5.xinhuanet.com/gate/big5/news.xinhuanet.com/2011-11/22/c_111185426.htm.

[216] 結語全文如下：「在推進工業化和城鎮化的進程中，中國清醒認識到氣候變化帶來的嚴峻挑戰。作為負責任的發展中大國，中國將從基本國情和發展階段的特徵出發，堅定不移地走向可持續發展道路，為應對全球氣候變化作出更大的貢獻。」同上註。

國際對話交流等發展外,也再次對外宣示中國已準備好要與國際社會共同面對環境國際合作議題。而中國的舉措也將成為影響其他行為者(包括:美國)回應全球氣候變遷議題的國際因素之一。

然而,反觀中國的國內情況,中國國內的環境污染及貧富差距問題仍很巨大。來自於企業的反彈聲浪同時也會成為限制中國發展腳步的重要因素。因此,中國因應氣候變遷發展之策略並非是一步到位,未來也依舊會朝向逐步漸進式的路線發展。回顧中國自 1990 年以降因應態度歷經了緣起、轉型醞釀,乃至於 2011 年後的主動允諾。這條轉變之路亦引起了來自於學界提出的隱憂,中國社會科學院城市發展與環境研究所所長潘家華,就曾針對中國低碳發展與國內資源環境約束之問題進行討論:

> 經濟低迷不僅使得社會對環保的投入能力下降,而且會使環境保護目標讓位於社會發展和經濟增長目標。可能出現的環境保護困境,會使低碳經濟的壓力進一步加大。……2012 的低碳發展,在於打好基礎蓄足勢,須要整體規劃,加大投入,全面推進。避免急功近利,不要立即核算指標、走形式……。[217](潘家華,2012)

潘家華所長一針見血的指明中國面臨在經濟發展與低碳環保間的兩難困境。同時,他也呼籲中國政府不能因欲收短期之近利而忽視長遠之規劃目標。若不加以謹慎評估而貿然允諾減量指標,則恐有執行成效不彰的隱憂而淪於紙上形式。此外,中國內部企業的發展也將受限於政令的施行而有所限制。如:2007 年 11 月中國國務

---

[217] 新華網,2012,「潘家華:中國低碳發展應避免急功近利」,http://big5. xinhuanet.com/gate/big5/news.xinhuanet.com/fortune/2012-01/13/c_1225816 44.htm.

院發布的節能減排考核實施方案，企業的節能減排考核結果將作為評斷企業負責人政績的重要依據。[218]然而，從國內的另一面來說，中國逐漸高漲的民眾環保意識及環境利益團體所要求政府的低碳經濟改革，亦形成另一股促使中國轉型的力量。[219]因此，中國面臨的正是內、外博弈雙重的交錯互動發展。

　　從上述官方發言與政策發佈實踐之歷程總覽可得到幾項觀察發現：第一，從內而外的職能強化及履約追蹤展現中國對氣候變化議題的重視日增。中國逐漸增強職能的結構與對環境議題的重視程度，其次，「節能式」發展模式已是中國未來明確的方向途徑。而「節能式」發展正是低碳經濟發展路徑的關鍵。第三，「負責任的大國」應以「負責任的承諾」回應國際社會及氣候變化議題。亦即，角色的轉換改變了應對的態度，從而增強了責任承攬的承諾。最後，中國因應氣候變遷之腳步將受到國內因素影響。使中國須顧及於內、於外的影響因素而出現雙層博弈的發展互動。總的來看，身為最大溫室氣體排放國、又是開發中國家之代表，中國已逐漸走出一條有別於以往的道路。這仍舊是一條堅持「共同但有差別的責任」之路，卻也是中國開始並願意承擔環境與社會責任的低碳經濟之路。這段經歷自初期、醞釀至轉變階段的歷程發展，也將持續影響著已開發與開發中國家的因應氣候變遷之路。

---

[218] 同註 199，頁 61。

[219] 中國評論新聞網，2011，「低碳經濟 中國尋求『內外兼修』」，http://www.chinareviewnews.com/doc/1019/5/2/8/101952868_2.html?coluid=59&kindid=0&docid=101952868&mdate=1225084151.

第四節　聯合國、綠色和平組織、中國間的雙向關係

壹、聯合國與綠色和平組織的雙向關係

　　2007 年 9 月，就在聯合國大會召開會議的數天前，一群綠色和平組織代表團應邀至紐約聯合國總部與聯合國秘書長潘基文（Ban Ki-Moon）會面。代表團成員包括了：國際綠色和平組織總幹事戈德勒波爾德（Gerd Leipold）、綠色和平組織美國分部的總幹事約翰帕薩坎坦多（John Passacantando）、綠色和平組織中國分部的污染防制項目經理崔喜晶（Jamie Choi）、及其他幹部成員亞瑟納朗葵利羅（Athena Ronquillo）與丹尼爾米特勒（Daniel Mittler）。聯合國在大會前夕邀請這五位綠色和平組織的重要代表與秘書長單獨會面，最主要的目的乃就改善未來的環境問題交換意見。此外，也正面的對於綠色和平組織長久的努力表示肯定。服務於綠色和平組織中國分部的韓裔幹部崔喜晶於會面後撰文表示：

> 秘書長告訴我，他已經關住綠色和平很長時間了，並且十分讚賞我們的努力，以及在環保前沿問題上的影響。他還鼓勵我們，要繼續推動國家和公眾在改善環境方面積極行動起來，他說自己十分了解非政府組織在環保方面起到的作用。[220]（崔喜晶，2007）

---

[220] 崔喜晶，2007，「約會潘基文──汙染防制項目經理崔喜晶」，http://www.greenpeace.org/china/zh/about/tteam/staff/jamie-choi/.

綠色和平組織代表團除了與秘書長報告其在各地推展的工作、及如何建議當國政府的各項決策之外，也提出了綠色和平組織對於增強人民環保意識的工作成果也日趨增進。綠色和平組織政策顧問專家丹尼爾米特勒進一步闡述了組織過去的種種努力，包括：施壓於氣候變遷大會的國家領袖及代表們，促請國家積極在氣候變遷大會上彼此合作……等。而對於未來聯合國的後續氣候變遷大會，綠色和平組織也支持推動朝向更有效率的氣候變遷因應方案。因此，綠色和平組織代表於會面時承諾表示：除了關心環保議題外，組織也將會全力支持聯合國及各國在環保方面的努力。對此，秘書長潘基文回應到：「我們需要你──綠色和平組織，去動員那些公眾的意見及敦促從政者去作正確的事。」[221]從此次會議中，讓我們觀察到聯合國與綠色和平組織間互信互助的關係。藉由兩者共同的信念及訴求、輔以相互認可及承諾支持的信任機制，協助彼此推動國際氣候變遷合作的長遠目標。

　　2007 年於 UNFCCC 第十三次締約國峇里島大會所提出的「峇里島行動計畫」，特別提及開發中國家「減碳」與「保護雨林」間密不可分的關係。因此，如何保存並使得雨林生態永續發展，成為該行動計畫所揭示的要點。有鑑於此，綠色和平組織遂研究提出 25 大因應策略機制，包含：要以「國家」的層級來處理、須將森林砍伐對減碳行動造成的影響估算在內、設定強度較高的環境社會實踐原則、設立獨立的監控機制、加強「保護區」（Protected Areas）內的雨林砍伐防護機制……等。[222]2010 年 11 月，綠色和平組織也回應了

---

[221] 原文如下："We need you, Greenpeace, to mobilize public opinion and enable politicians to do the right thing." Greenpeace, 2007, "UN Secretary General to Greenpeace: "We need you to mobilize public opinion." http://www. greenpeace.org/international/en/news/features/ban_ki-moon_leipold070920.

[222] Greenpeace International, 2009, "Greenpeace Policy on Saving Forests to

聯合國「氣候變遷籌資諮詢小組」（High Level Advisory Group on Climate Change Finance）所提出的一份氣候財務報告書。當中呼籲已開發國家勿延遲其承諾在 2020 年前，每年提供 1000 億美元以幫助開發中國家的氣候變遷因應。對此，綠色和平組織也公開表示：除非已開發國家政府維持其長遠的綠色基金資助承諾，否則在氣候行動上的全球性協議將難以達成。[223] 上述這些行動及回應突顯了綠色和平組織與聯合國兩者間，在落實氣候變遷因應及綠色目標上，所展現之相輔相成關係。綠色和平組織時常在聯合國執行計畫的基礎之上，呼應聯合國所提出的規範準繩並延伸進一步的因應策略，以敦促國家早日達成因應方案的實踐。

　　聯合國及綠色和平組織間密切的互動，顯示了綠色和平組織在聯合國氣候研究中的關鍵角色。然兩者之間的緊密關係卻也引起了質疑者對聯合國太過倚賴非政府組織所提供資源的疑慮。就在 2011 年聯合國政府間氣候變化專門委員會（IPCC）公佈的一項科學評估報告書中，由於篇中第十章的主要作者斯凡泰斯克，同時也是綠色和平組織的成員。如此引來質疑者批評 IPCC 漠視維持科學實證報告獨立性的問題。一篇由《全球暖化政策基金會》（The Global Warming Policy Foundation）所發佈的報導，就曾討論這層關係所引發的爭議。當中提到：

Protect the Climate." http://www.greenpeace.de/fileadmin/gpd/user_upload/themen/waelder/greenpeace-policy-on-saving-fo-2.pdf.

[223] Climate Action Network, 2010, "Greenpeace: UN Climate Finance Report Wipes Out Developed Country Excuses to Delay Action." http://www.climatenetwork.org/press-release/greenpeace-un-climate-finance-report-wipes-out-developed-country-excuses-delay-action.

IPCC 評估報告的主要作者，其身分同時也是綠色和平組織的成員。……IPCC 採用綠色和平組織成員作為其報告的主要撰寫者是不能被接受的。……這樣的情形也是不適當且有失獨立公正性的。……IPCC 未來若要持續其評估工作，則必須要重新改組調整。[224]（全球暖化政策基金會，2011）

有些報導媒體甚至以「醜聞」（Scandal）來描述此次 IPCC 的事件。[225]其認為 IPCC 的作法不僅僅已危害到科學公正及獨立性，同時使得評估報告書所反映的意見不再代表 IPCC、而是代表著綠色和平組織。另一篇以「綠色和平組織在聯合國氣候研究的關鍵角色」（Greenpeace's key role in UN climate study）為題的報導中提到：

對於 IPCC 報告的批評，主要來自於其納入出版了綠色和平組織成員的論述。……斯凡泰斯克身為綠色和平組織的行動者，同時也成了 IPCC 官方文件的主要作者。IPCC 因研究報告內容品質而受之批評，已成為最新的醜聞事件。[226]（葛拉漢羅伊德，2011）

根據 2011 年 6 月份《經濟學人》（The Economist）有關 IPCC 公正性及可靠性議題的報導，相關質疑者（如：反全球暖化論者）

---

[224] The Global Warming Policy Foundation, 2011, "The IPCC's Green Energy Report And The Greenpeace Karaoke." http://www.thegwpf.org/ipcc-corner/3226-ipcc-wg3-and-the-greenpeace-karaoke.html.

[225] No Carbon Tax Website, 2011, "IPCC report chapter written by Greenpeace activist." http://www.no carbontax.com.au/2011/06/ipcc-report-chapter-written-by-greenpeace-activist/.

[226] Graham Lloyd, 2011, "Greenpeace's key role in UN climate study." http://www.theaustralian.com/au/national-affairs/greenpeaces-key-role-in-un-climate-study/story-fn59niix-1226077352408.

認為，IPCC 是否僅作為綠色行動倡議團體的傳聲筒？——《經濟學人》對此回應：「其答案當然為否！但這並不表示此事件不會造成嚴重的問題。」[227]從此份報導中可觀察，儘管 IPCC 評估報告作者之一為綠色和平組織成員，也不必然代表聯合國僅關注綠色團體的福祉與訴求而忽略其他行為者。然《經濟學人》也不否認 IPCC 此次的作法並不適當，建議未來應更加謹慎。的確，聯合國與綠色和平組織之間互動關係的密切，並不等同於聯合國 IPCC 專業性及公正性的削弱。然 IPCC 未來應更全面顧及評估報告的文本與資料來源，以避免類似事件再度發生而衍生爭議。

綜上所述，可將聯合國及綠色和平組織對於氣候變遷議題的互動發展關係整理如下：

（一）「互信互助」關係——聯合國「討論平台」的提供與綠色和平組織「公眾意見」的動員：有關全球氣候變遷議題及國際團體的回應，聯合國作為聚集各國共同協力的溝通場域，以作為國際行為體間討論的媒介平台。並且，以一套有系統組織的架構提供全球氣候變遷議題之因應運作。而善於傳達意念並引起社會共鳴的綠色和平組織，便居中發揮了其動員公眾意見的角色。當環境議題已然形塑為一項社會議題、抑或是安全議題的同時，便突顯組織動員公民社會以共同因應議題的重要性。學者茱莉道爾曾列舉綠色和平組織溝通策略中的五大重要任務，包括：「科學報告的提出、為改變政策而遊說政府、與企業合作、採取直接行動、提供公眾（包含：政府及企業）相關環境資訊……等。」[228]而這些溝通策略也與公眾意見的凝聚及動員有所關連。在聯合國及綠色和平組織間彼此互信的

---

[227] The Economist, 2011, "The IPCC and Greenpeace- Renewable Outrage." http://www.economist.com/blogs/babbage/2011/06/ipcc-and-greenpeace?page=1.

[228] Julie Doyle, op. cit., p.135.

基礎上，將兩者各自扮演的功能結合以發揮共同對抗氣候變遷議題的最大效用。因此，可以從兩者的共識訴求及具體行動互動上，觀察之間的「互信互助」關係。並可將此關係視為全球氣候變遷議題中，國際團體回應所反映出的觀察發展視角之一。

（二）「相輔相成」關係——聯合國的「執行」與綠色和平組織的「監督」角色：自 1995 年始，聯合國在《聯合國氣候變化框架公約》下具體執行了十六次的年度 UNFCCC 締約國大會。更促成許多國際性環境規範的生成。由於環境議題的多元性及複雜性跨越國界，更加突顯聯合國在跨境協調及規範執行層面的重要性角色。在聯合國架構下所致力推動及執行的國際協議及宣言，同時也對國家行為者產生某種程度的約束及影響。此時綠色和平組織所扮演的角色，時常是持續性的進行後續的觀察與追蹤，以監督國家行為者或國內領袖是否實踐及遵照國際規範及承諾。例如，2010 年 5 月，綠色和平組織抗議香港政府採納中國大陸較低的減碳標準並延遲公佈「氣候變化顧問研究報告」的例子；[229]以及 2010 年 11 月，綠色和平組織於聯合國「氣候變遷籌資諮詢小組」氣候財務報告書公佈後，對已開發國家提供資金協助承諾的後續追蹤……等。[230]

---

[229] 2009 年香港特首曾蔭權於香港政府施政報告中承諾，會於 2010 年初公布「氣候變化顧問研究報告」以敘明溫室氣體減排執行情況。但遲至 2010 年 5 月，香港政府除了未按時公布該報告外，特首於香港立法會質詢中透露其減排目標將以中國大陸中央政府的標準為準。此不符合聯合國所要求已開發地區的減排標準，綠色和平組織抗議並認為香港特區政府此舉等同於變相增加碳排放允許標準。綠色和平組織官方網站，「香港綠色和平抗議特首減碳政策出爾反爾，政府總部前塗鴉被捕。綠色和平批『本末倒置』」，2010，http://www.greenpeace.org/taiwan/zh/news/4722663/.

[230] 綠色和平組織依據聯合國「氣候變遷籌資諮詢小組」之報告，呼籲已開發國家勿延遲其承諾在 2020 年前，每年提供 1000 億美元以幫助開發中國家的氣

從此發展可觀察出，全球氣候變遷議題在聯合國與綠色和平組織各司其職的努力結合下，提供國際團體在執行及監督環境合作的雙重角色，「相輔相成」關係補足並增強了彼此的不足。以下，茲將聯合國及綠色和平組織的雙向關係，按其扮演角色、功能提供、關係連結……等互動關係，整理繪製成雙向關係示意圖如下頁圖 3-2 所示。

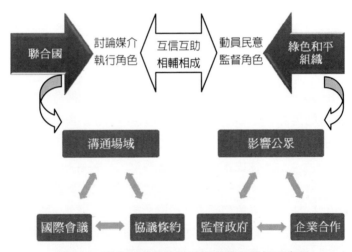

圖 3-2　聯合國與綠色和平組織雙向關係示意圖

資料來源：筆者自行繪製。

候變遷因應。詳細內容參閱：Climate Action Network, 2010, "Greenpeace: UN Climate Finance Report Wipes Out Developed Country Excuses to Delay Action." http://www.climatenetwork.org/press-release/greenpeace-un-climate-finance-report -wipes-out-developed-country-excuses-delay-action.

圖 3-2 描繪了聯合國及綠色和平組織之間的雙向關係。作為國際環境事務討論平台的重要代表，聯合國提供國際溝通場域，在其架構下召開年度國際環境會議並公布執行相關協議規範。而作為國際環境非政府組織之重要指標，綠色和平組織藉由動員民意而影響公眾，並扮演監督企業及政府的角色。兩者在綠色理念及環保訴求一致的前提下，各自發揮其功能並互信合作。而聯合國及綠色和平組織兩方之下又各自有其對應的三元關係。意即在「溝通場域」、「國際會議」及「協議條約」之間以及「影響公眾」、「監督政府」與「企業合作」間的互動發展。反映出了聯合國在環境討論場域中溝通媒介及執行之角色；以及綠色和平組織所扮演動員公眾及監督性的角色。在整合其發展之下，聯合國的執行力彌補了綠色和平組織處理多元環境議題時的不足、而綠色和平組織的動員號召力則有助增強聯合國連結基層公民社會網絡之能力。兩者間的關係密不可分，其扮演的功能角色更缺一不可。

　　然在這樣的互動關係下，誠如《經濟學人》在 2011 年 6 月份報導中所揭示的，僅管聯合國與綠色和平組織的關係再密切，皆須謹記勿過分跨越分際。[231]亦即當兩者在實踐其共同目標及訴求的同時，應盡量避免因角色重疊而造成「角色衝突」（Role Conflict）的問題。[232]誠如前述提及聯合國 IPCC 科學評估報告中，出現綠色和平

---

[231] 《經濟學人》不否認 IPCC 事件帶來的衝擊及影響，呼籲未來作為須謹慎小心。詳細報導同註 158。The Economist, op. cit.,http://www.economist.com /blogs/babbage/2011/06/ipcc-and-greenpeace?page=1.

[232] 「角色衝突」的定義意旨：「當一個人同時扮演不同角色時，可能由於各種原因造成不合適宜而發生矛盾和衝突。」而聯合國 IPCC 的例子，則反映了「角色間衝突」的議題。當聯合國 IPCC 評估報告作者被認定應秉持客觀中立及科學獨立性進行報告之時，其身份又同時身兼倡導環保運動的綠色行動者，則易使公眾混淆並質疑其評估報告的客觀真實性。參閱：John R. Rizzo, Robert J. House, and Sidney I. Lirtzman., 1970, "Role

組織成員為其作者之一的例子，導致批評者質疑聯合國的科學中立及獨立性問題。聯合國作為一個提供討論媒介的平台及規範執行之角色，本應秉持其追求良善價值的中立性原則。然若因角色重疊而造成衝突之問題影響聯合國未來執行規範之正當性，則非聯合國及綠色和平組織之本意。因此，如何在「互信互助」、「相輔相成」的良性互動下謹慎作為，以避免類似事件重演而模糊環境議題的訴求焦點，將是未來聯合國及其他國際環境非政府組織所應共同面對的課題。

貳、中國與聯合國的雙向關係

作為世界最大的溫室氣體排放國，中國同時是聯合國安理會常任理事國中唯一的發展中國家代表，其與聯合國間的雙向關係於焉成為全球對抗氣候變化議題的關注重點。中國曾於 2008 年時與聯合國相關機構聯合主辦了「氣候變化與科技創新國際論壇」，針對技術、方法及政策方針等方面探討解決該議題之方法。[233] 此後，隨著中國對於承擔環境責任的逐漸轉型，不論是有形的會議參與、協議批准，或是背後無形的象徵涵義，中國對於氣候環境

Conflict and Ambiguity in Complex Organization," Administrative Science Quarterly, Vol.15, p.150.

[233] 該論壇共設有五大論壇主題，包括：「氣候變化重大科學問題」、「減緩氣候變化的技術和政策」、「氣候變化的影響與適應」、「重大技術及國際科技合作」、「資金與市場機制」等。欲透過該論壇與會組織高級官員及國內外專家學者的交流來探討應對氣候變化的國際合作機制並尋找減緩溫室氣體排放的技術解決途徑。中國官員曾表示：「這次論壇成果將對正在進行的由聯合國組織的氣候變化談判起到積極推動的作用。」詳細內容請參閱：中新社，2008，「中國與聯合國將共辦國際論壇『會診』氣候變化」，http://www.hellotw.com/xw/xwfl/dl/20080417_347189.htm.

議題的參與態度及其所釋出的協談善意，均或多或少地影響著國際社會的回應與發展模式。在應對氣候變化等方面，聯合國秘書長潘基文曾對中國與聯合國之間所保持的良好合作關係表示肯定。他在 2011 年 12 月與中國新任常駐聯合國代表李保東會面時表示：「感謝中國長期以來對聯合國的大力支持，……聯合國的工作離不開中國的參與和支持，願不斷拓寬與中國的合作領域。」[234] 李保東同時回應如下：

> 聯合國是最具普遍性、代表性和權威性的政府間國際組織。中國一貫倡導多邊主義，重視聯合國發揮的重要作用。……隨著中國的不斷發展，中國與世界的連繫越來越密切。中國願意與世界各國一道，共同應付經濟和金融危機、氣候變化……等全球性問題的挑戰。[235]（李保東，2011）

有關中國與聯合國間的雙向關係，主要將探討主軸放在五大聯合國框架及協議的架構下討論。包括：（一）UNFCCC 基本框架下的中國態度。（二）中國與京都議定書。（三）中國與哥本哈根協議。（四）中國與坎昆協議。（五）中國與德班會議。因此，本節將會探討中國在 UNFCCC 之基礎框架下，與京都議定書、哥本哈根協議、坎昆協議、德班會議等聯合國重要氣候變遷會議之關聯，藉此評估其態度立場及與聯合國之間的發展關係。

---

[234] 此為潘基文於紐約聯合國總部向其遞交全權證書時所表示。中評社，2011，「潘基文對中國與聯合國的良好合作表示肯定」，http://www.chinareviewnews.com/dic/1012/4/9/6/101249656.html?coluid=7&kindid=0&docid=101249656.

[235] 李保東並表示中國堅定支持聯合國在國際事務中所發揮的核心角色，並預期未來將在聯合國各機構中持續發揮影響作用。同上註。

一、UNFCCC 基本框架下的中國態度

1992 年所通過的 UNFCCC 中，曾提及國家應依不同經濟程度發展而有不同程度的氣候變遷承擔責任。此即為日後中國所呼應之「共同但有差別責任」之意涵。1994 年中國批准 UNFCCC，而此也影響日後不論是來自於中國官方的公開訊息或是其實際參與國際協談時的表態立場，均可觀察出中國支持國際氣候協商須在 UNFCCC 框架下進行之態度。而中國參與氣候協談的態度立場亦隨著每年一度的 UNFCCC 締約國大會而愈加積極。同時，氣候環境議題隨著連年的國際協談模式運行下，逐漸擴增其與「政治意涵」之牽連範圍。新加坡學者陳剛也作了如是觀察：

> 在 1995 年第一次締約方會議以後，中國開始警惕一些發達國家將溫室氣體減排問題引向主要發展中國家的意圖。此後，國際氣候公約談判的政治涵義成為中國對氣候變化問題關注的重心。[236]（陳剛，2009）

正因為中國的這層顧慮，也間接促成了日後中國愈積極回溯至 1992 年通過的 UNFCCC 之框架。在此框架中，除了明確區分已開發的工業化國家及發展中國家之責任差異外、更強調國家在因應氣候變化議題時應堅持「國家主權」之原則。個別主權國家在共同參與氣候協談時皆應秉持不違背主權最高性之原則。這也是中國在 UNFCCC 框架下參與國際氣候協議時所著重堅持的部份。在顧及「國家主權」的原則之下，中國始積極敦促並支持發揮 UNFCCC 框架對於氣候變化國際談判的橋梁角色。然根據筆者觀察，中國在 UNFCCC

---

[236] 陳剛，2009，〈氣候變化與中國政治〉，《政治與法律》，第 111 期，頁 56-57。

框架下的支持態度實則源自於一種防禦性的「自我保護」。在開發中國家尚未達到與已開發國家相同的經濟發展前提下，工業化的已開發國都應率先承擔起明確減少溫室氣體排放的責任。中國在參與國際氣候變化協談的對外口徑一致，均以尊重 UNFCCC 框架作為協談合作之基礎。例如，中國外交部氣候變化談判特別代表于慶泰就曾公開表示：

> 國際社會首先需意識到國際合作不能背離《聯合國氣候變化框架公約》和《京都議定書》所確立的基本原則和規定，其中最基本的是「共同但有差別的責任」原則。只有在這一基礎上，各方才能通過談判達成協定，確定各自以相應的方式為應對氣候變化這個共同挑戰作出貢獻。[237]（于慶泰，2008）

就此例子而言，中國的「自我保護」防禦性機制成為日後其與已開發國家之間矛盾與歧見的衝突來源。近幾年中國整體國力的快速向上提升，逐漸引發外部行為者（特別是已開發國家）的詳加關切。僅管中國宣稱國內經濟仍處於高度不對稱之發展，且中國每年二氧化碳人均排放量仍遠低於其他國家人均排放之水準等，中國承受來自於國際社會的輿論與壓力仍日漸增加。總的來看，初始的 UNFCCC 框架雖未形成一強制力的約束，但卻是形塑日後國際氣候變化議題協議發展的重要基礎。中國便是掌握住此點並且善用了 UNFCCC 框架下對自身有利的發展優勢條件。

---

[237] 此為中國于慶泰代表出席第 62 屆聯大觀於氣候變化議題主題辯論會時接受媒體所公開表示。受訪全文及詳細內容參閱：中國新聞網，2008，「中方代表：中國將為應對氣候變化作出積極貢獻」，http://www.hellotw.com/xw/xwfl/dl/200802/t20080213_329803.htm.

二、中國與京都議定書

　　若將 UNFCCC 框架視為是形塑中國國際氣候變化協議發展的重要基礎，那麼《京都議定書》將是中國所簽署首項明訂已開發國家減排標準的協議前哨站。首個以國際法律文件形式所訂定標準的議定書於 1997 年 UNFCCC 第三次締約國會議中成形，2002 年中國於議定書正式生效前完成了國內的批准程序。然而，起初的中國對於議定書的功效實則抱持懷疑的態度，學者坦根（Tangen）、黑格倫德（Heggelund）及布恩（Buen）亦曾在一篇研究中國氣候變化過程及其轉變的文章中提到：「中國對於所謂的『京都機制』之引進抱持懷疑的態度，中國及其他開發中國家認為碳交易的機制無法實質上減少碳排放問題。」[238]然隨著愈加緊密的國際氣候環境合作互動，以及中國愈發體認到其為議定書機制的受益者，中國遂逐漸從早期的負面的質疑態度轉向為正面的擁護支持。

　　承繼著 UNFCCC 框架下「共同但有差別責任」原則，中國將《京都議定書》視為是已開發國應優先減排的精神延伸。而《議定書》的原則與精神亦不與開發中國家的發展利益相違背，因此，日後中國於議定書參與態度所反映的積極面向，可從如下例子觀察出：2008年中國國務院對外發佈訊息指出，「中國長期以來積極參加和支持《氣候公約》和《議定書》框架下的活動，努力促進《氣候公約》和《議定書》的有效實施。」[239]2011 年國務院於其所發佈的行動白皮書中再次申明，「中國堅持《氣候公約》和《議定書》雙軌談判機

---

[238] Tangen, Heggelund and Buen, 2001, "China's Climate Change Positions: At a Turning Point?" Energy & Environment, Vol.12, No.2 & 3, p.241.

[239] 同註 199。

制。」[240]從以上官方公開文件中可以窺知中國政府視《議定書》及《氣候公約》為重要的基礎框架,並堅持此並行雙軌之機制與現行國際氣候變遷合作之連結。

中國支持《京都議定書》的另一理由,在於其提供了中國與其他發展中國家間新一層關係之互動機會。中國也得以利用此一機會,藉由與 77 國集團(G77)間共同一致訴求的立場來鞏固雙向間的關係、也鞏固其為發展中國家聲明立場的代表地位。新加坡學者陳剛曾就張智鴻(Zhihong Zhang)一篇有關「中國氣候變遷政策及其背後力量」(The Forces behind China's Climate Change Policy)之研究內容提出觀察:

> 中國長期將自己定位為發展中國家的一員,並把加強與其他發展中國家的團結與合作視為自身外交戰略的基石。氣候變化問題正好為中國增進其在發展中國的聲望和支持提供了一個前所未有的機遇。[241](張智鴻,2003)

三、中國與哥本哈根協議

2009 年 12 月 18 日通過的《哥本哈根協議》,計有 141 個國家參與通過。包含最早加入的發展中國家巴西、中國、美國及歐盟 27

---

[240] 全文為:「中國堅持《聯合國氣候變化框架公約》和《京都議定書》雙軌談判機制,堅持締約方主導、公開透明、廣泛參與和協商一致的規則,積極發揮聯合國框架下的氣候變化國際談判。」新浪新聞網,2011,「中國推動公平合理氣候變化制度」,http://news.sina.com.hk/news/2/1/1/2499263/1.html.

[241] Zhihong Zhang, 2003, "The Forces behind China's Climate Change Policy" in Global Warming and East Asia: The Domestic and International Politics of Climate Change, eds. Paul G. Harris, London: Routledge, pp.78-79.

個成員國……等。[242]根據一份「美國氣候行動網絡」（U.S Climate Action Network）彙整所有參與國的資料顯示，佔世界溫室氣體排放量第一（16.64%）的中國，於 2010 年 1 月 29 日時通過該協議。該紀錄也顯示中國預計於 2020 年減少溫室氣體排放量 40% 至 45% 之目標。[243]中國在會議中表明其支持已簽署《京都議定書》的已開發國家須履行其應盡責任、而未簽署國則須在 UNFCCC 框架下，進行應對氣候變化的減排談判行動。[244]中國支持「雙軌制」旨在避免已開發國家規避《京都議定書》所明列之減排責任。同時，也重申對「共同但有區別的責任」之原則堅持。《哥本哈根協議》中曾提到，屬於《京都議定書》締約方之附表一國家應將進一步加強該議定書所提出之碳減少排放量計畫。[245]因此，該協議延伸了《議定書》的精神，仍強調已開發國家所不可避免的溫室氣體減排責任。

中國身為開發中國家的代表，在該協議中提及有關開發中國家之部份茲整理如下：（一）發展及消除貧窮是開發中國家優先之事。（二）降低開發中國家受害程度並提升適應能力之強化。（三）非附表一國家每兩年應透過公約程序向秘書處報告延緩氣候變化之措施。（四）提供開發中國家更多低碳排放發展之誘因。（五）提供開發中國家更多資金及技術協助。（六）承諾 2020 年前每年籌募一千

---

[242] 巴西是最早加入的開發中國家，於 2009 年 12 月 29 日加入；歐盟於 2010 年 1 月 27 日加入；美國則於 2010 年 1 月 28 日加入。U.S Climate Action Network, 2010, "Who's On Board With The Copenhagen Accord?" http://www.usclimatenetwork.org/policy/copenhagen-accord-commitments.

[243] 此又稱為「開發中國家自願減少排放量承諾」。Ibid.

[244] 這又被稱作「雙軌制」。此有別於美國等其他已開發國家所主張揚棄《議定書》的「兩軌合一制」。詳文請參閱：冉鵬程、呂學林，2010，〈中美兩國在哥本哈根氣候峰會上的分歧及啟示〉，《江蘇工業學院學報》，第 11 卷，第 2 期，頁 11。

[245] 同註 151。

億美元以配合開發中國家之需求。[246]對照中國的回應與態度，首先，中國國內的貧窮人口仍高達數億人，貧富懸殊問題依舊嚴重。為兼顧環境問題，中國支持以消除貧窮並求國力穩定發展為首要，其次則以長遠發展「低碳經濟」模式為輔。而對於氣候變化所帶來的脆弱性，中國認同提升開發中國家適應及調適能力的重要性，並贊成開發中國家應發展應對氣候變化之具體措施。然而，對於開發中國家應定期報告並接受國際查核減排行動之部份，中國則是不予以接受的。中國外交部副部長何亞非曾公開指出，中方並不接受發展中國家利用本國資源採取的自主減排行動須接受到國際的檢視查核。[247]中國以侵害自主性的「政治性」意含來解讀這項要求。這也導致了中國及其他已開發國家（尤其是美國）間在哥本哈根氣候峰會上所產生的意見分歧。最後，對於已開發國家應籌募資金以提供開發中國家充足的資金及技術以應對氣候變遷之議題。中國抱持肯定支持的態度，並認為這是對全球整體應對氣候變化所積極貢獻的努力。

中國的立場也反映在日後獲得環境保護資金資助的回應態度。2011 年 9 月，中國獲得了 2.65 億美元的資金資助以用於減少氫氟氯烴（HCFCs）之使用。[248]中國表示一旦資助計畫開始後，中國預計將減少 3320 噸氫氟氯烴使用量。這對整體減緩全球氣候變化之氣體排放問題將有所助益。有關此計畫的中國相關負責人溫武瑞的一

---

[246] 同註 151。

[247] 何亞非表示：「中國已經建立了系統的計畫、監測和考核體系，並會採取適當形式適時對外公布國內減排行動及其效果，但中方不接受開發中國家利用本國資源採取的自主減排行動接受國際核查。」同註 244，頁 11-12。

[248] 該基金主要用於在 2015 年前削減 HCFCs 之使用。中國環境保護部官方網站，2011，「中國為全球臭氧層保護邁出重要一步，獲 2.65 億美元資金支持」, http://big5.mep.gov.cn/gate/big5/www.mep.gov.cn/zhxx/hjyw/201109/t20110914_217249.htm.

句:「同個基金,同個夢想,多邊基金讓我們夢想成真。」[249]道出了中國對於技術移植、資金挹注對發展中國家減碳能力提升間的樂觀預期。以下茲將哥本哈根協議之內容與中國的回應態度整理如下表3-4所示:

表 3-4 　《哥本哈根協議》內容與中國回應態度

協議內容	中國回應	協議內容	中國回應態度
發展與消除貧窮	支持	提供低碳發展誘因	支持
適應能力強化	支持	提供資金及技術	樂於接受
定期接受查核	不接受	綠色氣候基金	樂於接受

資料來源:作者自行整理繪製。

四、中國與坎昆協議

中國代表團對墨西哥政府和人民為舉辦氣候變化談判坎昆會議作出的努力,以及為各國代表提供的周到服務表示衷心的感謝。……代表團再次重申,中國政府將本著對本國人民和世界人民高度負責的態度,一如既往地推進綠色、低碳、可持續發展,為應對氣候變化作出自己的貢獻。[250](解振華,2010)

---

[249] 同上註

[250] 此為中國代表團團長、國家發展改革委副主任解振華,於《坎昆會議》閉幕會(2010年12月11日)時所發言。中華新聞網,2010,「坎昆會議落幕,中國稱將繼續為應對氣候變化努力」,http://bnchina.news.huanqiu.com/world/roll/2010-12/1335938.html.

《坎昆協議》於 2010 年 12 月 11 日通過，中國代表團團長解振華於大會閉幕時特別發言，強調了中國未來將持續為氣候變化作出積極努力的路線發聲，也再次地傳達了其「負責任大國」的意向。中國的態度與立場也從初始支持期能達成一個全面、積極、均衡的成果、到落幕後對未來國際氣候合作所寄予的期待。中國雖不否認已開發與開發中國家間，在會議當中仍存在有意見上的分歧，但此並不影響中國持續先前支持《京都議定書》的立場。承繼著《哥本哈根協議》中中國支持「雙軌制」的運作模式，據觀察，《坎昆協議》有助於加強「雙軌制」談判下的平衡標準。[251]亦即，此為匯聚各方意見的最大妥協平台，盡可能的在「共同但有差別責任」原則下，兼顧《公約》及《議定書》的精神、並以增進行為者間的互信基礎為最大目標。

　　有關坎昆會議與開發中國家之連結可觀察如下：首先，開發中國家崛起意含：中國、巴西、南非及印度在本次會議中組成「基礎四國」（BASIC）集團，極力捍衛《議定書》的地位。[252]由此突顯開發中國家透過坎昆會議之談判平台集結發聲，使其成為影響氣候協商的重要因素之一。其次，明確規範「綠色氣候基金」以有效資助開發中國家：曾於哥本哈根會議中所提及的「綠色氣候基金」，在坎昆會議中又再次被加以明確規範其運作細節。包含：委員會的分配

---

[251] 一方面就加強 UNFCCC 實施作出框架性安排，確定將全球氣溫上升幅度控制在攝氏兩度之內。並要求已開發國家承擔全經濟範圍的絕對減排指標、開發中國家也須在可持續發展框架下採取國內適當的減緩行動等。詳細內容參閱：人民日報，2011「坎昆協議是氣候變化談判的積極進展」，http://big5.ce.cn/gate/big5/intl.ce.cn/sjjj/qy/201103/01/t20110301_22255597.shtml.

[252] 經濟部能源局，2011，「後京都談判曙光漸露──坎昆氣後會議觀察」，http://energymonthly.tier.org.tw/outdatecontent.asp?ReportIssue=201102&Page=8.

比例、每年五月須定期報告資金提供狀況、前三年由世界銀行託管……等。[253]僅管後續有關資金撥款形式及各國可負擔額度等資訊不明，但「綠色氣候基金」對幫助開發中國家應對氣候變遷議題無疑是一大助力。

而根據中國外交部氣候變化談判特別代表李燕端的觀察，坎昆會議對增進多邊談判機制的信心，起到非常重要的作用。[254]其表示：「它雖不具里程碑的作用，但是啟到了承上啟下的作用。」[255]由此可看出就中國的角度觀之，坎昆會議某種程度上達到以國際合作方式執行減排承諾的明確量化規範。同時，也將 2012 年後的「京都」第二承諾期細節內容留待下次氣候會議中再行討論。總的來看，中國對於坎昆協議達成較具公開、透明及廣泛參與的精神表示：「雖有不足，但是感到滿意。」[256]坎昆協議無論在氣候基金、技術移轉及森林保護等方面均有進一步成果。中國也再次肯定遵循 UNFCCC 框架及《京都議定書》的原則，並依此加以延伸至日後的討論。中國的立場及態度也將影響到美國的參與與回應，此將於後面章節中一併討論。

---

[253] 台灣環境資訊中心，2010，「坎昆協議評析：後京都過渡時期的解藥或迷幻劑？」，http://e-info.org.tw/node/61974.

[254] 李燕端接受採訪部份全文：「坎昆會議吸取了哥本哈根會議的教訓。它堅持了公開和透明的原則，且本著合作和妥協的精神，在墨西哥政府和各國代表的共同努力下，達成了相對平衡的一攬子方案。坎昆會議對於增進大家對多邊談判機制的信心起到了非常重要的作用，應該說各國對坎昆會議都有非常積極的評價。」詳細內容參閱：中文網，2011，「李燕端：回顧坎昆　展望德班」，http://big5.china.com.cn/fangtan/2011-11/23/content_23975655.htm.

[255] 同上註。

[256] 中國代表團團長、國家發展改革委副主任解振華認為：「《坎昆協議》均衡的反映了各方的意見，雖然還有不足，但我們感到滿意。」詳細內容詳閱：中國新聞網，2010，「中國新聞週刊：坎昆協議從月亮回到地球」，http://www.chinanews.com/gj/2010/12-16/2726410.shtml.

五、中國與德班協定

> 中國仍然是發展中國家，面臨著發展經濟、消除貧困等艱巨
> 任務。總體而言，中國面臨的控制溫室氣體排放的壓力越來
> 越大，也有可能在 2020 年以後，中國要承擔限排的義務。[257]
> （徐華清，2011）

2011 年 12 月 11 日由 194 個國家代表在南非通過了《德班協定》。這份文件的重要目標在與《議定書》第一期承諾期滿後的減排時程接軌。《德班協定》規劃於 2017 年（至遲在 2020 年）時必須要擬訂出一套具有國際約束性的公約協議。[258]以供已開發及開發中國家之間共同遵守依循。中國於此次會議中首次表達未來有意願加入氣候保護減排條約之列，然其中也包含了幾項前提：（一）須確立《議定書》第二承諾期：以銜接 2012 年後的承諾期滿空窗。（二）須兌現援助基金：已開發國家須兌現三百億美元的「快速啟動基金」及 2020 前每年 1000 億美元的長期資金。（三）於 2020 年後再行加入：中國於 2020 年後可能加入承擔限排的義務。[259]

---

[257] 中國氣候談判代表團團長徐華清於 2011 年 11 月 30 日於德班參與會議時接受媒體訪問時表示。中新網，2011「德班會議中國代表團：中國或 2020 後承擔限排義務」，http://big5.chbcnet.com:82/tx/2011-12/01/content_298581.htm.

[258] 德班會議相關內容請參閱：聯合國 2011 年氣候變遷會議官方網站：COP17/CMP7 United Nations Climate Change Conference 2011, 2011, "What's COP17/CMP7?" http://www.cop17-cmp7durban.com/en/about-cop17-cmp7/what-is-cop17-cmp7.html.及德國之聲中文網，2011，「德班會議落幕：減排協定 2020 年生效」，http://www.dw-world.de/dw/article/0,,15593976,00.html.

[259] 此為中國代表表示願意參加具有法律約束力之氣候變化協議框架之條件。詳細內容參閱：美國之音，2011，「中國提氣候協議條件　美認為索

中國所提的條件顯然引發了諸如美國等已開發國家的質疑，認為其「索價過高」、並不合理。據觀察，美、中之間的立場分歧再次成為本次會議關注的焦點。然而，就中國而言，相較於《坎昆協議》中的態度也有了轉變。《德班協定》對其表達未來願受國際協議框架之法律約束，具有正面積極的象徵涵義。中國不再堅持其拒受減排目標束縛發展之立場，除了試圖透過大會傳達其「負責任大國」之意向，也透露未來終將接受強制性減排約束之時間表。此對於已開發及開發中國家之間共同啟動《議定書》第二承諾期的意義展現而言，具有關鍵性的彈性連結。而中國的表態也將連帶的對其他開發中國家產生牽動與影響。

中國在德班氣候會議首此表示願意妥協的態度，也引起了國際行為者的關注。包括：德媒《南德意志報》報導：「隨著中國的轉向、會談現在有了鬆動，歐盟也宣布願意繼續京都議定書。」法媒《法蘭克福評論報》：「僅管中國提出了條件，可是中方原則性的同意給談判帶來了轉機。」[260]由此可觀之，中國的態度轉向對已開發國家而言亦有影響。就中國與德班會議及協定的觀察可整理如下：首先，須兼顧已開發國家的顧慮。中國崛起的國力引起許多已開發國家的關注，加上其居於首位的排放量導致中國必須思考如何在敦促已開發國家實現承諾的同時，減少已開發國家對其的顧慮。中國在德班會議中的妥協及首次預期承諾可被觀察為減緩已開發國家質疑之舉。以預防未來可能有其他國家以中國未承擔減排之責為由退出承

價過高」，http://www.voafanti.com/gate/big5/www.voanews.com/chinese/news/20111208-climate-talks-135268443.html.

[260] 新浪新聞，2011，「北京推動德班會議，中國經濟勢頭減弱」，http://dailynews.sina.com/bg/chn/chnpolitics/dwworld/20111206/02022971925.html.

諾機制。其次，須顧及開發中國家的權益。中國一直與其他開發中國家維持良好的合作關係。因此，在德班會議中，中國依舊提出了幾項堅持前提包含：已開發國家應兌現的資金承諾及技術轉讓、支援。正如同中國氣候變化談判代表李燕端的觀察，中國既和開發中國家保持友好、也和已開發國家間持續對話。[261]而此可體現在德班會議中，中國嘗試透過與已開發及開發中國家的多邊對話，在其間取得一個較為平衡的發展結果。

參、中國與綠色和平組織的雙向關係

1997 年綠色和平組織在香港成立中國分部，並於 2010 年 11 月成立東亞分部。當中包括了中國大陸、香港及台灣、韓國等辦公室。[262]中國與綠色和平組織的互動，於焉成為該組織在統合東亞環境保護工作的重點工作之一。亞洲地區與氣候變化等環境議題的應對發展，成為國際綠色環境組織在推動跨界永續能源發展的關鍵地區。而亞洲在快速發展之下，若能妥善並應運解決當前的環境議題，那麼將會直接影響到民眾的生活與發展模式。綠色和平東亞分部的總幹事戴幕輅即曾針對此概念表示：

> 亞洲是全球發展最快速的地方，但亦同時是氣候變化、砍伐森林、海洋資源等問題的受害者；亞洲的環境、民眾的生活、可持續發展等都深受這些環境問題的威脅。我們必須立即扭

---

[261] 中國網，2011，「中國對氣候談判起到了積極建設性的作用」，http://cn. chinagate.cn/indepths/2011qhdh/2011-11/24/cibtebt_23991820.htm.

[262] 綠色和平組織官方網站，2010.11.12，「國際環保組織綠色和平成立東亞分部」，http://www.greenpeace.org/hk/press/releases/about/2010/11/5089331/。

轉現有的發展模式，才能避免亞洲以至全球於不可逆轉的末
路。[263]（戴幕韜，2010）

　　本部分將討論焦點放在中國及綠色和平組織間的雙向關係，依
據前面有關中國氣候變遷因應歷程之回顧與探討，曾將觀察分析範
疇分為——「氣候變遷因應之初始期」、「氣候變遷因應之醞釀期」、
以及「中國相關政策作為之轉變期」。當中分別針對中國在此三個時
期內的氣候因應發展進行分析與回顧。由於綠色和平組織於1997在
香港成立中國分部，又2007年後中國的氣候變遷態度及與國際環境
組織的互動相對積極。因此，本部分將此些年設定為觀察中國與綠
色和平組織互動關係間的一個分界點，將之分為：（一）1997至2007
年間的互動。（二）2007年至今的互動。以觀察研究並分析其間的
互動模式與發展。

一、1997 至 2007 年間的互動

　　　　從1997年進入中國，綠色和平一直以頑強、堅定、激進的活
　　　動方式著稱，在與中國政府的關係上，由於綠色和平激進的
　　　做法導致了與某些政府部門造成一定緊張關係，但是，作為
　　　NGO，綠色和平一方面堅持獨立性，另一方面我們相信政府
　　　的行動才能根治環境問題，因此我們的定位應該是幫助和推
　　　動政府做得更好和更快。[264]（施鵬翔，2009）

---

[263] 同上註。

[264] 綠色和平組織中國辦公室專案總監施鵬翔接受《公益時報》訪問時所表
　　示。詳細內容參閱：公益時報，2009，「綠色和平：中國環境問題必須放
　　國際背景中解決」，http://info.rednet.cn/c/2010/03/23/1926710.htm.

綠色和平組織中國代表施鵬翔在接受媒體專訪時回顧了該組織自 1997 年進入中國後的一路發展歷程。其觀察到了綠色和平組織在早期發展的艱難，從與中國政府部門幹旋而造成的緊張關係、到持續推動中國政府制定更多適於解決迫切環境問題的政策。這也可用以觀察綠色和平組織在中國進行全球氣候變遷議題的努力過程。綠色和平在中國力促應對全球氣候變遷發展之過程中，經歷了早期從環境議題嚴重性的警示、乾淨與再生能源的提倡、政府應有實際作為的呼籲，到因中國的態度轉變與提出承諾的肯定與歡迎。自 1997 年至 2007 年間，綠色和平組織以喚醒民眾對氣候變遷議題之重視出發，逐漸對政府提出進一步的政策建議。此時期的中國，也正經歷著因應氣候變遷議題轉型前的醞釀過渡時期。對中國而言，廣納環境非政府組織的意見作為施政考量並結合其力量，有助於形塑「負責任大國」的意象。因此，隨著環境非政府組織的影響力日益擴大，中國在其監督之下多選擇與其合作。而對綠色和平組織而言，中國具有開發中國家之代表性與示範性地位的象徵意涵。因此，積極在中國推動因應氣候變遷發展亦有助於作為開發中國家、甚而是已開發國家（如：美國）號召、動員之工具。

　　綠色和平組織曾於 2001 年時引述 IPCC 的第三次評估報告內容，呼籲各界勿輕視科學報告對於全球暖化議題日益嚴重的警示。位於上海的中國綠色和平總幹事何渭枝就曾公開呼籲，若外界一再輕忽科學家的警告，那麼未來將難以免除氣候變化的禍害。[265]綠色和平組織明白，唯有透過公眾意識的覺醒及施壓，才能有效迫使政府商討制定抑制溫室氣體排放之決策。正如同綠色和平組織初期在

---

[265] 綠色和平組織中國官方網站，2001，「科學家警告全球暖化比之前估計嚴重」，http://www.greenpeace.org/china/zh/news/stories/climate-energy/2001/01/scientist-warns-even-graver/.

中國的努力方向般，以喚醒民眾的環境意識作為首要方針。2002年，綠色和平組織針對西方先進國家將化石燃料及產生放射性核廢料的技術販賣給開發中國家一事進行批判。[266]綠色和平組織主張，開發中國家不應成為工業化國家核廢料的接收者，也不應再重蹈已開發國家的覆轍。當已開發國家已從工業及核子發展下汲取了環境破壞的教訓及代價後，開發中國家更應謹慎自覺。中國身為一個快速發展的開發中大國，更須引以為戒並積極規劃減少碳排放的相關對策。

2003年綠色和平組織曾向香港政府示威並抗議其對《京都議定書》態度的消極，且縱容國內使用化石燃料的電力大廠繼續排放大量二氧化碳氣體。[267]據研究數據顯示，香港大氣層上空有高達64%的二氧化碳來自於燃煤、石油等發電的結果。[268]綠色和平譴責國家若將經濟利益置於環境生態之上，那麼將會造成危害生物生存及破壞生態平衡等不可逆的後果。因此，2004年6月中國政府在德國波恩參與「可再生能源會議」時，回應了相關問題並提出了能源承諾。中國政府公布相關減量目標，包括：在2010年前，國內可再生能源

---

[266] 根據綠色和平組織的訴求全文如下：「發展中國家對電力的需求正在增長，但他們現在也有選擇了。發展中國家為什麼要被迫趕上他們的北方朋友曾犯的錯誤？歐洲的核工業也跪地求饒，因成本和堆積如山的核廢料抖升而癱瘓。德國、義大利、瑞典、瑞士、荷蘭也開始淘汰核能了。」詳細內容參閱：綠色和平組織中國官方網站，2002，「發展中國家不要汙染環境的能源」，http://www.greenpeace.org/china/zh/news/stories/climate-energy/2002/07/18818/.

[267] 綠色和平組織的成員以訴求「停止暖化、速減CO2」的舉牌抗議活動，控訴香港政府對於環境議題漠視的不負責任。詳細內容參閱：綠色和平中國官方網站，2003「促請港府履行國際義務，制定政策減少二氧化碳」，http://www.greenpeace.org/china/zh/news/stories/climate-energy/2003/12/18854/.

[268] 香港主要以燃煤、石油及天然氣發電，但數據顯示此造成的溫室氣體CO2排放數值過高。應發展以風能、太陽能等發電方式加以取代。同上註。

的裝機容量須達 60,000 兆瓦（其中：風能占 4,000 兆瓦，生物能占 6,000 兆瓦，光伏太陽能占 450 兆瓦）。而到 2020 年的可再生能源估計將占全國總裝機容量的 12%（或 121,000 兆瓦）的目標。[269]此次會議共有 154 個國家代表通過《波恩宣言》，宣言中聲明國家須減少對石油、煤和天然氣等對氣候有害等化石燃料的依賴。[270]這份聲明的通過也象徵了國際社會認可未來朝向可再生能源技術的發展路線。而中國的可再生能源發展承諾於會議中也獲得了讚揚。中國綠色和平項目總監盧思騁就曾表示：

> 如果中國能夠利用這個黃金機會，大量使用可再生能源，將可以躍過化石燃料污染的階段，而直接進入清新的可再生能源年代。中國現時依賴化石燃料正帶來氣候轉變。中國雖然製造了問題，但同時也在解決問題。[271]（盧思騁，2004）

2005 年綠色和平組織發表了一篇評析廣東發展風電的相關研究報告（《風力廣東》報告書），其中再次強調「風力發電」將是解決氣候變遷災害的出路。報告中並提到了中國若執行風電發展計畫，未來除了能增加就業機會外，亦將能大幅減少化石燃料發電而造成

---

[269] 中國政府草擬相關使用促進法，若通過該法令將可帶動再生能源的大量投資。詳細內容參閱：綠色和平組織中國官方網站，2004，「中國推動全球能源革命」，http://www.greenpeace.org/china/zh/news/stories/climate-energy/2004/06/17992/.

[270] 太陽能電子報，2004，「國際可再生能源會議（波恩）政治宣言」，http://wuxizazhi.cnki.net/Article/TYNZ200404000.html.

[271] 綠色和平組織中國官方網站，2004.06.03，「中國推動全球能源革命」，http://www.greenpeace.org/china/zh/news/stOries/climate-energy/2004/06/17992/。

的二氧化碳排放量。[272]此份報告可被視為是綠色和平組織鼓勵並刺激中國進一步的實踐可再生能源發展的路線。由於綠色和平組織持續於中國進行政令的監督及永續發展的倡導工作，該組織於 2006 年獲得了中國數家媒體頒布的獎項。[273]這個來自民間的肯定力量也鼓舞了綠色和平組織，綠色和平在獲獎後表示：「中國綠色和平獲得媒體的鼓勵，並不表示我們就會滿足於現狀。我們的存在是為了促進人類社會在環保工作上的改變。」[274]而此也讓綠色和平更堅持推動中國在因應氣候變化及發展可再生能源議題上的努力。

2007 年，綠色和平組織針對中國已逐步展開的「能源革命」表示讚揚。當時時值 UNFCCC 第十三次締約國大會即將召開，綠色和平除了呼籲各國領袖須「動起來」應對氣候變化之外，也提到了須將開發中國家納入國際碳交易體系以鼓勵其設立排放限制數值。[275]中國綠色和平組織代表對於中國近幾年來政府的氣候變化應對態度及努力表達了肯定。中國綠色和平項目總監盧思騁就曾表示：「中國

---

[272] 廣東的二氧化碳排放是中國最高的地區之一。若廣東能及早進行風電發展計畫，並有良好的政策支持，至 2020 年實現風電裝機 2,000 萬千瓦將是可行的目標。詳細內容參閱：綠色和平組織中國官方網站，2005，「發展風電是一個雙贏的選擇」，http://www.greenpeace.org/china/zh/news/stories/climate-energy/2005/10/20051017_wind-guangdong/.

[273] 綠色和平組織獲得中國《南方窗》雜誌及《南方周末》頒布獎項。兩者皆肯定綠色和平組織對於「調查」、「揭露」、「建言」、「宣導」的重要貢獻。詳細內容參閱：綠色和平組織中國官方網站，2006，「綠色和平奪得媒體獎項」，http://www.greenpeace.org/china/zh/news/stories/other/2006/01/nfcmag-2005/.

[274] 同上註。

[275] 綠色和平組織還指出阻止氣候變化的幾大標準，包含：已開發國家削減碳排放量、建立賠償機制以援助受氣候變化影響的弱勢國家。詳細內容參閱：綠色和平組織中國官方網站，2007，「各國首腦：應對氣候變化，動起來」，http://www.greenpeace.org/china/zh/news/stories/climate-energy/2007/09/un-sp-speech/.

制定了有約束性的可再生能源發展和能效提高目標，中國應對氣候變化所作的積極努力甚至超過某些發達國家。」[276]這對於其他已開發或開發中國家而言，具有某種程度的示範意味。而2007年後中國愈發積極的與其他國際行為者間交流，也促成了日後中國與綠色和平組織更緊密的雙向關係。這層關係除了有助於中國非政府組織形象的轉型外，也使中國在氣候變化議題上面與國際社會有更頻繁的接觸與互動。

二、2007至今的互動

承前所述，中國對於氣候變遷議題的政策及行動在2007年後逐漸轉趨積極。2007年6月所頒布的「中國國家氣候變遷計畫」（CNCCP）即是一例。而觀察綠色和平組織於中國分部的活動與訴求時常與中國官方的立場一致，究其原因，綠色和平組織中國分部的氣候及能源項目主任李雁曾作如是解釋：「你愈給中國施壓，官員就愈不會回應你。」[277]李雁也以此說法解釋為何後期綠色和平組織在中國的環境運動發展有了質變——即與其他地方採激進式的大規模示威方式不同。然而，此不同的發展模式並未減弱綠色和平提倡中國應有更積極作為的力度。此可從李雁於2009年6月哥本哈根會議召開前夕受訪的內容中觀察出，其表示：「中國需要進一步採取積極、大膽的溫室氣體減排措施，從根源上加大遏制變暖的力度，達

---

[276] 同上註。

[277] 李雁並於受訪時表示：「當她到綠色和平任職後，開始把在中國正確的訊息傳遞出去。而綠色和平總部向來是尊重地方分部的意見，未經地方分部同意的活動不會進行。」詳細內容參閱：綠色和平組織中國官方網站，2008，「李雁：中國非政府組織的新形象」，http://e-info.org.tw/node/39722.

成減貧發展目標。」[278]這又再次突顯中國除了全球暖化的議題亟需抑制，解決國內的貧窮問題仍是重要目標。

哥本哈根會議召開後，對比已開發國家的應對態度，綠色和平組織代表曾公開讚揚開發中國家所展現的積極態度與誠意。綠色和平組織對外交流負責人洛依德就曾表示：

> 近幾年來，發展中國家在減排方面提出了不少雄心勃勃的建議，而且他們對待哥本哈根氣候大會的態度也比發達國家更加積極。……中國政府日前宣布控制溫室氣體排放目標，承諾到 2020 年單位國內生產總值二氧化碳排放比 2005 年下降 40%-45%。[279]（馬汀洛依德，2009）

綜觀上述綠色和平組織代表的發言，可歸納出幾點觀察。首先，試圖透過讚揚發展中國家應對氣候變化議題之處理態度，以刺激已開發國家有更積極的表態作為。例如，洛依德就曾針對法國對發展中國家的有限援助感到失望。批評其對於發展中國家的援助過少、但對其提出的要求卻過多。[280]其次，綠色和平組織試圖透過鼓勵方式激勵更多開發中國家仿效跟進，以訂立更明確的控制排放目標。因此，不論就已開發國家或是開發中國家而言，綠色和平之最終目

---

[278] 綠色和平組織中國官方網站，2009，「最新調查報告顯示：氣候變化讓窮人更窮」，http://www.greenpeace.org/china/zh/news/stories/climate-energy/2009/06/poverty-report/.

[279] 新華網，2009，「綠色和平組織讚揚發展中國家應對氣候變化誠意」，http://big5.xinhuanet.com/gate/big5/news.xinhuanet.com/fortune/2009-12/05/content_12593690.htm.

[280] Martin Lloyd 表示的部分全文如下：「法國政府為發展中國家提供的援助少得可憐，卻對後者提出諸多要求。此外，在減排問題上，法國自身取得的成果也相當有限，比如它的排放總量自 1990 年以來只降低了 5%。」同上註。

標乃與對前者之監督及增援、及與對後者之推動及激勵發展緊密相關。透過不同發展程度國家之「個別」刺激以造就「整體」共同減量的雙贏策略。

而 2009 年是國際和平組織在中國相當活躍的一年。該組織也公開表示其為了促進全球達成進一步有效的氣候協議，於是在中國展開了較多能提高社會關注的活動。[281]綠色和平中國辦公室的專案總監施鵬翔特別談論到在思考中國環境議題時，必須要將其放到國際的背景架構中探索解決。[282]其意指當環境議題已然成為全球跨界議題時，中國已不能再獨自閉門以對。中國內部雖仍存在有基本生存及貧富差距發展的困境，但中國仍嘗試與更多國際行為者互動及接軌。該組織也曾表示，導因於中國國內仍欠缺國際非政府組織的生存條件，其在中國發展的壓力相較於其他地區是相當巨大的。[283]然根據以上觀察，此顯然並未減少綠色和平在中國持續且長期發展的企圖心及動力。

2010 年對國際環境非政府組織及中國政府間的關係發展別具意義。中國國家發展和改革委員會代表與國內外環境非政府組織之間的會面，為雙方更進一步地搭起友善互動的橋樑。2010 年 10 月 8 日中國國家發展和改革委員會副主任解振華首次在氣候談判會議與非政府組織代表會面。[284]代表們就氣候議題彼此情商並交換意見。

---

[281] 比如：3 月份於北京永定門舉行氣候變化大會倒數計時活動、7 月份發布《中國發電集團氣候影響排名》報告、8 月份舉辦象徵冰融急劇等相關活動。綠色和平組織的代表於焉表示：「今年國際環保組織綠色和平在中國的活動似乎格外多。」同註 264。

[282] 同註 264。

[283] 中國綠色和平總監施鵬翔表示：「中國仍然欠缺 NGO 生存的條件，包括：NGO 註冊及籌款的問題。工作壓力也因此比任何的國家都要大。」同註 264。

[284] 解振華接見了國內外 21 個環境非政府組織，包含：綠色和平組織、全球

其間，中國綠色和平組織的與會代表施鵬翔也表示：「此會面幫助NGO 進一步了解中國的狀況，更為難得的是解主任表達了希望在墨西哥坎昆氣候談判大會上與 NGO 再次見面。」[285]因此，可以從此次的交流互動中觀察出中國與非政府組織間關係正在轉型。隨著時間發展，中國愈發了解非政府組織的功用，而非政府組織亦有更多與官方接觸之管道平台及協商機會。正如同解振華主任對於環境非政府組織公開的讚揚，肯定其在推動氣候談判議題上的努力及其具有的正面價值。

2011 年中國在德班氣候大會上首度給予未來承諾減量的時間表，並展現較為積極明快的因應態度。國際社會普遍重視中國於此次妥協讓步背後所隱含的政治意義。據報導觀察指出，許多開發展中國家、聯合國官員及非政府組織皆給予中國積極正面的評價。[286]綠色和平組織總幹事庫米奈都對此也表示：「中國已表現出談判誠意，這對其他談判者來說是個鼓勵。」[287]而庫米奈都的說法，肯定了中國對於其他國家拋磚引玉的功效，亦提昇了中國在應對氣候變化議題時的負責任正面形象。國際社會遂時常將中國的態度轉變，對比美國之態度立場。因此，中國在影響美國氣候外交議題而言，將被

氣候變化聯盟、自然之友……等。中國在會議中除了介紹其在應對氣候變化之作為外，也進一步闡述其對關鍵議題的看法。詳細內容參閱：綠色和平組織中國官方網站，2010，「解振華與中國 NGO 會面，稱讚並肯定其正面作用」，http://www.greenpeace.org/china/zh/news/stories/climate-energy/2010/10/tianjin-conference/.

[285] 同上註。

[286] 中國代表團在德班會議首場新聞發布會上所作的公開聲明。由於聲明迅速引起當時與會代表們的高度關注。詳細內容參閱：新華網，2011，「中國表現獲德班氣候大會與會代表積極評價」，http://big5.xinhuanet.com/gate/big5/news.xinhuanet.com/energy/2011-12/08/c_122392519.htm.

[287] 同上註。

視為是一大重要影響之國際因素。「氣候公平協調者」組織負責人哈杰特恩格（Harjeet Zingger）曾表示：「與美國相比，中國的氣候政策更為有力。中國已制定許多法規，控制溫室氣體排放並加大綠色經濟投資。中國已經作了應該作的事。」[288]

> 在氣候問題上的正確表態，可以展現積極的國家形象，中國
> 在這方面已交出了令人滿意的答卷。中國在本次大會上代表
> 廣大發展中國家明確表明立場，堅持則，顯示出負責任大國
> 的形象。在行動上，中國制定的控制溫室氣體排放目標，為
> 其他國家樹立的榜樣。……與中國相比，美國作得遠遠不夠。
> 它只從自身利益出發，仍堅持高耗能的發展模式，成為減排
> 的一大障礙。[289]（羅倫斯布拉翰，2011）

羅倫斯布拉翰（Laurence Brahm）的發言可作為觀察其他環境非政府組織態度的參考。其肯定中國之作為展現了負責任大國之形象表現，並認為其可作為其他開發中國家示範比照的參考。更重要的是，相較於同樣是高碳排放量的美國，布拉翰也提出須反思存在於已開發國家中的責任歸屬及國家利益間之矛盾問題。而就綠色和平組織代表的觀察，在此次大會期間，中國代表團也以較開放積極的姿態接受媒體訪問，欲樹立積極推動國際合作的形象。[290]因此，德

---

[288] 鳳凰網，2011，「相比美國，中國氣候政策更給力」，http://finance.ifeng.com/money/roll/20111209/5244827.shtml.

[289] 此為環保非政府組織「喜馬拉雅共識」（Himalayan Consensus）創辦人 Laurence Brahm 於 2011 年德班會議時接受採訪時表示。他並且表示美國的態度將成為德班會議進行的一大絆腳石。同上註。

[290] 其表示：「中國透過此充分展示中國應對氣候變化所作出的努力和積極的形象，能幫助國際社會客觀看待中國國情、發展階段和中國應對氣候變化政策所發揮的積極作用。」同註 288。

班會議既強調出中國姿態轉變所造成的正面示範影響，也突顯美國在國際氣候變遷議題合作上的保守及消極。而有關美國因應氣候變遷議題之發展歷程及其影響的內、外因素探討，將由後面的章節中再一併討論之。

第四章

影響美國環境政策的國際因素

第四章 影響美國環境政策的
國際因素

　　根據詹姆士羅森諾（James Rosenau）對於影響國家政策的國際成因解讀，當中提出：「外在或國際環境的指涉，包含國際體系的特質及國家與非國家行為者之間的行為。」[291]這亦即包含了存在於整個國際體系的認知及屬性，同時也包含了國際體系內各行為者間的行動及關聯。詹姆士羅森諾亦特別強調在政治系統中，非政府的因素對於國家外在行為的影響。當然除了國際成因之外，羅森諾也並未刻意忽略有關決策者偏好及其扮演角色、政府結構等內在因素。但其就國際體系及國家與非國家行為者間的行為分析及關聯影響，符合本節所欲研究的參考分析指標。

　　就影響美國環境政策的國際因素而言，從國際組織間的氣候變遷因應當中，可以分別從國際政府間組織及非政府間組織的氣候變遷因應著手檢視。再將其中的關連串連起來，進而找出其對美國環境政策的影響因素。而從國際組織及與國家間的氣候變遷因應，亦將分別將國際政府及非政府組織的因應及其與美國環境政策之關連連結，意圖尋求國際組織及國家間的氣候變遷因應關聯。最後，檢視國家（包含已開發國家及開發中國家）對於氣候變遷的因應。除了能夠比較已開發及開發中國家的氣候變遷因應外，亦能分析兩者間的氣候變遷因應關聯。因此，依循本文的研究架構途徑，可將影

---

[291] James Rosenau, 1996, "Pre-theories and Theories of Foreign Policy," in J. Vasquez, 1996, Classics of International Relations, New Jersey: Prentice Hall.

響美國環境政策的國際因素分為三大部分。（一）國際組織間的氣候變遷因應。（二）國際組織與國家間的氣候變遷因應。（三）已開發及開發中國家間的氣候變遷因應。此既將國際組織間的回應納入研究範疇，更將國家間的回應結合融入。以期本文在分析國際成因上有一更清晰完整的整理論述。

第一節　國際政府間組織

本文探討有關國際政府間組織的氣候變遷回應，乃將國際組織區分為國際政府間組織及國際非政府組織。其中，國際政府間組織以聯合國為代表。主要探討在其架構下包括：「政府間氣候變遷小組」、（IPCC）「聯合國氣候變化框架公約」（UNFCCC）等因應模式。而國際非政府組織則以「氣候行動網絡」（Climate Action Network）及「綠色和平組織」（Greenpeace）之氣候變遷因應為主。除了分別就國際政府間、國際非政府組織之氣候變遷因應加以論述彙整外，亦就兩者間的因應關聯進行探討。

壹、國際政府間組織的氣候變遷因應

根據聯合國因應氣候變遷之相關工作，主要可以分為：「科學研究」、「減緩碳排放」、「技術轉移」、「資金動員」及「氣候協商」等幾大部分。就「科學研究」而言，「政府間氣候變遷小組」（以下簡稱 IPCC）為其主要代表。IPCC 主要由相關科學家及研究者組成，

用以提供國際社群對於氣候變遷因應之科學基礎及建議。[292]因此，IPCC 同時扮演科學的、技術的及社會經濟的角色。IPCC 在其研究報告中，全球暖化現象有超過九成的可能性，是來自於人類行動所排放出的溫室氣體所造成。[293]這項研究雖引起了相關的爭論，卻也實際造成了國際社會中多數國家的檢討與反思。以中國及美國為首的碳排放大國於焉受到國際的放大檢視及關注。在「減緩碳排放」的工作中，自 2010 年後各國政府同意將氣溫上升的溫度控制在兩度之內。然而，為符合此標準，多數國家必須要在 2020 年前，以 1990 年為準至少減少排放量 25%至 40%。[294]而據聯合國的監督觀察，多數國家離此設定目標仍有許多差距。以美國為例，過去小布希總統所提出的一套自願性減排計畫，至 2012 年須減少 18%的溫室氣體排放措施是不足夠的。[295]因此，聯合國架構下對各國所設定的目標期望值，無形中也會成為國家被審視檢核是否落實減排之參考指標。

在「技術轉移」方面，特別是對乾淨能源的適用及低碳技術的執行上。據聯合國官方資料明白指示，已開發國家具有促進、支援及轉移技術給開發中國家之義務。[296]為了促成能源永續發展之重要性，聯合國大會特地將 2012 年訂為「人人享有永續能源國際年」（the International Year of Sustainable Energy for All）。[297]並且將長程的工作

[292] IPCC, 2012, "Organization," http://www.ipcc.ch/organization/organization. shtml.

[293] IPCC, 2007, "Working Groups/Task Force," http://www.ipcc.ch/working_ groups/working_groups.shtml.

[294] Gateway to the United Nations Systems Work on, 2012, "Mitigation," http:// www.un.org/wcm/content/site/climatechange/pages/gateway/mitigation.

[295] Richard B. Stewart and Jonathan B. Wiener, op. cit., p.5.

[296] Gateway to the United Nations Systems Work on, 2012, "Technology," http://www.un.org/wcm/content/site/climatechange/pages/gateway/technology.

[297] Sustainable Energy For All, 2012, "Commitments," http://www.

願景設定在 2030 年前，至少提供 20 兆美金用以提升更新全球能源之設施。[298]因此，不論在工業、農業、建築或運輸上，皆是聯合國著手轉移技術之處。另外，在「資金動員」方面，由於聯合國將資金援助開發中國家視為是重要促進工作。它不僅能夠有利開發中國家氣候設施的強化、減緩溫室氣體的排放以及支持其永續能源的發展。[299]因此，自 2009 年哥本哈根大會後，聯合國明訂已開發國家須在 2020 年之前，每年動員 100 億美元的資金目標，用以支持開發中國家減緩溫室氣體排放及適用之行動。美國於 2010 年 1 月宣布通過《哥本哈根協議》，這也意味著美國須朝向資金援助開發中國家的路線前進。此外，聯合國也在「清潔發展機制」下，鼓勵已開發國家投資開發中國家的減排計畫。如此，則能以低成本的方式促使整體溫室氣體排放量減少。

最後，在「氣候協商」部分，聯合國的目的是促使 195 個會員國在 UNFCCC 的氣候體系架構之下，共同限制溫室氣體之排放結果。最終目的是希望能促成會員國共同簽訂具有法律約束性的條約協議。而要使氣候協議的落實具有實質效用，則必須將世界主要的碳排放國家（包含美國及中國）納入。這項任務考驗著聯合國能否化解已開發及開發中國家間「共同但有差別責任」之認知差距。自《京都議定書》開始，由於主要開發中排碳國未加入，成為美國退出該機制的緣由。而未具有法律效力的《哥本哈根協議》、《坎昆協議》及《德班協議》，也不足以成為限制排放大國的強制性規範。據

sustainableenergyforall.org/commitments.

[298] Gateway to the United Nations Systems Work on, 2012, "Technologies for all sectors of the Economy," http://www.un.org/wcm/content/site/climatechange/pages/gateway/technology/technoloties-for-all-sectors.

[299] Gateway to the United Nations Systems Work on, 2012, "Financing," http://www.un.org/wcm/content/site/climatechange/pages/gateway/financing.

此，聯合國希望透過國際合作的集體力量、輔以增加與非政府組織之合作，共同推動下一個具法律約束性的協議生成。這項目標不僅是簽訂繼《京都議定書》承諾期滿後的國際氣候協議，亦是簽訂一項修正《京都議定書》之缺陷不足後的另一約束性協議。綜上，以聯合國為代表的國際政府間組織分別從「科學」、「碳排放量」、「技術」、「資金」及「協商」等方面因應氣候變遷。在此因應過程中，亦將與國際非政府組織間多所互動。

貳、國際政府間組織與美國環境政策及行動關聯

茲以聯合國為代表之各項氣候變遷因應相關工作，用以檢視其與美國環境政策與行動之關聯。以下將就「科學研究」、「減緩碳排放」及「技術轉移」等部分為例加以檢視。首先，就「科學研究」方面，聯合國重視科學角色與氣候變遷因應之結合。並鼓勵科學家及專家社群等提供因應氣候變遷之策略及相關建議。而美國曾於2002年執行「美國氣候變遷科學計畫」（U.S. Climate Change Science Program）。[300]該計畫包含了如：EPA、「國家科學基金會」（National Science Fundation）、「能源部」（Department of Energy）、「國家航空暨太空總署」（NASA）等十三個部門及相關機構共同組成。該計畫執行時間主要以強調科學實證調查及提供科學數據佐證為主。而在聯合國的持續鼓勵下，美國於2011年又執行了「美國全球氣候研究計畫」（USGCRP）。此目的用以提供決策者更多相關科學資訊及技術資源，以加強科學在決策制定中所扮演之角色。[301]這可顯示美國

---

[300] U.S. EPA, 2002, "U.S. Climate Policy and Actions," http://www.epa.gov/climatechange/policy/index.html.

[301] The White House- President Barack Obama, op. cit., http://www.whitehouse.

受到國際政府間組織重視氣候變遷科學及教育之影響，及其在「科學研究」中所對應的相關行動。

在「減緩碳排放」方面，聯合國以氣溫上升溫度控制在兩度之內的標準，明訂鼓勵各國遵守溫室氣體減排協議。美國 2002 年提出「氣候變遷技術計畫」（U.S. Climate Change Technology Program, CCTP）。[302]該計畫由聯邦政府所設立，目的旨在提供能減少溫室氣體排放的承諾之相關技術支援。具有監督碳排放量機制之促進功用。由於美國過去所承諾的溫室氣體排放量仍遠低於聯合國所設定之 25%至 40%之減排目標。因此，美國於 2010 年執行「高全球暖化潛勢氣體減排計畫」（High GWP Gases Reduction Programs）。[303]這項計畫主要針對幾項造成高度全球暖化風險之溫室氣體，進行減量控制計畫。而這樣計畫是由 EPA 與國內企業共同合作，以一種自願性的減排夥伴關係互助合作。旨在減少工業運作下所排放的高污染性廢氣。

而在「技術轉移」部分，聯合國特別著重並鼓勵對乾淨能源技術及低碳技術的研發與適用的執行層面。美國於 1998 年執行「氣候變遷技術倡議」，以作為減少溫室氣體排放上的能源技術運用策略。[304]此外，針對不同部門間、國家政策決策者及能源提供者而言，美國提出的「乾淨能源計畫」（Clena Energy Programs）便是為了提供乾淨能源技術及政策選項的考量的相關資訊。而該計畫則是藉由

---

gov/blog/2011/03/29/strengthening-our-understanding-changing-planet.

[302] U.S. Climate Change Technology Program, 2002, http://www.climatetechnology. gov/.

[303] U.S. EPA, 2010, "Valuntary Programs," http://www.epa.gov/highgwp1/ voluntary.html.

[304] The White House Office of the Press Secretary, op. cit., http://clinton6. nara.gov/1998/01/1998-01-27-State-of-the-union-address-by-the-president -html.

提供客觀的資訊、及建立公私部門間的網絡連結，以提供所需的相關技術支援。而美國亦於 2006 年加入了「乾淨發展及氣候之亞太夥伴關係」（Asia-Pacific Partnership on Clean Development and Climate）。[305] 這項行動的重要性在於，它結合美國、澳洲、中國、印度、日本、南韓等七國，共同就發展及促進乾淨能源之技術努力。此網絡跨越了已開發及開發中國家差異之限制，藉由發展可再生能源及力促夥伴關係內乾淨能源技術之轉移，使其達到減緩全球暖化加劇及溫室氣體排放惡化之現象。

第二節　國際非政府間組織

壹、國際非政府間組織的氣候變遷因應

「氣候行動網絡」（以下簡稱 CAN）包含了超過 90 個國家內，700 多個非政府組織之跨國網絡。主要目的是促進政府或個人限制由人類所引起的氣候變遷，到生態能永續發展的程度。為達此目標，非政府組織透過網絡內資訊的交換及合作的發展，運用於國際、區域或是國家層級的氣候議題策略。[306]CAN 的區域網絡架構包含：「CAN-美國」（CAN-United States, USCAN）、「CAN-中國」（CAN-China）、「CAN-歐洲」（CAN-Europe）、「CAN-亞太」

---

[305] Asia-Pacific Partnership on Clean Development and Climate, 2006, "APP Public-Private Sector Task Force," http://www.asiapacificpartnership.org/english/task_forces.aspx.

[306] Climate Action Network International, 2012, "About CAN," http://www.climatenetwork.org/about/about-can.

164　國際關係與環境政治

（CAN-Pacific）、「CAN-拉丁美洲」（CAN-Latin America, CAN-LA）、「CAN-加拿大」（CAN-Canada）等 17 個主要區域網絡。[307]有關 CAN 的區域網絡分佈圖可見下頁圖 4-1 所示：

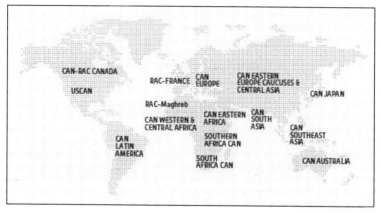

圖 4-1　CAN 區域網絡分佈圖

資料來源：轉載自 CAN 之 2011 年「年度報告」內文。CAN, 2011, "Annual Report," http://climatenetwork.org/sites/default/files/CAN_2011_Annual_Report.pdf. p.2。

其中，「CAN－美國」內則包含「綠色和平組織」在內共有 84 個非政府組織成員。[308]CAN 主要透過策略的倡議及共同政策建議的

---

[307] Climate Action Network International, 2012, "CAN Regional Network," http://www.climatenetwork.org/about/can-regional-networks.

[308] 其中包括知名的：「環境行動聯盟」（Environment Action Association）、「能源行動聯盟」（Energy Action Coalition）、「氣候保護行動」（Climate Protection Campaign）、「環境及能源研究機構」（Environment & Energy Study Institute）等共 84 個組織。詳細內容參閱：USCAN, 2012, "Members," http://www.usclimatenetwork.org/about-us/members.

發展，使其組織具有行動力及影響力。以「CAN－美國」為例，其透過該區域網絡內各非政府組織成員的連結，將美國及其他國家應減少溫室氣體排放、及幫助開發中國家過渡至低碳經濟體之行動，視為是網絡組織內的首要行動任務。亦即，CAN 串連起區域內非政府組織的共同目標，而此亦將成為力促美國支援開發中國家過渡發展之主要任務。CAN 每年亦透過年度報告的發行，更新國際氣候之政策、並報告促進開發中國家非政府組織之參與情況、並就每年的財政支出做出整理報告。[309]

本文將「綠色和平組織」視為環境非政府組織之觀察實例。當中觀察到該組織推動氣候變遷旨在結合民間及政府之力量，共同對抗氣候變化。「綠色和平組織」除了透過引起執政當局意識到氣候變遷的議題之外，並意圖呼籲世界各國共同合作以緩解氣候危機。為避免政治操弄氣候環境議題，在國際氣候締約國大會上，「綠色和平組織」希望各國決策者能拋開政治因素，單純就環境生態議題制訂減排之因應策略。而有關國家政府具體落實能源發展策略部分，則是透過倡導風力發電及其他再生能源之使用發展，達成永續發展能源之目標。而「綠色和平組織」善於利用媒體之宣傳管道影響公眾意識，並藉此遊說企業製作生產有利於落實減少溫室氣體之產品。是故包含聯合利華、福斯汽車等企業在內，均在「綠色和平組織」的監督及倡議合作下，推出低排放氣體及燃料成本之技術產品。[310]這可為其他同質性的相關產業帶來示範功能及影響效應。「綠色和平組織」協助力促具有實質作為的氣候行動，而非空泛的紙上作業。更

---

[309] CAN, 2011, "Annual Report," http://climatenetwork.org/sites/default/files/CAN_2011_Annual_Report.pdf. p.1-19.
[310] 聯合利華採用不氫氟碳化物之冷凍技術、而福斯汽車則推出有效降低油耗及燃油成本的環保車輛。同註180。

重要的是，藉由國家間氣候承擔義務的消長，作為激勵國家間積極面對的號召。如 2009 年利用中國宣布將加強 2020 年減少碳排放之強度時，敦促美國政府應拿出更大的行動作為等。

貳、國際非政府間組織與美國環境政策及行動關聯

包含若干非政府組織的環境氣候跨國網絡 CAN，在推動能源永續發展及減碳資訊交換的努力上不遺餘力。「CAN-美國」（以下簡稱USCAN）為 CAN 架構下區域網絡的一環。以 USCAN 觀察為例，其於 1992 年里約高峰會時，安排科學及專家學者影響了 UNFCCC 之發展，力促 UNFCCC 朝向穩定溫室氣體排放限制之架構進行。1997 年亦提供了政策的專家學者及意見，支持《京都議定書》之發展。2005 年蒙特羅氣候協議時，力促民眾對於氣候變遷意識之覺醒與行動。並且形成一股反對並駁斥美國小布希總統拒絕協議態度之勢力。2007 年 USCAN 又再一次的與背叛氣候協議的小布希執政團隊對立。在此期間，USCAN 透過與國際夥伴合作方式，利用媒體關注之力量施壓當時美國政府的幾大盟友，包括日本、加拿大及澳洲等國家領導人。企圖透過集結施壓的方式影響美國之氣候政策走向。2009 年，USCAN 成為國際非政府組織用以觀察美國歐巴馬總統所參與氣候協議活動的合作中心。2010 年，USCAN 持續促進非政府組織扮演之角色及對美國「乾淨空氣行動」方案之促進與保護。[311]USCAN 之主要發展及與美國環境行動之關聯，從政策倡議（Policy Advocacy）出發、透過國際非政府組織間的網絡協同合作，

---

[311] USCAN, 2010, "Achievements," http://www.usclimatenetwork.org/about-us/achievements-1.

施壓與美國關係密切之盟國領袖出發、再直接間接地影響美國執政團隊的國際氣候協議參與行動。此對於美國政府的氣候因應態度及實際作為，具有某種程度上的制約作用及影響性。

本文以「綠色和平組織」作為觀察國際非政府組織觀察之實例。根據本文第三章第二節內之論述，該組織的「行動力」、「指標性」及「影響公眾性」使其成為重要的非政府組織參考指標之一。而「綠色和平組織」除了將其推動氣候變遷因應之焦點放在：「以大型宣傳標語為號召」之外，亦著重「倡議再生能源的使用發展」。並且，利用「遊說及施壓」之方式，結合民間團體影響政府及企業。以「綠色和平組織」及其影響美國之部分為例，包括 1997 年對柯林頓總統並未提出額外的減量標準提出抗議、同年與高爾副總統會面陳情其欲推動積極強力的全球暖化公約主張。2000 年抨擊美國逃避溫室氣體減排之責任、2001 年以實際行動抗議小布希總統退出《京都議定書》、2002 年監督美國政府與國內石油企業的密切關係、2005 年媒體揭露政府及石油財團間的掛勾行為等。2007 年與聯合國秘書長會面報告主要行動及發現、2009 年抨擊美國並未承擔領導氣候變遷因應之責。「綠色和平組織」透過這些抗議活動及號召，對美國政府及其對外行為形成一股限制性的監督力量。

此外，在「綠色和平組織」的努力下，也成功促使美國推動援助印尼等開發中國家推動環境及氣候變遷之相關方案。2011 年美國亦再次確立了與印尼之間的「全面性夥伴關係協定」。[312] 美國所挹注的資金也將作為援助印尼作為減少溫室氣體排放量之用。因此，「綠色和平組織」不僅利用國際氣候締約國大會召開之機會對美國政府施壓，也透過大型活動匯聚環境運動聲音並凝聚群眾環境意識。綜

---

[312] Bruce Vaughn, op. cit., pp.1-36.

上的發展，可觀察到國際非政府組織的網絡倡議及號召，對於美國眾多環境政策及行動之影響。隨著全球化時代下之發展遂使非政府組織之角色愈形重要，非政府組織的氣候變遷因應遂成為影響美國環境政策的重要國際成因。

第三節　已開發及開發中國家

本文探討有關國家的氣候變遷議題回應，主要乃分別探討已開發國家及開發中國家的氣候變遷因應。已開發國家將著重在歐盟的實例探討，並將其與美國進行相關氣候變遷因應比較。而開發中國家則以中國的態度轉變為主。藉由著已開發及開發中國家的因應綜合分析，以檢視兩大集團間的氣候變遷因應發展及其相互之影響。

壹、已開發國家的氣候變遷因應

歐盟作為一個超國家之經濟體，內部包含數個已開發國家之整合概念。其推廣積極應對氣候變遷之作為與相關政策，成為影響美國環境政策的重要國際成因之一。茲納入歐盟之實例以檢視其與美國氣候變遷因應之比較，並以此作為觀察已開發國家氣候變遷因應之例。歐盟委員會曾明確將「對抗氣候變遷」視為是歐盟內部的最高優先考量。歐盟在鼓勵其他國家或區域減少碳排放時，自己也致力於促成溫室氣體排放量的實質減少。據官方資料顯示，歐盟正在發展一套能適應氣候變遷影響的策略。雖然對抗氣候變

遷所費不貲，但若毫無作為則就長遠而言的成本耗費將更龐大。[313]
不同於美國，歐盟認為：「投資那些能減少碳排放的綠色技術將有
助於增加工作及促進經濟。」[314]亦即，投資發展低碳技術之作為
就長遠而言，並不會因此導致國內經濟的衰退與失業率的增加。
而歐盟實際採取採取減少排放的倡議包括：（一）持續促進家用設
備使用上的能源效率。（二）增加可再生能源的使用及技術發展。
（三）支持節省及儲碳技術的發展。（四）投入「歐洲氣候變遷計
畫」（European Climate Change Programme，以下簡稱 ECCP）。[315]其
中，2000 年投入的 ECCP 包含了歐盟最主要的減碳工具──「排
放交易系統」（Emission Trading System）。它能增加工業更有效率
的使用能源及減緩碳排放量。

歐盟在國際氣候合作上的努力，包括：在 UNFCCC 架構下積極
領導並促成氣候協議的生成。1997 年《京都議定書》的簽署及執行
即是一例。當時的十五個歐盟簽署會員國均致力達到議定書所設定
的目標，即自 2008 年至 2012 年間，須以 1990 年之水準集體減少至
少 8%的溫室氣體排放量。據歐盟官方紀錄顯示，2007 年後歐盟的
領導人，批准認可一套氣候能源政策的整合性方案。此一系列承諾
將可促使歐盟至 2020 年，以 1990 年之水準至少減少 20%的溫室氣
體排放。[316]預估可達成的減碳目標甚至超過議定書所明定的標準。

---

[313] 歐盟認為：："Reining in climate change carries a cost, but doing nothing will be far more expensive in the long run." 詳細內容參閱：EU Commission, 2012, "What is the EU doing on climate change?" http://ec.europa.eu/clima/ policies/brief/eu/index_en.htm.

[314] Ibid.

[315] EUROPA, 2000, "Launching the European Climate Change Programme (ECCP)," http://europa.eu/legislation_summaries/environment/tackling_climate _change/l28185_en.htm.

[316] EU Commission, op. cit., http://ec.europa.eu/clima/policies/brief/eu/index_en.

而歐盟於 2011 年參加德班氣候大會其間提出的「路線圖」提議，乃是為了提出更大氣候變遷議題努力的需求。[317]歐盟認為全球暖化議題之迫切性須各參與氣候大會會員國拿出更積極具體之作為應對氣候變遷。而歐盟更延伸此「路線圖」之概念，藉由低碳能源技術的變革轉型，目標至 2050 年時減少排放的幅度能涵蓋大部分的溫室氣體排放量。

　　比較美國及歐盟的氣候變遷因應，歐盟自 1992 年 UNFCCC 通過及里約高峰會後的態度與美國並無迥異差別。而自 1997 年 UNFCCC 第三次締約國大會時的參與至《京都議定書》的支持簽署，就與美國之氣候政策態度產生明顯差異。特別是自民主黨總統柯林頓卸任後，共和黨小布希總統隨之宣布退出京都機制，美國之消極與保守更與歐盟的全力支持態度產生落差。以下，茲就聯合國重要氣候變遷大會及其與美國、歐盟之主張及行動內容，整理如下頁表 4-1 所示：

---

htm.

[317] EU Commission, 2011, "Roadmap for moving to a low-carbon economy in 2050," http://ec.europa.eu/clima/policies/roadmap/index_en.htm.

表 4-1　聯合國重要氣候變遷大會及美國、歐盟主張及行動表

	美國（U.S.）	歐盟（EU）
1992 UNFCCC	1992.06 同意簽署 1992.10 批准 1994.03 生效	1992.06 同意簽署 1993.12 批准 1994.03 生效
1997 京都議定書	1998.11 簽署（柯林頓總統） 2001.03 退出（小布希總統） 以 1990 年為準，溫室氣體排放量目標降低 7%	1998.04 簽署 2002.05 批准 2005.02 生效 以 1990 年為準，溫室氣體排放量目標降低 8%
2009 哥本哈根協議	2010.01 簽署 目標至 2020 年，降低溫室氣體排放量 17%	2010.01 簽署 目標至 2020 年，降低溫室氣體排放量 20%-30%
2010 坎昆協議	2010.12 簽署 同意溫度控制在攝氏兩度內 以 2005 年為準，溫室氣體排放量目標降低 17%	2010.12 簽署 同意溫度控制在攝氏兩度內 以 2005 年為準，溫室氣體排放量目標降低 30%
2011 德班協議	2011.12 簽署 目標至 2020 年，降低溫室氣體排放量 28%	2011.12 簽署 以 1990 年為準，目標至 2050 年，降低溫室氣體排放量 80%-95%

資料來源：筆者依據以下資料自行彙整。UNFCCC, 1992, "Status of Ratification of the Convention," http://unfccc.int/essential_background/conventio/ status_of_ratification/items/2631.php.European Commission, 1997, "What is the EU doing on climate change,"http://ec.europa.eu/ climate/policies/brief/eu/index_en.htm.World Resource Institute, 2010, "What Cancun means for China and the U.S. " http://www.wri. org/stories/2001/12/what-cancun-means-china-and-us.

依據表 4-1 之內容，可檢視美國及歐盟自 1992 年 UNFCCC 通過、至 2011 年德班協議期間之態度主張及減碳承諾比較。美國及歐盟均於 1992 年 6 月同意簽署 UNFCCC。美國身為第一個加入的已開發國家，批准時程之效率更勝於歐盟國家。然而，1997 年《京都議定書》在 UNFCCC 架構下通過後，美國從柯林頓時代的同意簽署、到小布希執政的退出態度，與當時積極支持批准的歐盟形成強烈對比。對於納入溫室氣體減排承諾之規範，基於不作為而未來可能支付更龐大成本之認知，促使同樣身為承擔多數減碳責任之列的歐盟，決議於 2002 年 5 月同意批准而受其規範之約制。其後經歷多次歐盟於氣候締約國大會的積極示範作用，美國與歐盟幾近同步的簽署《哥本哈根協議》。雖然此協議遭批評為不具法律約束力，且其減排設定之目標遠遠落後於歐盟設定的 20%至 30%。但美國仍在該協議中，承諾至 2020 年須降低溫室氣體排放量的 17%。

2010 年 12 月，美國與歐盟均同意簽署不具法律約束力的《坎昆協議》。會議中兩方均同意必須將升高的溫度控制在攝氏二度以內。相較於歐盟此次拉高了減碳目標的排放標準，美國則在減碳承諾的設定上與 2009 年幾近無異。2011 年，受到歐盟於德班會議中所提的「歐盟提議」影響，美國出發意料的回應支持歐盟的提議。且同意將 2020 年前降低溫室氣體減排的目標，增高到 28%。美國雖未全然接受「歐盟提議」之內容，並表明中國須納入限制規範的體系範疇中。但受到來自於同是已開發國之列，且積極應對氣候變遷議題之歐盟影響，使得美國不得不重新從嚴認定減碳排放量之限制範圍。綜上，在歐盟意圖對主要排放大國施壓的積極推動，輔以國內外的刺激動力之下，美國對於氣候締約國大會協議的回應，可視為是國內、外因素綜合影響下一種順應趨勢之結果。某種程度，歐盟確成為影響美國環境政策的重要國際成因。

貳、開發中國家的氣候變遷因應

中國作為一個崛起中的大國，其因應氣候變遷之歷程包含數個階段的演進發展。其逐漸展現「負責任大國」積極應對氣候變遷之態度，已然成為影響美國環境政策的重要國際成因之一。尤其中國自 2005 年後取代美國成為世界第一大的溫室氣體排放國，又身為開發中國家集團的出聲代表。本文第四章中已就中國的氣候變遷因應歷程及其與聯合國、綠色和平組織間的雙向關係進行彙整。本章將再次納入中國之實例以檢視其與美國氣候變遷因應之比較，並以此作為觀察開發中國家氣候變遷因應之例。

中國由於自 1992 年被 UNFCCC 列入「非附件一」國家，在氣候變遷因應上被歸屬於接受已開發國家援助的一方。早期發展緣起作為集結開發中國家力量之代表，以開發中國家不被要求執行減排承諾的前提下同意參與棄氣候談判。是故，中國被動的態度在初期對於美國的影響力是微弱不顯明的。2003 年中國利用米蘭氣候締約國大會之機會，向外表明未來參與氣候變遷議題之可能與機會。在中國具體提出眾多應對措施方案後，[318]保留消極的態度逐漸轉化為尋求國際場域管道為其轉變之態度發聲。此階段中國的改變幅度雖然不大，但由於美國國內時值共和黨掌握之參、眾多數，且由共和黨總統執政之「一致政府」時代。因此，中國應對氣候變遷態度之微幅轉化反而突顯美國此期間倒退的消極態度。2007 年中國隨著「負責任大國」意象的散佈，發佈減排方案及相關「再生能源」規劃。[319]

---

[318] 包含提出「氣候變化影響與適應方案」、「減緩氣候變化應對措施」等方案。同註 198。

[319] 包括提出「可再生能源法」、「可再生能源中長期規劃」等方案。同註 189。

使中國成為首個應對氣候變化方案的開發中國家。中國接軌
UNFCCC 應對之積極態度，帶給美國政府不小的國際輿論壓力。尤
有甚者，隨著中國國內生產總值的成長、工業生產比率之提高、外
匯存底的增加，愈加縮小中國與美國之間的發展差異。中國崛起的
態勢，輔以對氣候政策轉趨積極的因應態度，遂形成一股影響美國
氣候政策走向的國際成因。以下，茲就聯合國重要氣候變遷大會及
其與美國、中國之主張及行動內容，整理如表 4-2 所示：

表 4-2　聯合國重要氣候變遷大會及美國、中國主張及行動表

	美國（U.S.）	中國（China）
1992 UNFCCC	1992.06 同意簽署 1992.10 批准 1994.03 生效	1992.06 同意簽署 1993.01 批准 1994.03 生效
1997 京都 議定書	1998.11 簽署（柯林頓總統） 2001.03 退出（小布希總統） 以 1990 年為準，溫室氣體排放量目標降低 7%	1998.05 同意簽署 2002.08 批准 2005.02 生效 開發中國家不承擔削減義務，可接受已開發國家資金及技術援助
2009 哥本哈根 協議	2010.01 簽署 目標至 2020 年，降低溫室氣體排放量 17%	2010.01 簽署 目標至 2020 年，降低溫室氣體排放量 40%-45%
2010 坎昆協議	2010.12 簽署 同意溫度控制在攝氏兩度內以 2005 年為準，溫室氣體排放量目標降低 17%	2010.12 簽署 同意溫度控制在攝氏兩度內以 2005 年為準，溫室氣體排放量目標降低 40%-45%

2011 德班協議	2011.12 簽署 目標至 2020 年，降低溫室氣體 排放量 28%	2011.12 簽署 在具體明確條件下，中國願意接 受 2020 年後的量化減排協議

資料來源：筆者依據以下資料彙整。UNFCCC, 1992, "Status of Ratification of the Convention,"http://unfccc.int/essential_background/convention/status_of_ratification/items/2631.php. UNFCCC,1997, "Status of Ratification of the Kyoto Protocol,"http://unfccc.int/kyoto_protocol/status_of_ratification/items/2613.php. 中國新聞網，2010，「坎昆協議」，http://www.chinanews.com/gi/2010/12-16/2726410.shtml. 新華網，2011，「德班協議促中國碳交易發展」，http://big5.xinhuanet.com/gate/big5/news.xinhuanet.com/environment/2011-011-12/26/c_122482301.htm.

　　依據上表 4-2 之內容，可檢視美國及中國自 1992 年 UNFCCC 通過、至 2011 年德班協議期間之態度主張及減碳承諾比較。美國及中國均於 1992 年 6 月同意簽署 UNFCCC，並均於 1994 年 3 月生效。1997 年《京都議定書》在 UNFCCC 架構下通過後，中國由於被歸屬於「非附件一」之國家，故自 1998 年同意簽署《議定書》、並於 2005 年生效後便支持該機制至今。其後經歷多次氣候締約國大會，直至 2009 年哥本哈根大會後，中國因應氣候變遷之態度出現轉折。美國與中國雖均簽署《哥本哈根協議》。但相較於美國所提出至 2020 年須降低溫室氣體排放量的 17%。中國向國際社會宣布其降低溫室氣體排放量 40%-45%的承諾標準。此相較於美國所提之承諾，足足高出了 23%以上。

　　2010 年 12 月，中美兩國均同意簽署《坎昆協議》。會議中，中美兩國對於降低排放量之設定標準並未與 2009 年之標準有懸殊差異，美國仍維持溫室氣體減排量 17%。惟中國於 2009 年對外承諾 40%-45%之高標準，成為環境非政府組織用以施壓美國的指標依

據。2011 年，美國除了受到歐盟於德班會議中所提的「歐盟提議」之影響刺激外，中國也對外鬆口表示在具體明確條件下，未來願意接受量化之減排協議。這對於自 1997 年以降，持續奉行 UNFCCC 架構及《京都議定書》規範之雙軌制運行的中國而言，無疑是願受約束性承諾之一大突破。美國除了回應支持「歐盟提議」且同意將 2020 年前降低溫室氣體減排目標增高到 28% 之外，也表示未來在中國納入減排責任的前提之下，不排除同樣加入約束性規範之可能性。總的來說，轉型中的中國在逐漸朝向積極因應氣候變遷議題的同時，美國對於氣候締約國大會協議的參與態度及回應也隨之增強。中國的崛起無形中遂成為美國隱性考量之因素。身為開發中國家之代表，其發展提供了本文對於影響美國環境政策重要國際成因之研究重點之一。

第四節　小結

　　本章仍將主要研究方向設定影響美國環境政策的國際因素。因此，在研究「影響美國環境政策的國際成因」則以「國際政府間組織」、「國際非政府組織」及「已開發國家」、「開發中國家」等與氣候變遷因應主題結合。透過本章的整理，可綜合彙整任期之內所有影響美國環境政策的國際成因，藉此觀察同時期內不同成因間的交互影響及變化。

　　自 1993 年柯林頓政府上任後，此期間影響美國環境政策的國際成因，在「國際政府間組織的氣候變遷因應」方面，此時期聯合國 UNFCCC 框架下的減排規範限制，促使第一個同意簽署的已開發國——美國，同意在其公約架構下，藉由國家間共同努力以因應氣候

變遷之挑戰。而在「國際非政府組織的氣候變遷因應」方面，1992年里約高峰會時，USCAN 安排相關科學及專家學者企圖刺激UNFCCC 之發展，力促 UNFCCC 朝向穩定溫室氣體排放限制之架構進行。1997 年亦提供了政策的專家學者及意見，以支持《京都議定書》之簽訂。綠色和平組織也把握與副總統高爾見面之機會，力促其在京都氣候大會時能有積極表現。惟就美國現實層面之考量而言，當時美國國內因素之影響力更勝於此階段非政府組織所欲意圖涉入的。而就其他行為者回應部分，已開發國家代表之歐盟積極支持 UNFCCC「將大氣中溫室氣體濃度穩定在可預防水準」目標。並於 1998 年 4 月同意簽署《京都議定書》且執行相關減排規範。歐盟積極的態度，形成一股國際社會用以檢視及比較美國作為的指標。遂在型塑美國環境政策時形成一股來自於外的影響因素。

2001 年小布希政府上任，此期間影響美國環境政策的國際成因，在「國際政府間組織的氣候變遷因應」方面，聯合國 UNFCCC框架下的京都協議機制，美國在阿根廷及哈薩克等開發中國家加入後始同意簽署，卻未將此交之國會。因此，此階段國內國會的影響力及總統與政黨的偏好因素，更勝於此時期國際政府組織對美國氣候變遷因應的影響。而在「國際非政府組織的氣候變遷因應」方面，2005 年 USCAN 利用蒙特婁氣候協議時，促進民眾氣候變遷意識之覺醒並形成與美國小布希政府拒絕協議之態度形成抗衡。USCAN 於其任內透過媒體監督力量，企圖透過施壓美國盟友之模式而影響美國氣候政策走向。綠色和平組織利用與歐盟再生能源委員會合作之機會，強調再生能源發展及溫室氣體排放減半目標之重要。當時美國受到國際恐怖主義攻擊及國外戰事之影響，薄弱了政府間及非政府間組織所力倡的環境氣候議題。同樣的現象也可解釋此時期歐盟的積極回應並未對美產生積極的示範作用。歐盟雖仍持續倡議支持

UNFCCC 下之各大氣候變遷協議。然而，此時期美國所關注的焦點在於減排協議並未納入其他發展中的排放大國。因此，當中國於 1997 年氣候大會時宣稱不承擔削減義務，僅接受已開發國家資金及技術援助後，旋即影響美國加入氣候減排規範的意願。尤其，自 2005 年中國取代美國成為排碳第一大國，中國崛起的影響力逐漸威脅並拉近中美兩國間的國家發展差距。這些均會成為影響美國環境政策及態度的國外影響因素。

2009 年歐巴馬政府上任，又此期間影響美國環境政策的國際成因，在「國際政府間組織的氣候變遷因應」方面，聯合國 UNFCCC 框架下的哥本哈根及坎昆協議，促使美國將其溫室氣體減碳目標從原本的降低 7% 至 17%。因此，此階段國內國會參議院多數與總統及其政黨的偏好因素，與此時期國際政府組織對美國氣候變遷因應之影響相輔相成。而在「國際非政府組織的氣候變遷因應」方面，2009 年 USCAN 成為國際非政府組織用以觀察歐巴馬參與氣候協議之合作平台。USCAN 於其任內從政策倡議出發，企圖透過持續促進與環境相關之法案通過，來監督美國因應及保衛氣候的領導之責。綠色和平組織多次利用氣候變遷締約國大會召開之機會，以宣傳海報及大型標語呼籲歐巴馬總統應責無旁貸的確保氣候會議的成功。歐巴馬展現了相較於小布希政府時期更為積極的氣候變遷回應。惟 2009 年起全球大規金融風暴及經濟衰退的現象，侷限歐巴馬政府於上任前對美國境內及人民所承諾的「新時代責任」願景。因此，當國內經濟發展受到難關阻礙，美國應對環境氣候變遷之保護將隨之面臨考驗。而就其他行為者回應部分，已開發國家代表之歐盟持續支持 UNFCCC 在哥本哈根及坎昆協議中所設定的各項目標。並於 2011 年同意簽署《德班協議》時，附帶以 1990 年的溫室氣體排放量為準，目標至 2050 年要降低八成以上的排放量。歐盟此次所提預期的高標

準目標，同時影響了美國設定氣候減排數字的目標。相較於 2010年，美國將至 2020 年所降低的排放量目標值增加了超過 10 個百分點。足見歐盟所號召的效用及對美國之影響程度。而開發中國家代表之中國，亦於德班會議中首度鬆口未來願接受量化的減排協議。此舉不僅為其他開發中國家起了示範之作用，也成為激勵美國跟進國際腳步及減碳趨勢的重要因素來源。

第五章

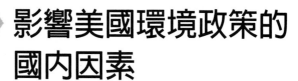

影響美國環境政策的國內因素

第五章　影響美國環境政策的國內因素

> 當美國提供了處理全球環境議題的領導角色，那麼就支撐起處理該議題的多元努力。但當它無法提供領導時，則會相對弱化了這些努力。如此而言，國內政治之因素在形塑美國全球環境政策時扮演了非常關鍵的角色。[320]（葛林蘇斯門，2004）

　　學者葛林蘇斯門在一篇有關美國領導角色與全球環境政策的研究中，點出了美國國內的因素導致了有效領導全球環境政策的限制。而學者佩崔霍爾崔（Petra Holtrup）同樣同意國內政治對於解釋美國是否能提供全球環境政策之領導，扮演了一個相當關鍵的因素。[321]根據前者葛林蘇斯門的文章中，點出了幾項會影響美國領導

---

[320] Glen Sussman, op. cit., p.349.

[321] 2003 年佩崔霍爾崔的論點乃是進一步延伸了 1997 及 1999 年羅伯特帕爾柏格（Robert Paarlberg）所提出之觀點。羅伯特提出「國內因素」、而非「國家間關係」在美國國際環境決策制定扮演著更為重要的角色。詳細內容參閱：Petra Holtrup, 2003, "The Lack of U.S. Leadership in Climate Change Diplomacy," in B. May and M. H. Moore eds., The Uncertain Superpower: Domestic Dimensions of U.S. Foreign Policy after the Cold War. Opladen: Leske and Budrich. Robert Paarlberg, 1997, "Earth in Abeyance: Explaining Weak Leadership in U.S. International Environmental Policy," in R. J. Lidber ed., Eagle Adrift: American Foreign Policy at the End of the Century. N.Y.: Longman. Robert Paarlberg, 1999, "Lapsed Leadership: U.S. International Environmental Policy since Rio," in N. J. Vig and R. S. Axelrod

環境政策的國內因素，包括：總統是否傾向支持環境立法、國會的運作效率及民眾的支持度與否等。而總統對於環境議題的關注及支持態度，除了所屬的政黨背景影響外，其任內是否廣泛支持與環境相關的組織運作也可成為參考指標。國會的效率問題則可藉由國會批准國際環境協議的數量來檢視國會的偏好，及其與總統之間的合作或抗衡關係。最後，是民眾是否支持環境保護勝於經濟發展的問題。而這項爭論也是長久以來存在於國家間，對「經濟」與「環境」發展間的拉鋸與取捨。對此，本章將影響美國的國內成因設定為三大因素：（一）美國總統。（二）美國國會。（三）美國國內民意。以下將針對此三大國內成因分述如下。

第一節　美國總統

　　本節論述有關美國氣候變遷之因應歷程，乃設定自 1993 年始至今。故觀察此階段影響美國環境政策之國內成因的歷任總統，包括：柯林頓總統、小布希總統及歐巴馬總統。而欲觀察此三任總統任內關注並支持環境立法的程度，本文將依循所屬政黨背景、任內關注焦點、及其是否支持與環境相關之組織運作等脈絡加以研究。

ed., The Global Environment: Institutions, Law, and Policy. Washington, DC: CQ Press.

壹、柯林頓總統

　　自 1993 年上任的柯林頓總統，其所屬政黨為傳統上較傾向環境
立法的民主黨。柯林頓總統所選擇的副手亦為以支持環境及生態平衡
發展為號召的高爾。[322]柯林頓／高爾政府在第一任的任期（1993-
1996）內，隨著美國當時強調對國內及全球環境的承諾，環保人士普
遍對於柯林頓任內的環境政策改革抱有正面期待。根據一份檢視政治
領袖在各項議題的表現報告，在環境議題上，副總統高爾於 1993 年
提出：「美國應該要領導全球環境的運動。」[323]表明美國在全球環境
發展上應要承擔起領導的功能與角色。據此，同年提出了與全球暖化
議題有關的「全球馬歇爾計畫」（Global Marshall Plan）。在此計畫中
的五大核心目標，其目的在於達成世界的整體平衡性。並期望透過策
略性的努力方針因應全球暖化下的世界發展。[324]而在能源及石油的議
題上，柯林頓總統曾於 1996 年明白提出：「美國需要全球暖化的約束
性條約。」[325]顯示美國政府當時欲加入全球氣候變遷規範機制的意圖

---

[322] 高爾在擔任柯林頓總統的副手時為民主黨的參議員。其提出許多與環境
議題相關的著作，如：Earth in the Balance:Ecology and the Human Spirit
等。Glen Sussman, op. cit., p.355.

[323] 1993 年 7 月高爾副總統提出，原文為："The US should lead the global
environmental movement." OnTheIssues, 1993, "Al Gore on Environment,"
http://www.ontheissues.org/Al_Gore.htm.

[324] 五大核心目標包括：（1）在 2015 年使全球同意執行聯合國千禧年計畫目
標。（2）美國每年增加 100 億美金用於達成千禧年計畫目標及促進世界
發展。（3）提高必要資源的公平性及競爭性之中立。（4）透過一套全球
政策架構，建立經濟、環境及社會議題的同意標準。（5）以新的形勢將
基金撥款於基層中，並杜絕貪腐情事。詳細內容參閱全球馬歇爾計畫官
方網站：Global Marshall Plan, 1993, "What is the Global Marshal Plan?"
http://www.globalmarshallplan.org/what/five_minutes/index_eng.html.

[325] 1996 年 1 月柯林頓總統提出，原文為："Need binding treaties on global

明確。然而，同年在環境議題上，柯林頓政府亦承認在乾淨空氣、水及環境方面，有許多地方仍待完成及努力。[326]

然而，柯林頓／高爾政府在第二任的任期（1997-2001）間，受到莫妮卡李文斯基（Monica Levinsky）醜聞案的風暴及其彈劾事件影響，任內關注於環境及全球氣候變遷政策的焦點亦隨之被轉移。期間美國國會通過了 S. Res 98 決議案，更增加柯林頓／高爾政府推行環境政策及加入《京都議定書》的困難度。即使副總統高爾於 2000 年 4 月公開表示：「京都的目標是不可缺少的第一步。」同時並大聲疾呼：「全球暖化這顯而易見的威脅是可以預防的。」[327]仍無法挽回美國推行加入《議定書》機制之頹勢。葛林蘇斯門同樣分析了柯林頓政府最終令環保人士失望之因，認為其第一任任內仍將過多焦點關注於經濟、健康保險及社會正義；而第二任期內則受到醜聞案的牽連，使其受到彈劾案的影響而無法發揮。[328]

而欲觀察總統是否支持與環境相關之組織運作，在此將以「聯合國環境規劃署」（United Nations Environment Programme, UNEP）為例，藉由觀察北美洲歷年來所通過支援該計畫的預算數字及其佔該計畫所受總捐款額的比例，來作為評估的標準之一。由於「聯合國環境規劃署」（以下簡稱 UNEP）是在聯合國架構下一項為環境所發聲的

---

warming." OnTheIssues, 1996, "Bill Clinton on Energy and Oil," http://www.ontheissues.org/Bill_Clinton.htm.

[326] 1996 年 1 月柯林頓總統提出，原文為："Much left to do on clean air, water, and environment." OnTheIssues, 1996, "Bill Clinton on Environment," http://www.ontheissues.org/Bill_Clinton.htm.

[327] 2000 年 4 月高爾副總統提出，原文為："Kyoto goals are an indispensable first step," and "Global Warming is a clear and present threat; but preventable." OnTheIssues, 2000, "Al Gore on Energy and Oil," http://www.ontheissues.org/Al_Gore.htm.

[328] Glen Sussman, op. cit., p.355.

重要系統。其主要任務為：透過鼓勵及關心環境之議題，提供國家及人民一個具領導及鼓勵性質的夥伴關係。且在不損及後代子孫的前提下，改善生活之品質。[329]因此，舉凡促進國家間的環境合作、催化環境意識及行動、積極推動國際環境法等，均屬於 UNEP 工作目標之範疇。又美國佔北美洲捐款給 UNEP 金額量近七成的比重，因此，整體而言可視為一項觀察美國在各總統任內是否實質支持 UNEP 發展基金的參考指標。以下，將就 1993 年至 2000 年的兩次任期間，北美洲對於 UNEP 基金之捐款貢獻額及其所佔總額之比例如表 5-1 所示：

表 5-1　北美洲捐款至 UNEP 總額及佔比：1993-2000

年度	北美洲捐款總額	UNEP 所受捐款總額	北美洲捐款佔比
1993	$ 21,857,366	$ 65,619,905	33.3 %
1994	$ 22,260,846	$ 65,041,872	34.2 %
1995	$ 16,214,492	$ 57,394,008	28.2 %
1996	$ 8,041,540	$ 45,691,711	17.5 %
連任後			
1997	$ 6,162,113	$ 44,204,659	13.9 %
1998	$ 8,985,392	$ 47,349,201	18.9 %
1999	$ 7,976,139	$ 44,353,045	17.9 %
2000	$ 7,989,532	$ 40,898,365	19.5 %

資料來源：北美洲捐款佔捐款總額之比率為筆者根據數據自行計算之。United Nations Environment Programme, 2010, "Contributions by regions to UNEP's fund 1992- 2009," http://www.unep.org/rms/en/Financing_of_UNEP/Environment_Fund/Table_Regions/index.asp.

---

[329] United Nations Environment Programme, "What UNEP Does," http://www.unep.org/Documents.Multilingual/Default.asp?DocumentID=493&ArticleID=5391&l=en.

表 5-1 顯示在柯林頓政府執政的兩次任期中，北美洲捐款至 UNEP 基金的金額比例變化。在首次任期期間，1993 年及 1994 年北美洲捐款佔比均超過三成以上。而 UNEP 基金的整體捐款總額在這兩年平均也達到六千五百萬美金以上。然自 1995 年開始，北美洲捐款比例逐年降低。尤以 1995 年至 1996 年下降了近十個百分點為最大降幅。但綜觀柯林頓政府首次任期的整體表現而言，北美洲捐款佔總額的平均值比率仍維持在 28.3 個百分點。反觀 1997 年柯林頓成功連任後，受到醜聞事件的衝擊影響，1997 年的捐款比例明顯再度下滑，降至八年任期中的最低點（13.9%）。平均捐款佔總額平均值僅剩下 17.5 個百分點。儘管北美洲的捐款總額不能完全代表美國政府於此期間的實際捐款數字，但其所佔北美洲捐款額近七成之比例仍使其數字具有參考指標之意義。

貳、小布希總統

　　自 2001 年上任的小布希總統，其所屬政黨為傳統而言較不支持環境政策等立法預算的共和黨。小布希總統的副手人選則為曾任國防部長、並以強調軍事手段及單邊主義為訴求的錢尼（Cheney）擔任。在小布希／錢尼政府上任前，小布希就曾多次向外界表明：「京都議定書必須要包括所有國家的減排。」、「京都議定書造成美國的負擔太大。」、「科學家仍不確定全球暖化之事實。」等。[330]隨著小布希總統的上任，在第一任的任期（2001-2005）內，在環境及全球暖化議題

---

[330] 小布希總統於 2000 年時提出，原文為 "Kyoto Treaty must include reductions by all countries." "Kyoto Treaty puts too much burden on US." "Scientists are unsure about global warming." OnTheIssues, 2000, "George W. Bush on Global Warming," http://www.ontheissues.org/George_W__Bush.htm.

上，小布希著重從乾淨的核能發展及能源生產的方向來減少二氧化碳排放。但卻拒絕利用二氧化碳排放的交易許可證制作為解決全球暖化的方式。[331] 在此期間，美國本土遭逢死傷慘重的 911 恐怖攻擊事件，使得美國政府將關注焦點放在國土安全及軍事國防上。2001 年 10 月的攻打阿富汗蓋達組織及塔利班政權的阿富汗戰爭，以及 2003 年由小布希總統下令攻打及追緝大規模毀滅性武器的美伊戰爭等，更加使得美國擴增在軍事及防衛體系的預算成本。[332] 美國遂將國家安全及國內秩序之維護視為首要優先考量。根據美國行政管理和預算局所公布的報告數字顯示，相較於 2000 年用於軍事建設的預算金額，2004 年上升至 55 億 1 千 6 百萬美元，足足增加了 20 億 7 千 4 百萬美元之多。有關 2000 年至 2004 年用於軍事建設的預算表可參考表 5-2 所示：

表 5-2　美國軍事建設預算暨總預算表：2000-2004

會計年度	總預算（／百萬美元）	軍事建設預算（／百萬美元）
2000	$ 56,056	$ 3,442
2001	$ 61,039	$ 3,522
2002	$ 68,342	$ 4,058
2003	$ 74,707	$ 5,112
2004	$ 83,610	$ 5,516

資料來源：White House, Office of Management and Budget, 2011, "National Defense Outlays for Major Public Dircet Physical Captial," http://www.whitehouse.gov/omb/budget/Historicals.

---

[331] 2003 年 6 月小布希總統提出，原文為："Rejected CO2 treading permits as a solution to global warming." OnTheIssues, 2003, "George W. Bush on Global Warming," http://www.ontheissues.org/George_W__Bush.htm.

[332] 根據美國國會預算局於美伊戰爭開始後一個月估算，美國戰爭開支預算須要再增加至少 240 億美元。這些預算主要用於：將作戰部隊運往海灣的來回運輸成本、戰爭武器消耗費用等。新華網，2003，「預算局：美對伊軍費須再增加 240 億美元。」http://news.xinhuanet.com/world/2003-03/08/content_765511.htm.

從表 5-2 中，可以明顯觀察出自 2000 年至 2004 年，美國會計年度總預算數字及用於軍事建設預算的消長。2000 年的軍事建設預算為 34 億 4 千 2 百萬美元的數字，2001 年 911 恐怖攻擊事件後，隨著 2001 年阿富汗戰爭的開打、至 2003 年美伊戰爭的爆發，美國逐年提高軍事建設預算的金額比例。結算至 2004 年時之軍事預算已達 55 億 1 千 6 百萬美元之多。相較於柯林頓政府第一任執政的四年期間，軍事建設預算從 1993 年的 36 億 3 千五百萬美元、降至 1997 年的 30 億 7 百萬美元。[333]此更加突顯了該時期美國國內政府關注國家安全及軍事建設上的程度。

　　而小布希／錢尼政府在第二任的任期（2005-2009）期間，仍舊受到美伊戰爭持續的影響。自 2005 年始的軍事建設預算金額依舊逐步增加。這使得在環境及全球暖化議題上，小布希執政團隊的表現並無明顯的突破。僅在 2007 年時，小布希總統曾表示：「在 10 年之內要減少 20% 的石油消耗。」[334]然而，相較溫室氣體排放量與全球暖化現況，小布希總統更加關注美國過份依賴國外石油進口之問題。這亦與共和黨所奉行之理念的政黨背景有關，小布希政府不願因石油資源而侷限美國的發展。而有關小布希總統支持與環境相關之組織運作狀況分析，則一樣以小布希總統八年任期內，北美洲支援 UNEP 的預算數字及其佔該計畫所受總捐款額的比例為準。以下，將就 2001 年至 2008 年，北美洲對於 UNEP 基金之捐款貢獻額及其所佔總額之比例如表 5-3 所示：

---

[333] White House, Office of Management and Budget, 2011, "National Defense Outlays for Major Public Dircet Physical Captial," http://www.whitehouse.gov/omb/budget/Historicals.

[334] 2007 年 5 月小布希總統提出，原文為："Reduce gasoline usage by 20% in ten years." OnTheIssues, 2007, "George W. Bush on Energy and Oil," http://www.ontheissues.org/George_W__Bush.htm.

表 5-3　北美洲捐款至 UNEP 總額及佔比：2001-2008

年度	北美洲捐款總額	UNEP 所受捐款總額	北美洲捐款佔比
2001	$ 7,211,514	$ 43,993,710	16.3%
2002	$ 8,225,626	$ 48,336,717	17.0%
2003	$ 7,168,284	$ 52,608,651	13.6%
2004	$ 7,894,990	$ 59,705,474	13.2%
連任後			
2005	$ 8,608,077	$ 59,631,114	14.4%
2006	$ 7,775,000	$ 59,631,114	13.0%
2007	$ 7,775,000	$ 69,213,185	11.2%
2008	$ 8,200,000	$ 89,387,288	9.1%

資料來源：北美洲捐款佔捐款總額之比率為筆者根據數據自行計算之。
United Nations Environment Programme, 2010, "Contributions by
regions to UNEP's fund 1992- 2009," http://www.unep.org/r,s/en/
Financing_of_UNEP/Environment_Fund/Table_Regions/index.asp.

　　表 5-3 顯示在小布希政府執政的兩次任期中，北美洲捐款至
UNEP 基金的金額比例變化。在第一個任期間，2001 年及 2002 年北
美洲捐款佔比均還呈現穩定上升。而 UNEP 基金的整體捐款總額同
時也達到小幅度的增加。然自 2003 年開始，北美洲捐款比例顯著下
滑 3.4 個百分點。但綜觀小布希政府首次任期的整體表現而言，受
到 911 恐怖攻擊事件及阿富汗、美伊戰爭的影響，北美洲捐款佔總
額的平均值比率下降至 15.02 個百分點。比較柯林頓政府的首個任
期之捐款佔總額比例，一共少了 13 個百分點。而反觀 2005 年小布
希成功連任後，受到戰爭的持續進行與小布希執政團隊政黨傾向背
景的影響，2007 年的捐款比例明顯再度下滑，直到 2008 年更是下
降至八年任期中的最低點（9.1%）。平均捐款佔總額平均值僅剩下
11.9 個百分點，相較於柯林頓政府第二任任期之捐款佔總額比例，

短少 5.6 個百分點。這些數值除了可以視為解釋美國總統及其政黨傾向影響環境政策走向的指標之外，也可作為觀察國內事件之衝擊而影響國家預算分配的發展。

參、歐巴馬總統

2009 年上任的歐巴馬總統，其所屬政黨與柯林頓總統相同，為傾向支持環境立法的民主黨。歐巴馬總統的副手人選為具有豐富外交事務及國家安全經驗的拜登（Biden）。在歐巴馬/拜登政府上任前，歐巴馬曾多次向外界表明：「應該要加速應對氣候變遷議題。」「所有的國家都必須一起行動來解決碳排放的問題。」[335]導因於歐巴馬總統的政黨背景及其支持綠色環保之訴求，促使許多環保人士期盼美國未來能走向領導全球應對氣候變遷之路。截至 2012 年，歐巴馬／拜登政府上任的三年期間，在綠色能源方面，2010 年歐巴馬總統提出：「包括核能在內，要給予乾淨能源更多的激勵誘因。」2011 年又提出：「以取消石油補貼之方式補貼乾淨能源。」[336]這些雖能呼應歐巴馬上任前的部分競選承諾，但隨著 2009 年全球大規模的金融危機及經濟衰退的影響，使得美國在參與聯合國氣候締約國大會時態度反趨於保守而消極。

---

[335] 歐巴馬總統於 2007 及 2008 年時提出，原文為："Aggressively address accelerating climate change," and "All nations must act to reduce carbon emissions." OnTheIssues, 2007 / 2008, "Barack Obama on Global Warming," http://www.ontheissues.org/barack_obama.htm.

[336] 歐巴馬總統於 2010 及 2011 年時提出，原文為："More incentives for clean energy, including nuclear," and "Subsidize clean energy by canceling oil subsidies." OnTheIssues, 2010 / 2011, "Barack Obama on Green Energy," http://www.ontheissues.org/barack_obama.htm.

2010 年 9 月，歐巴馬宣布美國對伊拉克的作戰任務已經結束。並敘明未來國家的首要發展重點，將放在積極振興國內經濟繁榮、增加國內就業率等方面。[337]而這亦與人民的期待及國家利益的發展方向相符。然而，正因如此，美國所能發展環境政策立法及加入國際氣候變遷合作的動機於焉削弱。除了以資金及技術援助開發中國家應對氣候變遷所須支付的成本之外，批准參與國際簽訂限制二氧化碳排放的法律規約性協議，也將有損及美國經濟的復甦與振興進度。這也正是美國所擔心承擔環境領導責任背後的隱憂。關於歐巴馬總統支持與環境相關之組織運作狀況分析，同樣以北美洲支援 UNEP 的預算數字及其佔該計畫所受總捐款額的比例為準。以下，就 2009 年及 2010 年北美洲對於 UNEP 基金之捐款總額及其佔比之數據整理如表 5-4 所示：

表 5-4　北美洲捐款至 UNEP 總額及佔比：2009-2010

年度	北美洲捐款總額	UNEP 所受捐款總額	北美洲捐款佔比
2009	$ 8,225,050	$ 85,584,818	9.6%
2010	$ 8,800,000	$ 81,126,402	10.8%

資料來源：北美洲捐款佔捐款總額之比率為筆者根據數據自行計算之。United Nations Environment Programme, 2011, "Contributions by regions to UNEP's fund 1992- 2010," http://www.unep.org/rms/en/Financing_of_UNEP/Environment_Fund/pdf/Contributions%20by%20Regions%20in%201992-2010.%2018.2.2011.Web.pdf.

---

[337] 歐巴馬總統於 2010 年 8 月表示，原文為："Operation in Iraq freedom is over, and the nation's No.1 priority is fixing the economy." NBC News, 2010, "Obama formally ends Iraqi combat mission," http://www.msnbc.msn.com/id/38933239/ns/politics-white_house/t/obama-formally-ends-iraq-combat-mission/.

表5-4顯示在歐巴馬政府執政時期，自上任以來延續至2010年捐款至UNEP之金額變化。民主黨背景的傾向使得其自2009年上任後的捐款佔比，較前年小布希總統執政時還略升高45萬零50元美元的捐款數字。比例微幅上升了零點五個百分點。而2010年的北美洲捐款佔比更是又上升了一點二個百分點。然而，相較於柯林頓執政時期八年捐款UNEP之平均值，歐巴馬執政時的捐款表現仍與其相距甚遠。雖然受到全球金融危機及美國國內經濟下滑之因素，侷限美國積極敦促此時期環境發展之進程。然歐巴馬的政黨背景及其自身綠色訴求的環境立場背景因素，使其並未極端地走向「棄環境」而「保經濟」之路。雖然受限於目前統計數據資料僅計算至2010年，無法就完整之資料一併納入分析。但仍可從該兩年之資料中，比較歐巴馬總統與前兩任總統的異同之處。

第二節　美國國會

　　根據美國憲法，美國屬於三權分立制之國。立法權屬於美國國會（Congress）所有。而國會則由參議院（The Senate）及眾議院（The House）之議員組成。[338]身為代議制之國家，美國國會的意見及決定，實則代表小至各選區選民、大至整個美國民眾之意見。而國會最重要的任務除了擔負起國家立法及代表民意的功能外，還具有權力制衡具行政權的總統之用。由於美國推動環境政策立法必須通過美國國會，國會則須權衡選區內之選民意志及整體國家利益。是故，欲

---

[338] 根據美國憲法第一條及第十七條修正案，眾議院眾議員及參議院之參議員由選民直接選出。The U.S. Constitution, "The Constitution of the United States," http://www.usconstitution.net/const.html#A1Sec1.

研究影響美國的國內成因，國會中之參眾兩院角色及其與氣候變遷相關的協議批准範疇，均是重要的研究參數之一。

壹、美國參眾兩院的角色

據美國憲法規定，美國國會具有徵稅、貸款、規範洲際間問題及對外貿易等權力。[339]又美國國會由參眾兩院共同構成，成員共計535名。其中包含100名參議員及435名眾議員。有關參眾兩院間因任期、改選規定、人數、提案討論時限等差異而造成兩院關於變動性、規模大小及效率性等比較一覽表，可參考表5-5：

表 5-5　美國參眾議院議員比較表

	美國參議院議員	美國眾議院議員
任期	較長【6年／任】	較短【2年／任】
改選規定	變動較小【三分之一改選／兩年】	變動較大【全部改選／年】
人數	規模較小【100名】	規模較大【435名】
提案討論	較無效率【開放無限制演講】	較有效率【有時間限制】
權力限定	條約之批准	與財政有關之動議

資料來源：筆者根據美國憲法之內容自行製表。The U.S. Constitution, "The Constitution of the United States," http://www.usconstitution.net/const.html#A1Sec1.

---

[339] Ibid, http://www.usconstitution.net/const.html#A1Sec1.

根據表 5-5 所示，美國參議院議員任期較眾議院議員高出四年，且得每兩年改選三分之一。整體而言，參議院議員的變動幅度較眾議員小。又眾議院的 435 名眾議員佔了整體國會成員近 8 成的比例，規模較大、組成分子也較為龐雜。然而，正因為與議院內之成員人數有關，參議院允許議員針對議題作無限的延伸。惟仍得經由參議員投票予以終止冗長之議案討論。反觀眾議院因限制議案討論時限，反而能以較有效率之速度通過議案討論程序。最後，值得注意的是，國會的某些權力事實上有被賦予給特定的議院處理。如：批准協議或條約乃憲法賦予參議院之權、而與財政相關的動議則賦予眾議員決定。因此，參眾兩院除了多數重疊領域的決議權限外，亦有其各自所屬的負責範疇領域。

　　根據美國憲法規定，若沒有同時經過兩院的同意通過，則議案均不能成為法律。而院內多數席位的政黨即為多數黨。一般而言，若參眾兩院的多數黨與具行政權的總統歸屬於同個政黨，那麼將會有利於該總統執政期間的政令推行與通過。而若總統要同意或簽訂某項國際條約，則亦須參酌參議院之議員意見。是故，參議院對條約之批准著實扮演了重要的角色。按憲法規定，若總統未經三分之二多數的參議員同意認可，便不具有批准條約之權。[340]足可說明參議院在美國政府執行條約批准上的重要性。有關自柯林頓執政時期至歐巴馬執政時期的參眾議院多數黨一覽表，如表 5-6 所示：

---

[340] Ibid, http://www.usconstitution.net/const.html#A1Sec1.

表 5-6　美國政黨及參眾兩院多數黨一覽表：1993-2012

年代	總統政黨	參議院多數黨	眾議院多數黨
1993	民主黨	民主黨	民主黨
1994			
1995		共和黨	共和黨
1996			
1997			
1998			
1999			
2000			
2001	共和黨	共和黨	
2002		民主黨／共和黨	
2003		共和黨	
2004			
2005			
2006			
2007		民主黨	民主黨
2008			
2009	民主黨		
2010			
2011			共和黨
2012			

備註：第 107 屆美國國會參議院的多數黨自 2001 年 1 月至 2001 年 6 月多
　　　數黨為共和黨；2001 年 6 月至 2002 年 11 月多數黨則轉為民主黨；
　　　2002 年 11 月至 2003 年 1 月多數黨為共和黨。

資料來源：筆者根據美國參眾議院之官方資料自行製表。The United
　　　　　States Senate, 2012, "Party Dovosion," http://www.senate.gov/
　　　　　pagelayout/history/one_item_and_teasers/partydiv.htm. U.S.
　　　　　House of Representatives, 2012," House History," http://artandhistory.
　　　　　house.gov/house_history/partyDiv.aspx.

根據表 5-6 的整理，可以觀察自 1993 年至 2012 年的三任總統任內，皆有出現總統政黨與參眾兩院多數相同及相異之時期。當總統政黨及其與參眾兩院多數之政黨相符時，可將之稱為「一致政府」（Unified Government）；反之，則稱作「分立政府」（Divided Government）。[341]在總統所屬政黨與參眾兩院多數黨均相同的「一致政府」時期，共計有三大時期：柯林頓政府執政初期的 1993 至 1994 年、小布希政府執政中期的 2003 至 2006 年、以及歐巴馬政府執政初期的 2009 至 2010 年。反之，自 1995 至 2000 年、2007 至 2008 年，以及 2011 至 2012 年間，則是屬於總統及參眾兩院多數不相同政黨的「分立政府」時期。「一致政府」之形式使其在行政及立法上皆由同個政黨所掌控，對執政黨而言，較有利於法案及政策推動上的協調便利性。是故，研究並分析參眾兩院的多數政黨及其與總統所屬政黨之關聯，亦是本文研究影響美國國內的成因之一。然而，根據本文的觀察，「分立政府」抑或是「一致政府」實則並非是決定國家推動協議批准或是法案推行的絕對因素。參眾兩院仍須顧及選民的期待和國家利益的整體考量方向等。

貳、與氣候變遷有關的國會行動

　　2011 年至 2012 年的第 112 屆美國國會，因其共和黨在眾議院的多數、以及民主黨在參議院多數上的比例削減，使其相較

---

[341] 有關分立政府政府形態與憲政體制的討論可參閱：Robert Elgie, 2001, "What is Divided Government?" in Robert Elgid, ed., Divided Government in Comparative Perspective. N.Y.: Oxford University Press, p.2-12.

於 2009 至 2011 年的第 111 屆美國國會，在處理氣候變遷的議題上有顯著的不同。[342]（C2ES, 2012）

有關國會內的氣候辯論，美國「氣候及能源解決中心」曾就最新一屆的美國參眾兩院多數比例及其與氣候變遷議題之關係，作出如是觀察。其認為：第 112 屆國會由於民主黨在參眾兩院的表現及影響力均較式微。因此，其關注的焦點並非是思索如何減少美國溫室氣體排放的方針，反之則是將焦點放在如何避免「美國環境保護署」設定限制排放之管理規範。[343]根據官方資料顯示，在 2011 年開始的「分立政府」期間，即使受到政治性操作的影響及威脅，並未損及「美國環境保護署」在管理限制排放上的權威。然而，美國卻在此期間撤除「國家海洋和大氣管理局」（National Oceanic and Atmospheric Administration, NOAA）之經費資金，[344]同時也裁撤了「能源及氣候變遷部」（Department of Energy and Climate Change, DECC）主席助理之職務。[345]這些單位均致力於促進全球氣候變遷因應對策及其相關資源管理之發展。美國對單位的財政預算緊縮，亦將連帶造成整體應對上的倒退。美國「氣

---

[342] Center For Climate And Energy Solutions (C2ES), 2012, "Climate Debate in Congress," http://www.c2es.org/federal/congress.

[343] Ibid.

[344] NOAA 是隸屬於商業部下一個以科學為基礎的聯邦機構。其主要任務包括：促進對地球環境變化的了解、保護海洋等自然資源等。因此，舉凡對有效資源的持續利用觀察、全球氣候變遷下的因應對策、及提供氣候與生態系統資訊等，皆為 NOAA 的工作範疇。詳細內容可參閱：NOAA, 2011, "What is NOAA?" http://www.legislative.noaa.gov/policybriefs/What%20is%20NOAA%202011%20-%20FINAL.pdf.

[345] DECC 的優先目標主要包括：（1）節省能源之使用。（2）提供未來低碳能源的安全資源。（3）促進國內外在氣候變遷上更有作為。（4）作出最具成本效益的能源管理。詳細內容可參閱：DECC, 2012, "Who we are," http://www.decc.gov.uk/en/content/cms/about/who_we_are/who_we_are.aspx.

候及能源解決中心」也曾對此現象表示:「如此大大降低了美國對於國際氣候的財政承諾。」[346]而這也可以顯示參眾兩院的政黨多數在推動美國政策及法案通過上的關聯性。

與氣候變遷相關的國會行動，受限於自 1997 年參議院通過的 S. Res 98 決議案，在成員數 100 名的參議院內至少須有 67 名參議員投票表決通過始能批准國際氣候條約。[347]這項高門檻限制了美國國會批准與氣候變遷相關的條約。也因此，多數與氣候變遷相關的國會行動多集中在國內的氣候變遷法案上。又受到國內共和黨政府的保守策略影響，不論是反映在總統或是參眾兩院多數的共和黨背景上，均侷限美國進一步的推動與氣候變遷相關的國會行動。而這種侷限情況尤其在參眾兩院多數均為共和黨時更為明顯。茲以第 110、111 及 112 屆國會參眾兩院有關氣候變遷相關的法案為例，在 110 屆（2007-2008 年）國會的總統雖為共和黨的小布希，然而在參眾兩院均為民主黨多數的前提下，美國參議院陸續推動許多與氣候變遷相關的法案，包括:「氣候管理及創新法案」（Climate Stewardship and Innovation Act, S.280）、「全球暖化污染減緩法案」（Global Warming Pollution Reduction Act, S.309）、「電力效能總量管制交易法案」（Electric Utility Cap and Trade Act, S.317）、「全球暖化減緩法案」（Global Warming Reduction Act, S. 485）「利伯曼—華納法案」（Lieberman-Warner Bill, S.2191）等。而美國眾議院亦推動諸多法案包含:「乾淨能源法案」（CLEAN Energy Act, H.R.6）、「氣

---

[346] Center For Climate And Energy Solutions (C2ES), op. cit., http://www. c2es.org/federal/congress.

[347] 該決議案規定須三分之二的參議院成員同意通過始得批准生效。換算總額 100 位的參議員則至少須有 67 位參議院投票通過才能跨越門檻。The library of Congress, 1997, "S. Res 98", http://thomas.loc.gov/cgi-bin/bdquery /z?d105:S.RES.98:

候管理法案」（Climate Stewardship Act, H.R.620）、「開車能源法案」（DRIVE Act, H.R.670）、「燃油經濟改革法案」（Fuel Economy Reform Act, H.R.1506）、「安全氣候法案」（Safe Climate Act, H.R. 1590）、「綠色能源教育法案」（Green Energy Education Act, H.R. 1716）、「氣候事務法案」（Climate MATTERS Act, H.R.6316）等。[348] 這顯示在參眾兩院多數同屬於支持環境立法的民主黨陣營時，即使與總統的所屬政黨不同，也不會影響參眾兩院內對於與氣候變遷相關之法案的提出情況。

　　而 111 屆（2009-2010 年）國會在總統、參眾兩院多數均為民主黨掌控的「一致政府」時期，更是直接間接地促成了許多法案的生成。當中包括：參議院通過的「乾淨能源工作及美國權力法案」（Clena Energy Jobs and American Power Act, S.1733）、「美國乾淨能源領導法案」（American Clean Energy Leadership Act, S.1462）、「乾淨能源夥伴關係法案」（Clean Energy Partnerships Act, S. 2729）、「乾淨能源法案」（Clean Energy Act, S.2776）、「碳限制及美國在生能源法案」（Carbon Limits and Energy for America's Renewal Act, S.2877）、「可用能源及氣候法案」（Practical Energy and Climate Plan Act, S.3464）、「可再生電能促進法案」（Renewable Electricity Promotion Act, S.3813）等。[349]以上資料佐證了當國會及參眾兩院多數均屬於支持環境立法的民主黨陣營時，有利於環境法案的相繼提出及討論。

---

[348] Center For Climate And Energy Solutions (C2ES), op. cit., http://www.c2es. org/federal/congress. And C2ES, 2010, "U.S. Federal Archives," http://www. c2es.org/federal/archives.

[349] Center For Climate And Energy Solutions (C2ES), 2010, "Legislation in the 110th congress related to global climate change," http://www.c2es.org/federal/ congress/110.

最後，反觀第 112 屆（2011-2012 年）國會，由於眾議院多數轉由共和黨控制後，眾議院於是提出了幾項與支持氣候因應相左的修正法案。包括：H.R.97 法案提出修正「乾淨能源法案」中，將二氧化碳、水蒸氣、甲烷、氧化亞氮、氫氟碳化物等被列為「污染物」（Polluant）之定義。同時，也提出禁止「乾淨空氣法案」被使用於與氣候變遷相關的管制規則。而 H.R.153 法案提出禁止利用美國「環境保護署」之資金作為執行「總量管制計畫」之用，或是作為資源的溫室氣體管理之途。H.R.199 法案是為了爭取在二氧化碳及甲烷管制的計畫執行後，能至少給予拖延兩年的寬限期。H.R.279 法案則是提出禁止以「乾淨空氣法案」之內容限制管理有關家畜類的甲烷使用規定。以及 H.R.910 法案提出禁止由美國「環境保護署」發出應對氣候變遷的溫室氣體法規修訂。並應排除對加州施以的嚴格溫室氣體排放標準等。[350] 這些來自於由共和黨所掌握多數的眾議院所提出的法案，許多乃針對前幾屆國會所討論與促進氣候變遷管理之法案而來。包括針對「乾淨空氣法案」及與「總量管制計畫」之相關法案等。同時，112 屆的眾議院亦提出了有關美國「環境保護署」職權範圍之反思。顯示了由共和黨所掌控多數的眾議院欲縮小其與溫室氣體減排管制之關聯。

第三節　美國國內民意

就美國國內政治而言，民眾的期待及偏好是一項影響美國環境政策的重要國內成因之一。美國立國以來所強調的民主制度及其精

---

[350] Center For Climate And Energy Solutions (C2ES), op. cit., http://www.c2es.org/federal/congress.

神，也反映在國內行為者對於民意調查結果的重視性上面。美國著名的政治科學學者凱伊（V. O. Key, Jr.）就曾在其著作中提到美國民意及其與民主之間的關聯。凱伊表示：「除非公眾的觀點對於型塑政策具有某些影響力，否則我們所談的民主都是無意義的。」[351]因此，民意的角色除了能使從政者理解民眾的偏好及看法，更可作為施政及決策制定之參考。本部分將分別從美國民意的角色及與氣候變遷相關的民意取向來分析。

壹、美國民意的角色

> 民意及大眾認知體系的研究已經提供了理解政治態度及認知的組成。……而群眾政治行為的研究對於解釋公共政策議題的偏好、政府偏好的評估以及政治人物的態度等，均有所貢獻。[352]（Stanley Feldman, 1988）

有關民意及大眾認知體系對於理解政治態度或決策制定的重要性議題，美國肯塔基大學史丹利費德曼教授曾對此作出相關研究。據觀察，研究群眾對於議題的理解及其看法，能增加某一段時期對於民眾議題偏好的參考。同時，民意的變化及發展也能提供研究者針對同一議題但不同時期的發展比較參考。此外，由於美國上至總統、下至國會參眾兩院內的所有成員均由選區選民直接選舉產生，

---

[351] 其原文為：“Unless mass views have some place in the shaping of policy, all the talk about democracy is nonsense.”詳細內容參閱：V. O. Key Jr., 1961, “Public opinion and American democracy,” N.Y.: Alfred A. Knopf, p.7.

[352] Stanley Feldman, 1988, “Structure and Consistency in Public Opinion: the Role of Core Beliefs and Values” American Journal of Political Science, Vol.32, No.2, p.416.

因此民意的傾向及關注遂成為從政者的重要參考依據。而欲了解民意之趨向，民意調查恆常成為決策者或學者研究時的參考指標。美國加努恩大學路易士薛恩史蓋（Louis T. Shernisky）教授亦曾於一篇研究民意調查及總統回應對美國決策及民主性之影響作出觀察。其不否認超過百分之八十五的美國人民、政策領導人及媒體同業都同意，即使民調有其不完美性，但其仍為傳遞公眾對於政府意見的最佳工具之一。[353]

　　而文中也引述研究民意調查與民主關聯性的學者羅伯特夏皮羅（Robert Shapiro）之觀點，其認為民調是平衡總統權力及其影響的手段之一。[354]而民調除了能夠傳達民眾的觀點及偏好之功能外，路易士薛恩史蓋教授亦提到了其對總統態度的影響。其表示：「總統有時候會選擇那些受民眾歡迎的政策立場，而不論那些立場可能和國家利益相牴觸。」[355]這可顯見，多數民眾意見之所趨，足以成為影響國家領導者或決策者的重要參考依據，即便其可能不符合當前的美國國家利益。此外，路易士薛恩史蓋亦特別提到了美國「選舉週期」（Election Cycle）與制度因素的連結。其研究指出，越是逼近美國總統大選期間，不論最終總統選擇採納、抑或拒絕那些受民眾歡迎的意見，制度因素對於政策立場的影響遠大過於總統個人的偏好態度。[356]這也顯見，隨著總統選舉

---

[353] Louis T. Shernisky, 2007, "Public Opinion Polling and Presidential Responsiveness: Effects on Policymaking and Democracy," http://www.thepresidency.org/storage/documents/Vater/Shernisky.pdf.

[354] John. G. Geer, 1996, "From tea Leves to opinion Polls: A Theory of Democratic Leadership," N. Y.: Columbia UP.

[355] Louis T. Shernisky, op. cit., http://www.thepresidency.org/storage/documents/Vater/Shernisky.pdf, p.3.

[356] Ibid.

期間任期的交錯，總統個人偏好的因素並未扮演最後關鍵決定之因素。

然而，民意調查在抽樣上仍有其代表性不足的疑慮。惟隨著美國民調從「定額抽樣」（Quota Sampling）逐漸演進到「概率抽樣」（Probability Sampling）的抽樣方式，增加了民調的準確性及客觀性。[357]美國早期民意調查機構的先驅「蓋洛普」（Gallup）民意調查機構，亦是利用此技術增加民意調查的中立性及客觀性。隨著多年的抽樣技術改進也逐漸增加其預測結果的準確度。以下，將就美國民意角色及其關係圖之連結，進一步分析民意與各項要素間的關聯。美國民意的角色及其關係圖如圖 5-1 所示：

---

[357] 「定額抽樣」指：選擇與議題有關的族群類別，按各類別的人在全國人口中之比例計算出佔比。再進行調查取得其分析結果。而「概率抽樣」則改善了「定額抽樣」的主觀性選擇之問題，指：相同類別成員有相同機率被抽樣，此可降低預測不正確結果之機率。詳細內容參閱：Colorado State University, 1993, "Sampling Procedures and Methods," http://writing.colostate.edu/guides/research/survey/com4b1a.cfm.

圖 5-1　美國民意的角色及其關係圖

資料來源：筆者自繪。

　　圖 5-1 所顯示的是美國民意之角色來源及其影響的層面關係圖。美國之民意實則受到民眾意識偏好、國內發展因素及傳播媒體之媒介所影響型塑。而民意又會反過來型塑決策者（如：總統）或是國會參眾兩院議員的政策態度及政治行為。因此，民意的組成來源不僅複雜多元，能夠影響的層面也涵蓋決策或立法層級。從民意的角色及其關係圖中，民眾本身的意識型態或是政黨傾向皆會影響其對於某些議題的判斷與看法。如美國蓋洛普民調中心時常會針對相同議題、不同黨派立場的民眾進行抽樣調查分析。此外，國內發展及經濟狀況的盛衰皆會影響民意之所向。一般而言，經濟因素時常影響多數民眾決定推動政策立法的評估依據。因此，衰退蕭條的經濟狀況常成為國內政策推動時的阻礙。不僅受到國內發展狀況影響，在日漸頻繁的傳媒報導及訊息傳遞之下，民眾成為受傳播媒介影響其意識型塑的閱聽眾。國內外的趨勢及發展皆會透過此媒介而

影響民意之所趨。綜上因素所交織而成的看法，逐漸凝聚成一股受到多數歡迎並接受之民意，於焉成為決策者施政、參眾議院列提法案的重要參考指標之一。在民主國家裡，縱使民意時常被質疑其易受操控而成為達成某特定目的之工具。但不可否認的，民意所反映的價值與信仰認知，使其在研究美國政策的國內成因中扮演了重要的參考依據。後續將會就與氣候變遷有關的民意取向，及其與各時期不同決策者及國會間的關聯進行整理分析。

貳、與氣候變遷有關的民意取向

當我們將美國民意與氣候變遷之議題相結合時，可以透過民調單位在不同時期所提供的民調結果，綜合分析美國民眾對於氣候變遷議題之看法。在此茲採用「蓋洛普」民意調查中心自 1997 年至 2012 年有關氣候變遷相關的民調結果。自 1997 年美國柯林頓總統簽署《京都議定書》後，「蓋洛普」民調中心便陸續出現許多與氣候變遷相關之民意調查結果及其分析報告。以下，茲針對「蓋洛普」官方提供的民調結果及其分析，彙整此期間之民調議題及其結果，內容如表 5-7 所示：

表 5-7　與氣候變遷相關之「蓋洛普」民調結果：1997-2012

年度	民調題目或探討議題	調查結果	
1997	假使在石油或電力成本導致增加的狀況下，你個人是否同意美國採取行動減緩全球暖化？	同意	(44%)
		不同意	(48%)
		視情況而定	(4%)
		無意見	(4%)
	假使在失業率導致增加的狀況下，你個人是否同意美國採取行動減緩全球暖化？	同意	(34%)
		不同意	(54%)
		視情況而定	(5%)
		無意見	(7%)
2001	小布希政府是否應將環境視為最優先考量的議題？	最優先考量	(30%)
		高度考量	(48%)
		無意見／不知道	(22%)
	應將環境保護或經濟成長視為最優先考量議題？	環境保護	(67%)
		經濟成長	(28%)
		無意見／不知道	(5%)
2002	對於溫室氣體影響全球暖化的擔心程度？	非常擔心	(29%)
		有些擔心	(29%)
		不太擔心	(40%)
		無意見／不知道	(2%)
2003	對於全球暖化的擔心程度？	非常擔心	(28%)
		有些擔心	(29%)
		不太擔心	(40%)
		無意見／不知道	(3%)
2004	你認為美國是否應該忍受京都協議在全球暖化上的規定？	整體而言	
		應該	(42%)
		不應該	(22%)
		沒意見	(36%)

		民主黨傾向	
		應該	（40%）
		不應該	（5%）
		猶疑未定	（55%）
		共和黨傾向	
		應該	（13%）
		不應該	（19%）
		猶疑未定	（68%）
2005	你同意美國不加入京都議定書的決定嗎？	同意	（20%）
		不同意	（21%）
		沒意見	（59%）
2006	全球暖化將會在人生中對你或是你的生活方式造成威脅？	會	（35%）
		不會	（62%）
		沒意見	（3%）
2008	全球暖化的效果是否被新聞媒體所誇大了？	民主黨傾向	
		是	（18%）
		共和黨傾向	
		是	（59%）
2009	美國及中國、印度等國對於氣候變遷的公眾認知及意見？	美國	
		對氣候變遷的認知	（97%）
		認知為嚴重威脅	（63%）
		認知為非嚴重威脅	（35%）
		中國	
		對氣候變遷的認知	（62%）
		認知為嚴重威脅	（21%）
		認知為非嚴重威脅	（38%）
		印度	
		對氣候變遷的認知	（35%）
		認知為嚴重威脅	（29%）
		認知為非嚴重威脅	（5%）

2012	你認為天氣變暖是全球暖化所造成的嗎？	民主黨傾向	
		是	（43%）
		共和黨傾向	
		是	（19%）

資料來源：筆者依據以下資料自行匯整。1997 年的民調結果參考：Gallup, 1997, "Public Concerned, Not Alarmed About Global Warming," http://www.gallup.com/poll/4300/Public-Conceerned-Alarmed-About-Global-Warming.aspx. 2001 年民調參考：Gallup, 2001, "Desipe Dire Presidictions of Global Warming, Americans Have Other Priorities,"http://www.gallup.com/pall/1981/Despite-Dire-Predictions-Global-Warming-Americans-Other-Priorities.aspx. 2002 年民調參考：Gallup, 2002, "Americans Sharply Divided on Seriousness of Global Warming," http://www.gallup.com/poll/5509/Americans-Sharply-Divided-Seriousness-Global-Warming.aspx. 2003 年民調參考：Gallup, 2003, "Giving Global Warming the Cold Shoulder, " http://www.gallup.com/poll/8227/Giving-Global-Warming-Cold-Shoulder.aspx. 2004 年民調參考：Gallup, 2004, "Americans Tepid on Global Warming Accord, " http://www.gallup.com/poll/11287/Americans-Tepid-Global-Warming-Accord.aspx. 2005 年民調參考：Gallup, 2005, "AreAmericans Cool to Kyoto?" http://www.gallup.com/poll/16999/Americans-Cool-Kyoto.aspx. 2006 年民調參考：Gallup, 2006, "American Still Not Highly Concerned About GlobalWarming,"http://www.gallup.com/poll/22291/Americans-Still-Highly-Concerned-About-Global-Warming.aspx. 2008 年民調參考：Gallup, 2008, "Partisan Gap on Global WarmingGrows,"http://www.gallup.com/poll/107593/Partisan-Gap-Global-Warming-Grows.aspx.2009 年民調參考：Gallup, 2009, "Top-Emitting Countries Differ on Climate Change Threat, http:www.gallup.com/poll/124595/Top-Emitting-Countries-Differ-Climate-Change-Threat.aspx. 2012 年民調參考：Gallup, 2012, "Republicans, Democrats Differ on Causes ofWarmer Weather," http://www.gallup.com/poll/153365/Republicans-Democrats-Differ-Causes-Warmer-Weather.aspx.

表 5-7 所呈現的是美國在 1997 年至 2012 年間，民眾對於眾多有關氣候變遷議題的相關看法及態度。民調探討議題包括：對於美國採取減少溫室氣體排放行動之意見、對於全球暖化所造成的威脅及其擔心程度、美國及其他排放大國間氣候變遷認知之差異等。受到國際氣候變遷合作日益密切之影響，柯林頓總統於 1997 年 7 月同意簽署《京都議定書》。然而，美國在因應氣候變遷議題背後所須擔負的成本及負面效應問題，亦引起廣泛的社會關注。這些考量可能包含如：石油及電力資源成本增加、失業率擴大等。因此，「蓋洛普」民調中心於 1997 年 12 月調查美國民眾在成本或失業率問題可能增加的前提下，是否仍同意支持美國進一步採取行動。近半數的民眾表達其並不傾向同意支持的立場。在「蓋洛普」進行民調前，參議院甫通過限制美國批准國際條約之 S.Res98 決議案，「蓋洛普」民調所顯示的結果也正符合美國參議院內多數共和黨議員的期待。

　　2001 年 1 月，適逢共和黨背景的小布希總統上任，應優先考量「環境保護」抑或是「經濟發展」之問題便受到關注。於是，2001 年 2 月，「蓋洛普」民調中心針對環境保護及其與經濟成長間之發展順位問題進行調查。整體而言，超過七成以上的民眾認同環境議題之重要性。雖有近五成的民眾認為應「高度考量」環境之議題，但卻僅有三成民眾同意將環境議題視為「最優先考量」之列。而在與經濟發展的順位比較，高達六十七個百分點的民眾認為「環境保護」應優先於「經濟成長」。此一結果顯示抽樣民眾對於環保重要性的環境價值意識反映。然而，就在民調公布後一個月，小布希總統旋即宣布退出《京都議定書》之規範機制。依據小布希總統的說法，具缺陷的設計不僅傷及美國經濟、更會造成勞工解僱潮或物價上漲等

問題。[358]這顯示小布希總統不願見美國因遵循環境規範而損及國內經濟。而當時民眾認同環境議題之優先性調查結果，也並未成為影響當時執政政府的考量取向。

2002 及 2003 年間，「蓋洛普」陸續針對全球暖化所造成的民眾擔憂程度進行調查。結果有四成民眾對其表示「不太擔心」的類似看法。這樣的結果高出「非常擔心」或「有些擔心」近十到十一個百分點。此也引起「蓋洛普」進一步分析解讀美國民眾對於全球暖化嚴重性的看法，突顯了美國對此議題想法上的「冷漠」態度。2004 及 2005 年間，主要的民意關注焦點仍放在京都機制及美國的態度關聯。其中，2004 年關於「是否同意美國接受京都協議之規範」之探討，區分為民主黨和共和黨傾向的民眾看法調查。可以理解的是，民主黨傾向的民眾多數同意美國應接受其規範；反之，共和黨傾向之民眾則多數不同意。但值得注意的是，不管是何種政黨傾向的受訪民眾，均有超過五成的民眾對此表達的態度是仍「猶疑未定」的。民眾本身的態度不定反映在民調中之結果，而此也與前兩年間「蓋洛普」所做出的民調結果相去不遠。

2006 年，「蓋洛普」調查「全球暖化是否對民眾生活方式造成威脅」進行討論。而有高達六成二的民眾認為全球暖化與造成生活威脅並無關連。這亦引起了「蓋洛普」民調中心的注意，繼前幾年的民意調查結果，「蓋洛普」欲喚醒民眾進一步反思——多數美國民眾對於環境氣候議題的冷漠態度。2006 年 4 月，「蓋洛普」更以「美國民眾對於全球暖化議題仍不具有高度關心」為題，[359]再次將美國民眾於此期間漠不關心的程度突顯出來。而美國民眾的態度也反映

---

[358] President George, op. cit.

[359] Gallup, op. cit., http://www.gallup.com/poll/22291/Americans-Still-Highly-Concerned-Aout-Global-Warming.aspx.

在其對全球暖化現象是否被過度誇大的探討。2008 年適逢小布希總統將要卸任，5 月「蓋洛普」曾調查「全球暖化的效果是否被新聞媒體所誇大」之探討議題。結果發現，共和黨傾向的民眾近五成九認為媒體的渲染將全球暖化結果過度誇大了。[360]受到 2009 年哥本哈根大會的影響，美國國內開始將討論轉移到美國及與其他主要碳排放國的比較中。「蓋洛普」也分別就「對氣候變遷認知」、「認知為嚴重威脅」與「認知為非嚴重威脅」等指標，進行美國、中國及印度等國的跨國分析。然而，諷刺的是，美國民眾有高達九成七的比例具有對氣候變遷的認知基礎，也有六成三的比例將其視為嚴重的威脅。但其並不完全與美國民眾關切全球暖化現象之程度成正比。中國民眾對於氣候變遷之認知高於印度，但仍有三成八的中國民眾並不將氣候變遷認知為嚴重之威脅。反觀印度民眾雖然對氣候變遷之認知程度不高，但認為氣候變遷之威脅並不嚴重的民眾還不到一成。此顯示了國家民眾對於氣候變遷的低認知性並不必然導致國內民眾對於該議題造成嚴重威脅的低意識性。而就美國民眾而言，對於氣候變遷的高認知性也不必然與該議題造成嚴重威脅的認知成正比。真正的關鍵在於國內民眾是否具有共同解決氣候變遷議題的共識，以及國內政府是否會以國內民意之取向作為施政方針參考。

2012 年，「蓋洛普」再次就全球暖化與氣候變暖間的因果關連進行調查。同樣發現了不同政黨傾向的民眾對於該關聯認知差異懸殊。傾向民主黨的民眾有四成三認同兩者之間的關聯，而共和黨僅有一成九的民眾認同。換句話說，多數傾向共和黨的民眾相信，仍有許多其他變數是造成氣候變暖的因素。總的來說，回顧美國民眾

---

[360] Gallup, op. cit., http://www.gallup.com/poll/107593/Partisan-Gap-Global-Warming-Grows.aspx.

與氣候變遷相關的民意，既會受到國際氣候變遷締約國大會之影響、亦與國內政黨傾向的民眾偏好有所關聯。而美國國內民眾之意見，既能反映政府於國際氣候變遷的約國大會中所表態及參與之態度、亦能影響領導者任內對於該議題的操作及重視程度。民意的議題探討及調查結果能夠反映時代背景下的趨勢，也能作為代議民主制度下代議士、乃至於國家領導人的行為評估之參考。民意雖有許多不可控制的變數，但仍不失為研究影響美國環境政策國內成因之一項重要因素。

第四節　小結

本章仍將主要研究方向設定在影響美國環境政策的國內因素。在觀察「影響美國環境政策的國內成因」中，分別將「美國總統」、「美國國會」及「美國國內民意」視為主要變項。透過本章的整理，再次將美國環境議題的特殊性突顯出來。以下，茲以「柯林頓總統」、「小布希總統」及「歐巴馬總統」執政時期作為時間的縱軸。綜合彙整任期之內所有影響美國環境政策的國內、國際成因。藉此觀察同時期內不同成因間的交互影響及變化。

自 1993 年柯林頓政府上任後，民主黨背景的執政團隊使其政策傾向強調對國內及全球環境的承諾。就影響美國環境政策的國內成因，反映在「總統政黨背景及偏好」、「國會參眾兩院多數」及「國內民意反映」上。此時期的「總統政黨背景及偏好」，受到民主黨背景影響，美國提出應領導全球環境運動口號。並著手提出相關計畫並認可美國須要全球暖化之約束性條約等號召。而受到任期醜聞案及彈劾事件影響，轉移了執政團隊的關注焦點。而此時期「國會參

眾兩院多數」分布，僅在 1993 年至 1994 年執政初期出現由民主黨掌控兩院多數的「一致政府」時期。1995 年後則均轉由共和黨掌控多數。此可解釋兩個現象，一為柯林頓政府早期傾向環境政策立法的倡導及作為；二為美國國會通過阻礙環境立法的 S.Res 98 決議案即是在共和黨掌控兩院多數時通過。而若從「國內民意反映」上觀察，1997 年的民調結果可看出當時民眾對於美國採取減緩全球暖化的支持度仍存在有經濟成本及失業率增高的疑慮。

2001 年小布希政府上任，共和黨背景的執政團隊使其政策傾向以經濟發展及國內經濟為主軸的路線。此時期的「總統政黨背景及偏好」，受到共和黨背景影響，美國拒絕提出傷害美國國內民生經濟的相關政策。而環境政策的執行成本就被視為是耗費經濟資源的來源。因此，小布希執政的第一任期拒絕利用二氧化碳交易許可證制作為解決全球暖化之方式。2001 年受到 911 恐怖攻擊事件影響，美國將軍事國防及國家安全之考量列為首要。受到阿富汗及美伊戰爭之影響，小布希總統整體支援 UNEP 之捐款貢獻額是逐年減低的。而此時期「國會參眾兩院多數」分布，僅在 2007 年及 2008 年間轉而由民主黨掌控參眾兩院多數。多數任期時間，出現由共和黨掌控兩院多數的「一致政府」時期。此部分的一致政府亦可解釋兩大現象，一為小布希總統於 2001 年（時值總統及國會多數均由共和黨掌控）宣布退出《京都議定書》；二為小布希任內並無任何來自於官方政府所支持的排放減量計畫，多數期間則以地方性的自願性減排行動為主。而若從「國內民意反映」上觀察，以 2004 年的民調結果為例，絕大多數不論黨派傾向的受訪者表示，對於美國是否應接受京都協議在全球暖化上的規定是猶疑未定的。這也說明了當時美國歷經國內恐怖主義攻擊及國外反恐戰爭的背景下，對於美國的氣候變遷減排責任之態度未明。

2009 年歐巴馬政府上任，民主黨重新執掌政權使得國家重新轉向強調對環境責任的關切。此時期的「總統政黨背景及偏好」，受到民主黨背景影響，歐巴馬政權上任後即號召所有國家應共同行動以解決碳排放之問題。其任內提出包括：能源與氣候變遷論壇、監控排放量至 2020 年減少 28%、召集氣候變化適應小組等。2010 年歐巴馬亦針對乾淨能源提出激勵方案。而此時期「國會參眾兩院多數」分布，僅自 2009 年至 2010 年執政初期出現由民主黨掌控兩院多數的「一致政府」時期。2011 年後則由共和黨掌控眾議院之多數。此現象可解釋：參眾兩院均由民主黨掌控多數的第 111 屆國會，陸續通過許多支持乾淨能源及可再生能源之立法。而反觀由共和黨掌控眾議院多數的第 112 屆國會，卻提出諸多與支持氣候政策相左的修正法案。而若從「國內民意反映」上觀察，2009 年蓋洛普的民調結果顯示，美國民眾事實上對於氣候變遷的認知是足夠的。並有超過六成三的美國民眾認知其為嚴重的威脅。相較於同時期對中國及印度等國的民調觀察，此可顯見美國民眾對於環境意識抬頭的表徵。

第六章

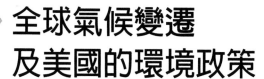

全球氣候變遷
及美國的環境政策

第六章　全球氣候變遷
及美國的環境政策

即使美國自 1950 年代晚期以來已被視為是氣候變遷下的最大排放國，但是在那些擔心氣候傷害的科學家及那些擔心減排成本將傷害美國經濟的資深政策分析家之間，仍存在著「劇烈的對立」。[361]（阿瓜瓦拉薛爾德，1999）

相較於歐盟等國，因為受到國內企業強而有力的影響。美國可被視為是國氣候談判中的拖延者。……明顯地，美國受到國內政治的影響。無庸置疑地使其成為一個規避清除減排義務的拖延者。[362]（德特雷夫史賓茲及馬丁韋伯，2001）

美國自過去以降一直是溫室氣體排放量最大的國家，而自 2006 年到 2007 年開始，中國的溫室氣體污染始開始超越美國。[363]僅管如

---

[361] Agrawala Shardul, Steinar Andresen, 1999,"Evolution of the Negotiating Positions of the United States in the Global Climate Regime," Fridtjof Nansen Institute Report 14/99, p.29.

[362] Detlef F. Sprinz and Martin Weiβ, 2001, "Domestic Politics and Global Climate Policy," in International Relations and Global Climate Change, Urs Luterbacher and Detlef F. Sprinz, eds., Cambridge, Massachusetts: The MIT Press, p.79.

[363] 國際氣候變遷會議的中國首席談判代表解振華在 2010 年於北京召開的記者會中始承認：「現在我國在排放量方面居世界第一。」相關內容參閱：新唐人，2010，「溫室氣體排放量第一　中國認了」，http://www.ntdtv.com/xtr/b5/2010/11/24/a459839.html.-%E6%BA%AB%E5%AE%A4%E6%

此，美國依然面對嚴重的溫室氣體排放量問題。1999 年阿瓜瓦拉薛爾德（Agrawala Shardul）及史汀納安德森（Steninar Andresen）針對美國在全球氣候機制內的談判位置作出評估，觀察到了美國存在於內部的一大矛盾與對立。而此矛盾對立正周旋於「環境保護」及「國內經濟」之間的拉扯。德特雷夫史賓茲（Detlef F. Sprinz）和馬丁韋伯（Martin Weiβ）則是在一篇研究全球氣候政策及國內政治的文章中，引述史賓茲和瓦托蘭塔一篇檢視國家在全球環境治理規範下的位置。其明確指出美國受到國內政治的影響，明顯地成為「低生態脆弱性」（Low-ecological vulnerability）而「高減量成本」（High-abatement）的「拖延者」（Draggers）。[364]

美國參議院於 1997 年通過的「布萊德哈格爾決議案」（Byrd-Hagel Resolution），又名 S. Res 98 決議，成為限制日後美國參與國際氣候協商談判的重要中介因素。[365]據此，美國政府要批准相關國際氣候協議須參議院三分之二以上的多數同意始能通過。同

B0%A3%E9%AB%94%E6%8E%92%E6%94%BE%E9%87%8F%E7%AC%AC%E4%B8%80-%E4%B8%AD%E5%9C%8B%E8%AA%8D%E4%BA%86.html.

[364] Detlef F. Sprinz 及 Tapain Vaahtoranta 在文章中依據「生態脆弱性」及「減量成本」高低界定全球環境治理規劃下的國家位置。共可分為四類：低「生態脆弱性」及低「減量成本」的「旁觀者」（Bystanders）、低「生態脆弱性」及高「減量成本」的「拖延者」（Draggers）、高「生態脆弱性」及低「減量成本」的「推動者」（Pushers）與高「生態脆弱性」及高「減量成本」的「觀望者」（Intermediates）。詳細內容參閱：Detlef F. Sprinz, and Tapani Vaahtoranta, 1994, "The Interest-Based Explanation of International Environmental Policy." International Organization, Vol.48, No.1, p.81.

[365] 美國參議院於 1997 年以 95 票對 0 票通過此決議案。按規定必須有開發中國家加入氣候減排機制，並不傷害美國經濟的前提下始能通過。詳細內容請參閱：The library of Congress Thomas, 1997, "Bill Summary & Status 105th Congress 1997-1998", http://thomas.loc.gov/cgi-bin/bdquery/z?d105:SE00098:@@@L&summ2=m&.

時，參議院亦不會同意批准任何會傷害美國經濟之協議。這使得須耗費高減量成本的美國，在面對國際氣候協議之參與態度顯得裹足不前。此外，目前遭受全球金融風暴及次貸事件影響，美國衰退的經濟狀況更為其走向積極的國際氣候協商之路增添變數。對此，德特雷夫史賓茲和馬丁韋伯同意一個健全的美國經濟，將是參議院同意是否簽署國際氣候協議（如：京都議定書）之重要前提條件。[366]本章以「美國」作為主要研究對象，自探究其因應氣候變遷議題的因應歷程作為回顧，以此作為觀察其與聯合國及綠色和平組織雙向關係發展的研究基礎。並納入美國及中國間的雙向關係進行探究，以期作為後續研究美國環境雙層博弈及角色轉變因素之基礎。

第一節　美國的氣候變遷因應歷程

本節將研究視角放在美國氣候變遷因應歷程之觀察與回顧，討論範疇按其國家領導行政團隊分為三大時期：(一)1993 至 2001 年：柯林頓政府執政時期。（二）2001 年至 2009 年：小布希政府執政時期。（三）2009 年至今：歐巴馬政府執政時期。除了就三大時期內不同行政團隊的執政背景進行介紹外，亦就其任內與氣候變遷因應相關的施政及官方參與互動進行統整與回顧。

---

[366] Detlef F. Sprinz and Martin Weiβ, op. cit., p.79.

壹、柯林頓政府執政時期：1993-2001

> 今天，我們有個很明確的責任及大好機會去克服 21 世紀最重要的挑戰——氣候變遷的挑戰。除了從環境層面發聲、也須從經濟層面有強而有力的策略，如此美國才能達成溫室氣體的有效減量。[367]（柯林頓，1997）

> 最終，因國內及國際觀點的鴻溝過大，使得欲搭起雙方橋樑的柯林頓政府無果而終。來自於國內選民對減排的經濟成本有著強烈的顧慮，同時也顧慮著缺少開發中國家的參與；而反觀國際其他國家則是盡可能的希望美國能大量允諾溫室氣體減排及提供給開發中國家財政上的援助。[368]（艾咪羅登，2002）

美國前總統柯林頓於「國家地理學會」（National Geographic Society）的一則公開演講，其表示克服氣候變遷議題的挑戰將是美國未來的重要挑戰。並敘明若未來要持續經濟發展的進程及繼續維持原先的生活品質及水準，那麼就必須要即刻減緩溫室氣體在大氣的排放。然而，在自 1993 年至 2001 年柯林頓政府執政期間，美國雖然成立許多減少溫室氣體排放的計畫，[369]但卻未達成其在

---

[367] 1997 年 10 月 22 日，柯林頓總統於國家地理學會所發表一篇關於美國氣候變遷執政團隊的演講。Amy Royden, 2002, "U.S. Climate Change Policy Under President Clinton: A Look Back," Golden Gate University Law Review, Vol.32, Iss. 4, Art 3, pp.415-416.

[368] Ibid, p.477.

[369] 據統計，柯林頓政府共提出 50 項以自願減量為主的計畫，包含：「減少及管理高溫暖化潛勢化學品使用」、「加速源頭減量、汙染預防及回收」等。詳細內容參閱：國政研究報告，2005，「美國溫室氣體管制政策走向」，

UNFCCC 架構下自願承諾減排的目標，同時也未能完成《京都議定書》的批准及其相應規則程序。[370]也因此，美國「國家及領土空氣污染計畫」（STAPPA）暨「地方污染管制學會」（ALAPCO）資深代表艾咪羅登（Amy Royden），在觀察柯林頓政府執政下的氣候變遷政策回顧時，觀察到因國際、國內間的觀點差異太大，導致了原本欲倡導呼應《京都議定書》並具體承諾減排的目標企圖並未實現。這也反映了全球氣候變遷議題不僅僅是一項環境議題，同時也牽涉了經濟及社會議題的本質。

1993 年柯林頓甫上任時的美國國會，參、眾兩院均由民主黨掌握多數。此前，已有許多環保團體即對柯林頓及高爾執政團隊往後執行環境法案的發展抱持樂觀態度。[371]柯林頓於該年提出三大重要之氣候變遷因應計畫，包括：課徵「英熱單位」（BTU）稅、採取與UNFCCC 溫室氣體減量相符之目標、及宣布「氣候變遷行動計畫」（CCAP）。[372]1994 年 3 月又針對 CCAP 提出技術補充內容（CCAP: Technical Supplement ）。[373]然即便當時的國會多數黨背景有利柯林

---

http://old.npf.org.tw/PUBLICATION/SD/094/SD-R-094-005.htm.

[370] Ibid, pp.416-417.

[371] 本篇報導轉引自 Amy Royden 的文獻蒐集。Colman McCarthy,1992, "Gore's Politics Are Ever Green,"WASH. POST, D20.

[372]「BTU」稅的徵收以每百萬個 btus 徵稅 34.5 美元為基準（一加侖汽油含 12,5000 個 buts），最後未獲國會通過，改由課徵每加侖 4.3 分美元的燃油稅代替。此資料轉引自 Amy Royden 文獻蒐集。David S. Hilzenrath,1993, "Politics Overtakes Policy in Energy Tax Debate," WASH. POST, C1.而「氣候變遷行動計畫」（CCAP）中表明 2000 年以回復到 1990 年的水準為準，實質上不但無法達成卻反在 1997 年調整排放量上昇至 13%。詳細內容參閱：President William J. Clinton and Vice President Albert Gore, Jr., 1993, "The Climate Change Action Plan," http://www.gcrio.org/USCCAP/toc.html.

[373] 據觀察，美國並未將此方案呈報給 UNFCCC，而是呈報了另一份「氣候行動報告」（Climate Change Report）。

頓團隊推動法案，但後續執行結果仍因國會多數缺乏對能源法案推動的興趣而未如預期般發展順利。1994 年 11 月的國會選舉，共和黨轉而掌握參、眾兩院多數，這使得柯林頓政府後續推動環境立法顯得更加困難。[374]1996 年 7 月，美國藉由參與 UNFCCC 第二次締約國大會期間，首次表態願受合法性減排限制的約束，但前提是其他國家（包含已開發及開發中國家）也須涵括在內。這也表明了美國不願其餘發展中國家搭便車的主張。該年年底，柯林頓打破國會少數黨的侷限而成功贏得總統連任機會。

1997 年白宮的「氣候變遷工作小組」（Climate Change Task Force）因應《京都議定書》，指出美國的京都策略並敘明柯林頓總統政策之計畫乃依據五大原則，包括：（一）須以科學為基礎引導政策。（二）須仰賴以市場為基礎的共識工具（如：國際碳交易）。（三）美國致力於找出既能省錢又能降低碳排放的雙贏策略。（四）全球參與對應對全球性問題至關重要。（五）美國政府內部須對氣候變遷之經濟及科學面向有共識。[375]柯林頓政府的政策依據及原則，也反映了幾項事實，包括：主張相信科學證據及暖化事實的嚴重性、提出贊成國際碳交易的主張、須兼顧經濟成本以不傷害美國經濟為考量前提、開發中國家必須參與、以及美國政府內部仍未對氣候變遷的經濟與科學面向具有普遍共識。柯林頓政府於《議定書》後亦面臨許多在地的挑戰，為迎合國會及多數選民的期待，柯林頓政府須更

---

[374] 據報導表示：「柯林頓執政團隊無法專心在氣候變遷議題的立法議程上，因其被迫須在聯邦預算上與國會間纏鬥費心。由共和黨所掌控的國會與柯林頓執政團隊的立法議程軍不一致，包括刪減醫療補助、醫療保險、教育及稅的支出等。」詳細內容參閱：R.H. Melton, 1995, "Cliton Seeks Budget Cooperation," WASH. POST, A9.

[375] The White House, 1997, "President Clinton's Climate Change Proposal," http://www.state.gov/www/global_issues/climate/background.html.

努力呼籲開發中國家加入參與，同時證明《議定書》並不會對美國經濟造成傷害。[376]

　　為執行美國因應氣候變遷之計畫，執政團隊遂於 1998 年宣布了一項 6.3 億美元的「氣候變遷技術倡議」（Climate Change Technology Initiative），以作為未來五年減少美國溫室氣體排放執行之用。[377] 1999 年用於與氣候變遷相關政策及計畫上的預算經費相較於前年增加了 34%，同時也在「能源部」（Department of Energy）增設「全球氣候變遷辦公室」（Office of Global Climate Change）。[378]

　　2000 年柯林頓政府再次強調，減少溫室氣體排放並不會因此而減緩經濟的成長及發展。然而，由於缺乏國內對於採取行動的共識，同時又遭遇來自於國會內部成員之敵意，使得美國政府無法在重要的國際氣候大會上展現柯林頓團隊原有執行計畫的企圖。誠如艾咪羅登所觀察的：「這使得柯林頓在政策上，不論於內、於外都難以往前更進一步。」[379]因此，即便柯林頓總統於「國家地理學會」的那場公開演說喚醒了公眾意識到全球暖化議題之嚴重性，卻仍舊無法克服來自於國內壓力團體、選民及國會等因素的多重影響。致使一向支持以積極態度回應氣候變遷議題的柯林頓執政團隊，最終仍無法將其理想延續而達成預設目標。

[376] Amy Royden, op. cit., p.447.

[377] The White House Office of the Press Secretary, 1998, "State of the Union Address by the President," http://clinton6.nara.gov/1998/01/1998-01-27-state-of-the-union-address-by-the-president.html.

[378] Marina Cazorla, 1999, "Senators Introduce The Energy and Climate Policy Act of 1999," http://www.weathervane.rff.org/features/feature066.html.

[379] 此句原文為:"it became difficult for Clinton to move forward with any policies, domestic or international.," Amy Royden, op. cit., p.450.

貳、小布希政府執政時期：2001-2009

> 如你們所知，我反對《京都議定書》，因為它排除了世界近八成國家的義務。包含了主要的人口中心：中國及印度。若遵照此規範，則會對美國經濟造成嚴重的傷害。有關參議院 95 比 0 的投票一案，已經明顯顯示了《京都議定書》對於改善全球氣候變遷而言，是一項不公平且無效率的作法。[380]（小布希，2001）

> 雖然小布希總統已提出一套旨在減少未來排放強度的減稅計畫及自願減排措施的提案，但卻少有具體執行那些提案的步驟作法。且他亦已拒絕管理性的限制排放量。[381]（安德魯瑞福金，2002）

美國前總統小布希在一封回應參議員的信中，提及了其並不認同《京都議定書》為一套解決全球氣候變遷的有效作法。其同時也反映了小布希政府當時看待該議題的主張，信中提及有關加州面臨的能源短缺問題，認為美國政府的作法須再重新謹慎評估。[382]除了對能源價格及能源取得的擔憂外，小布希總統也提出有關全球氣候

---

[380] 此內容來自於一封於 2001 年 3 月前總統小布希回給四位參議員的信。詳細內容參閱：The White House President George W. Bush, 2001, "Text of a letter from the President to senators Hagel, Helms, Craig, and Roberts," http://www.gcrio.org/OnLnDoc/pdf/bush_letter010313.pdf.

[381] Andrew C. Revkin, 2002, "Bush Offers Plan for Voluntary Measures to Limit Gas Emissions," New York Times. 內容亦收錄於：Richard B. Stewart and Jonathan B. Wiener, 2003, Reconstructing Climate Policy: Beyond Kyoto, Washington, D. C.: The AEI Press, p.1.

[382] Ibid, http://www.gcrio.org/OnLnDoc/pdf/bush_letter010313.pdf.

變遷的成因及應對解決方法的科學性證據尚不完備。這亦突顯小布希總統對於氣候變遷議題的科學性佐證及《京都議定書》之規範，皆抱持著保留且懷疑的態度。同時，前任總統柯林頓支持美國在國際上應有所為的作法，也被視為是一種可能傷害美國經濟的不智之舉。小布希總統的此封公開信，也被視為是美國政府即將改變先前作法的預告信。十六天後（2001 年 3 月 29 日）美國旋即宣布退出《京都議定書》。而小布希總統的陳述為：「拒絕接受一個將會傷害美國經濟及傷害美國勞工的計畫。」[383]為此，小布希總統傾向主張美國應採取自願性減排的行動路徑，但卻因缺乏後續因應執行該提案的具體方案而招致批評。[384]認為該執政團隊既排斥限制氣體之排放、卻又未有一個長遠性的應對具體作法。

2002 年 2 月，小布希總統再度重申其拒絕《京都議定書》之決定，並不會尋求任何一項對美國溫室氣體排放的管理性限制。[385]然而，隨著國際上其他行為者的批准及簽署，以及來自於國內輿論、專家小組及環境團體的壓力，小布希總統在該月又另提出了一套限制溫室氣體排放的自願性計畫措施。措施目標表明至 2012 年要減少 18%的溫室氣體排放量。[386]同年 6 月，「美國環境保護署」（Environmental Protection Agency, EPA）提交了一份美國氣候報告

---

[383] The Economist, 2001, "Rage Over Global Warming," http://www.economist.com/node/563926.

[384] Richard B. Stewart and Jonathan B. Wiener, 2003, Reconstructing Climate Policy: Beyond Kyoto, Washington, D. C.: The AEI Press, pp.1-2.

[385] Andrew C. Revkin, op. cit., New York Times.

[386] 該計畫亦為小布希總統回應 2001 年「國家科學院專家小組」（National Academy of Sciences panel）所提出的請示要求，該請求表示美國若不加以管制排放將有可能造成明顯的暖化問題。Richard B. Stewart and Jonathan B. Wiener, op. cit., p.5.

給 FCCC 秘書處，說明國內多州已逐漸採取自行管制減排之行動。[387]
小布希總統所提之方案，將《議定書》所規範的強制減排義務調整
為國內的自願減排行動，可謂是緩衝排拒《議定書》下的一套折衷
方案。同年 11 月，美國提出了一項「氣候變遷科學計畫」（CCSP），
該計畫預算為每年兩億美元，目標則包括：（一）促進氣候及環境相
關知識。（二）減少未來氣候變遷規劃上的不確定性。（三）理解自
然及生態系統的敏感性及順應性。（四）搜尋管理風險及機會的方法
及限制。[388]此計畫主要是小布希政府用於投資在與氣候相關的技術
研究及發展。

　　2003 年美國國會曾提出其在京都架構之外，應採取國內行動來
應對溫室氣體之排放問題。故後續便提出了美國溫室氣體的「總量
管制交易」（Cap-and-Trade）系統，目標設定在 2010 年時的溫室氣
體排放量能回復到 2000 年的水準。[389]然據觀察，在小布希總統執政
任內，美國並未有任何一項來自於官方政府所支持的排放減量計
畫。[390]這也說明小布希總統對於反對溫室氣體排放限制之立場鮮

---

[387] 如：加州、新罕布夏州、麻州、紐澤西州等。James Sterngold, 2002, "State Officials Ask Bush to Act on Global Warming," New York Times. 內容亦收錄於：Richard B. Stewart and Jonathan B. Wiener, 2003, Reconstructing Climate Policy: Beyond Kyoto, Washington, D. C.: The AEI Press, pp.5-6.

[388] 本計畫主要與科學社群廣泛性的諮商合作而成，此社群包含一個超過 1300 人的工作團隊及來自超過 35 個國家的代表組成。詳細內容參閱：Harlan Watson, 2005, "U.S. Climate Change Policy," http://unfccc.int/files /meetings/seminar/application/pdf/sem_pre_usa.pdf.

[389] Joseph I. Lieberman and John McCain, 2003, "Tap U.S. Innovation to Ease Global Warming," http://a Merica.gov/st/washfile-english/2003/January/200 30108064712bjohnson@pd.state.gov0.3441126.html.

[390] 此句原文為:"Prior to the end of George W. Bush's term as president, however, the United States did not have any governmentally supported emissions reduction plan."詳細內容參閱：Elizabeth R. DeSombre, 2010,

明，具體也反映在氣候變遷議題的施政方向上。而此時美國國內各州也興起一股地方自願性減排的行動。美國西岸的加州率先要求其至 2010 年時的溫室氣體排放須減至 2000 年的水準，其他州也紛紛起而建立州級別的氣候政策。[391] 由各州再延伸至區域性的集合團體，如「新英格蘭州長及東加拿大總理（NEG-ECP）氣候變遷行動計畫」亦是。[392] 這些由地方（州）之間自發性的響應，既是全球氣候變遷活動的反饋、亦深切影響著美國的行政團隊。

2004 年小布希總統所屬的共和黨陣營在國會中居控制多數，執政的優勢及國會多數的後盾讓小布希總統順利贏得連任。小布希總統在選舉期間因擔心選民對其失去支持及信心，並未對氣候變遷相關議題有幅度過大的變動。選後美國的氣候變遷議題策略也朝向結合多項議題的廣泛展發展路線。美國國家部門資深氣候談判及特殊代表哈倫華特森（Harlan Watson）就曾於 2005 年公開表示：「美國相信最有效的國際行動必須要將焦點放在廣泛的發展議程，而非僅氣候變遷而已。」[393] 如此可觀察出美國非侷限在單一氣候變遷議程的探討範疇中。此外，小布希政府也多將預算編列於與科學技術相

"The United States and Global Environmental Politics: Domestic Sources of U.S. Unilateralism."http//www.polisci.ufl.edu/usfpinstitute/2010/documents/readings/DeSombre%20Chapter.pdf. p.198.

[391] Pew Center on Global Climate Change(C2ES), 2003, "State Legislation from Around the Country," http://www.c2es.org/what_s_being_done/in_the_states/state_legislation.cfm. 內容亦收錄於：Elizabeth R. DeSombre, op. cit., p.198.

[392] Robert A. Weygand, 2003, "New England Governors' Conference, Inc., New England Board of Higher Education," http://negc.org/uploads/file/Reports/CC%20College%20Pledge%207-08.pdf.

[393] 此可與其他議題相結合，包括：促進經濟成長、減少貧窮及迎合人類基本需求、強化能源安全、減少汙染、減緩溫室氣體排放等。詳細內容參閱：Harlan Watson, 2005, op. cit., http://unfccc.int/files/meetings/seminar/application/pdf/sem_pre_usa.pdf.

關的計畫及能源稅的規劃中。如 2005 年的財政年度預算計有超過 5.2 億美元用於支持科學及技術上的投資活動。[394]另外，延續過去美國內部各州的自發性集體行動，美國東北方七州於 2005 年組成「區域溫室氣體倡議」（Regional Greenhouse Gas Initiative, RGGI），2007 年並有另外三州加入。[395]此為美國第一個具法律約束力的溫室氣體限量及交易制度，於 2009 年 1 月起實施生效。小布希總統在任內後期的氣候變遷因應，多以依賴科學研究或創新技術為主，並主張自願減排的自發性訴求。然此惟有在國內生產總值年成長率低於溫室氣體減排時，方有可能達成目標。學者伊莉莎白寇爾伯特（Elizabeth Kolbert）也曾作如是觀察：「當 GDP 成長率超過溫室氣體減排時，未來十年美國溫室氣體排放量將增加 12%。」[396]

參、歐巴馬政府執政時期：2009 至今

後京都時代的氣候談判⋯⋯提供給美國一個很重要的機會，在這一代重新與世界其他地方一起應對這最大的挑戰。但是我們必須開始讓世界知道，我們很嚴肅的將氣候危機問題帶入美國本土。[397]（歐巴馬，2008）

---

[394] Ibid,
http://unfccc.int/files/meetings/seminar/application/pdf/sem_pre_usa.pdf.

[395] 2005 年共有康乃迪克州、德拉威州、緬因州、新罕布夏州、紐澤西州、紐約州及佛蒙特州等加入 RGGI，2007 年加入的則有羅德島州、麻州及馬里蘭州三州。詳細內容參閱：Elizabeth R. DeSombre, op. cit., p.198.

[396] Elizabeth Kolbert, 2006, Field Notes from a Catastrophe:Man, Nature, and Climate Change. London: Bloomsbury.

[397] Barack Obama, 2008, "Statement on Climate Change Negotiations in Bali," www.barackobama.com/2007/12/10/obama_statement_on_climate_cha.php.

不論是過去的敵人或朋友，我們將一同堅忍地努力減輕核子的威脅及擊退地球暖化的恐懼……對那些像我們一般富足的國家，我們要說我們不能再忍受其他國家所遭遇的苦痛、我們也不能在不思考後果的情況下繼續消費地球的資源。因為世界已然改變，我們也必須隨之改變……我們現在所需要的是一個新時代的責任，也是一個認知。對我們自己、我們國家及對世界的責任。[398]（歐巴馬，2009）

民主黨總統候選人歐巴馬於勝選後，談及後京都時代的氣候談判議題時，表明了其認同應與世界其他國家共同接受氣候變遷的挑戰。並且應開始向世界傳達美國並非將全球氣候變遷議題抗拒於外的立場。此不僅顯示歐巴馬總統較為關切環境議題的程度，也拋開了共和黨前總統小布希拒絕美國加入國際環境協議規範的態度。2009 年就職典禮演說上，歐巴馬總統重塑美國新世界責任的形象。表明其不應再不顧後果的耗損地球資源，而該嚴肅的與世界共同克服全球暖化的危機。同時，新時代的責任不僅僅是對美國境內的人民及國家，也包含對全世界的責任。這也打破了伊莉莎白德松布爾（Elizabeth DeSombre）曾對過去國際環境協議參與缺乏美國領導的批評。[399]就以綠色環保訴求的歐巴馬新政府而言，提出了相較於小布希前總統更為積極性的氣候變遷正面回應。

---

[398] 摘錄自歐巴馬總統於美國第 44 屆總統就任典禮時的演講。詳細內容參閱：Congressional Record- SENATE, S668 and S669, 2009, http://www.gpo.gov/fdsys/pkg/CREC-2009-01-20/pdf/CREC-2009-01-20-pt1-PgS667-2.pdf#page=1.

[399] Elizabeth R. DeSombre, op. cit., pp.196-199.

有關歐巴馬政府的氣候變遷因應對策，主要可分為四大部份：
（一）舉辦能源及氣候變遷的經濟體論壇。2009 年 4 月，由歐巴馬
總統組成有關能源及氣候變遷議題的論壇，聚集了主要的已開發及
開發中國家進行對話。目的是為了因應氣候變遷及乾淨能源的挑
戰。[400]此有助極大化國與國之間的共識基礎，並嘗試在已開發及開
發中國家間建立對話橋梁。（二）監控排放量。歐巴馬總統指揮聯邦
政府——美國最大的能源消費者，至 2020 年時減少溫室氣體排放量
的 28%。並監控間接導致排放量的因素（如：員工出差及上班通勤）
至 2020 年減少 13%。[401]美國從內部最大的能源消耗單位出發，並以
管制政府單位作為監控排放量的起始點。

　　（三）氣候變遷適應策略。2009 年歐巴馬總統召集「機構間
氣候變化適應特別小組」（Interagency Climate Change Adaptation
Task Force），並於該年 10 月簽署行政命令，指揮該特別小組須針
對應對氣候變遷之衝擊提出更好的國家準備計畫及強化策略。2010
年 10 月，工作小組公布幾項工作目標包括：訂立因應計畫標準、
確認科學數據資料、發展支持國際適應的策略、建立支持與地方
及州的有效夥伴關係等。[402] 此部份可觀察出美國政府試圖透過行
政命令的方式，結合氣候變化適應相關團隊的專業，藉此提供未
來國家行政團隊的策略方針。（四）氣候變遷科學及教育。歐巴馬

---

[400] 參與論壇的十七國包含：澳洲、巴西、加拿大、中國、歐盟、法國、德
國、印度、印尼、義大利、日本、韓國、墨西哥、俄國、南非、英國及
美國。The White House-President Barack Obama, "The Major Economies
Forum," http://www.whitehouse.gov/energy/climate-change#energy-menu.

[401] The White House-President Barack Obama, "Monitoring Emissions," http://
www.whitehouise.gov/energy/climate-change#energy-menu.

[402] The White House-President Barack Obama,"Climate Change Adaptation
Task Force,"http://www.whitehouse.gov/administration/eop/ceq/initiatives/
adaptation.

總統上任後承諾要更加強科學在決策制定中的角色。因此，新的決策計畫旨在藉由提供決策制訂者相關的科學及技術，用以增強現存的科技研究。如：延續過去由許多頂尖科學家及決策者組成的「美國全球氣候研究計畫」（U.S. Global Change Research Program, USGCRP），並注入科學及科技角色的執行運用。[403]這可明顯觀察出「科學」在美國因應氣候變遷議題時，仍扮演舉足輕重的角色。同時，透過增加對變遷中地球的瞭解與再教育，提供決策者施政的參考。

　　然自 2008 下半年起，延續至 2009 年歐巴馬執政團隊上任後，全球所面臨大規模金融危機及經濟蕭條困境，影響了美國國內經濟的發展。同時也連帶影響到國內民眾輿論及國會之態度，成為一股阻礙支持環境及永續能源發展議題的現實因素。初期歐巴馬總統雖以綠色環保為訴求出發，國內也施行各項因應氣候變遷的對策，惜其參與立場及實際作為並未於各大國際氣候變遷會議中有所施展及突破。執政團隊初期設定積極因應氣候變遷議題的腳步亦隨著國內經濟的衰退而減緩。有關影響美國因應氣候變遷議題歷程的國內、外成因，已於前面章節中一併討論。下面將就美國與聯合國及綠色和平組織的雙向關係進行探究，並結合觀察其與發展中大國（中國）間的關係發展。

---

[403] The White House-President Barack Obama, 2011, "Strengthening Our Understanding of a Changing Planet," http://www.whitehouse.gov/blog/2011/03/29/strengthening-our-understanding-changing-planet.

第二節　美國與聯合國的雙向關係

美國身為世界第二大溫室氣體排放國，同時亦是聯合國安理會常任理事國之首，其與聯合國間的雙向關係常是全球關注氣候變化議題動向的焦點。據 2007 年第 62 屆聯合國大會報告內有關氣候變遷議題的資料紀錄，2007 年 7 月，聯合國秘書長潘基文與小布希總統會面時，曾就聯合國及美國對該議題的共同責任表示：「氣候變遷是重要的關鍵議題之一，它需要聯合國及美國政府的『共同承諾』（Joint Commitment）。」[404]在該次會面中，潘基文同時邀請小布希團隊參加同年 9 月由聯合國所召開的特別會期討論，此會期主要召集世界各主要領導人，共同規劃因應氣候變遷議題的對策。[405]潘基文同時表示：「希望邀請小布希團隊執政高層參加九月份的聯合國高級氣候變遷會議，是因為美國的參與至關重要。」[406]這可以觀察出聯合國仍舊傾向將美國納入全球氣候變遷議題討論的框架中。2008年 2 月，潘基文與小布希總統再次會面時，亦就氣候變遷議題對小布希總統表示：「我需要你們的領導及主動的參與。」[407]然而，對於拒絕加入《京都議定書》機制的小布希總統，其回應為：「它（指《議

---

[404] The 62nd United Nations General Assembly, 2007, "A Look Forward at the U.S-United Nations Relationship,"http://www.globalproblems-globalsolutions -files.org/unf_website/PDF/bwc_congressional_briefing_book_092007.pdf. p.11.

[405] Ibid, the 62nd United Nations General Assembly, p.11.

[406] Environmental News Network, 2007, "U.N. Chief Will Ask President Bush to Give Top Level Support to U.N. Meeting on Climate Change, " http:// www.enn.com/top_stories/article/21209.

[407] 此句原文為:"I count on your leadership and active participation,"詳細內容參閱 :Environmental News Network, 2008,"U.N. leader Ban presses Bush on climate change," http://www.enn.com/top_stories/article/31271.

定書》）在本質上是有缺陷的，很難同意免除開發中國家溫室氣體排放而造成全球暖化問題的責任。」[408]這亦可觀察出，聯合國並未放棄嘗試與美協商溝通的立場，然美國方面也並未因聯合國持續的遊說壓力而更改原先所持的態度立場，仍舊堅持強調中國及印度等開發中排放國的減排責任。

有關美國與聯合國間的雙向關係，本節一樣將探討重點放在五大聯合國框架及協議之架構範疇內。包括：（一）UNFCCC 基本框架下的美國態度。（二）美國與京都議定書。（三）美國與哥本哈根協議。（四）美國與坎昆協議。（五）美國與德班會議。因此，本節將會以探討美國在 UNFCCC 框架下，與京都議定書、哥本哈根協議、坎昆協議、德班會議等聯合國重要氣候變遷會議之關聯。藉此觀察並分析其態度立場及與聯合國間的互動發展，以作為後續研究美、中之間關係的參考指標及分析美國環境議題雙層博弈關係之基礎。

壹、UNFCCC 基本框架下的美國態度

美國於 1992 年 6 月簽署 UNFCCC，並在同年十月批准。值得注意的是，美國是第一個加入的已開發國家。初期在 UNFCCC 框架下的美國，主要由「美國環境保護署」代表政府蒐證來自各機構的資料，並負責向 UNFCCC 呈報相關資料報告。此外，美國也對在 UNFCCC 框架下的財政機構——「全球環境基金」（Global Environment Facility, GEF）有著實質的貢獻。這份基金被運用於支持開發中國家

---

[408] Ibid, Environmental News Network, http://www.enn.com/top_stories/article/31271.

的技術轉換及能力建立。[409]因此，美國參與聯合國所召開的各大氣候談判也均是在 UNFCCC 框架之下進行。

然而，身為首個加入 UNFCCC 框架下的已開發國家，何以未能在後續的國際氣候合作架構中同樣支持聯合國框架下的各大氣候協議？學者賴瑞派克（Larry Parker），約翰布拉德格特（John Blodgett）及布蘭特亞客布希（Brent D. Yacobucci）對此提出了觀察，他們認為美國當初簽署並批准 UNFCCC 的理由有三：（一）達成減碳目標並不需高額成本的認知，亦不會因此而傷害美國競爭力。（二）時代背景使然，簽署當時多數議題均圍繞在已開發國家身上。（三）簽署當時乃由已開發國家佔溫室氣體排放量的大宗。[410]然對照後續現實情況發展，首先，投入溫室氣體減碳工作實則須耗費鉅大的人力及財力支出成本。此使得美國日漸思考高額成本的代價對美國國內經濟可能造成的傷害。其次，開發中國家迅速發展的腳步超過過去預期，使得美國開始考慮如中國、印度等國在發展經濟的背後，所應承擔的相應環境責任。最後，溫室氣體排放量最高的國家已於 2005 年後由中國取代。已開發國家不再是主導溫室氣體排放的罪魁禍首。

綜上因素，相較於中國政府，美國參與氣候協商的態度立場則隨著年度的 UNFCCC 締約國大會而愈加消極。然而，僅管美國自 2001 年退出《京都議定書》機制後，堅持「自願減排」之立場。本質上，美國並未揚棄 UNFCCC 框架下的原則基礎。如：2005 年小布希總統宣布與亞洲國家共同成立「亞太乾淨發展和氣候夥伴關係」

---

[409] U.S. Environmental Protection Agency, "U.N. Framwork Convention on Climate Change," http://epa.gov/climatechange/policy/international_unfccc.html.

[410] Larry Parker, John Blodgett, and Brent D. Yacobucci, 2011, "U.S. Global Climate Change Policy: Evolving Views on Cost, Competitiveness, and Comprehensiveness,"http://www.fas.org/sgp/crs/misc/RL30024.pdf.pp.13-14.

（Asia-Pacific Partnership on Clean Development and Climate, APP）。[411]夥伴關係係兼具自願性、非強制性約束等前提。目的為了促進國際合作、及有效技術發展而成立的架構。跟據官方有關該夥伴關係的公開資料顯示：「會談的目標在於『國家污染減量』、『能源安全』及有關『氣候變遷關注』的考量。此將與聯合國氣候變化框架公約所規範的原則基礎一致。」[412]因此，原則上美國仍依據 UNFCCC 框架進行與氣候變遷議題相關活動，並尊重「共同但有差別的責任」乃為其與各國協商機制之基礎。但受限於國內經濟及若干成長迅速的開發中國家因素考量，促使美國面對後續的 UNFCCC 締約國大會時，參與層級及態度立場均轉趨保守而躊躇。時代背景的變遷以及複雜的國際、國內成因影響，美國初始簽署 UNFCCC 的立意及思惟也隨之轉變了。

貳、美國與京都議定書

美國在參與《京都議定書》的討論時，參議院就曾針對美國加入具法律約束力的溫室氣體減排協議之合適性進行討論。1997 年 7 月參議院通過 S.Res.98 法案，確定美國不應簽署任何限制已開發國家溫室氣體排放的協議，除非該協議也同時限制了開發中國家。亦即，開發中國家也須成為限制減排目標的主體。柯林頓政府雖然簽

---

[411] 參與國包括：澳洲、中國、印度、日本、南韓、及美國。Ibid, Larry Parker, John Blodgett, and Brent D. Yacobucci, http://www.fas.org/sgp/crs/misc/RL30024.pdf.

[412] APP, "Asia-Pacific Partnership on Clean Development and Climate: New Vision Statement of Australia, China, India, Japan, the Republic of Korea, and the United States of America," www.asiapacificPartnership.org/pdf/resources/vision.pdf.

署了《議定書》，但受限於 S.Res.98 條款而並未將其送交參議院批准。小布希政府則是全然否決了《議定書》及其協商過程。2001 年 6 月一場有關氣候變遷的演講，表明了小布希總統質疑《議定書》的缺陷之處。小布希總統曾作如是陳述：

> 《京都議定書》，在很多層面來說都是不切實際的。許多國家都無法達到《議定書》所規範的目標。目標本身過於武斷且並未根據科學。對美國而言，遵守這些規範將會對經濟帶來負面影響。如：勞工的解雇潮及消費者的物價上漲。而當你評估這些缺陷後，明白道理的人們將會了解這並非是一個健全的公共政策。[413]（小布希，2001）

然而，美國雖退出《京都議定書》，也拒絕參加任何有關《議定書》的協談，卻仍持續參與 UNFCCC 的年度氣候締約國大會。並宣布美國未來將以國內自願性的行動發展其他選項之研究。因此，美國代表團在參加後續的氣候大會時，雖仍堅持其「局外人」的觀點，但仍以觀察員身分參與氣候大會。[414]然而，實際上美國的觀點卻仍參與其中。

柯林頓、小布希總統及其與《京都議定書》之關連見圖 6-1：

---

[413] President George W. Bush, 2001, "President Bush's Speech on Global Climate Change." http://georgewbush-whitehouse.archives.gov/news/releases/2001/06/20010611-2.html.

[414] Peter Saundry, 2006, "Kyoto Protocol and the United States," http://www.eoearth.org/article/Kyoto_Protocol_and_the_United_States.

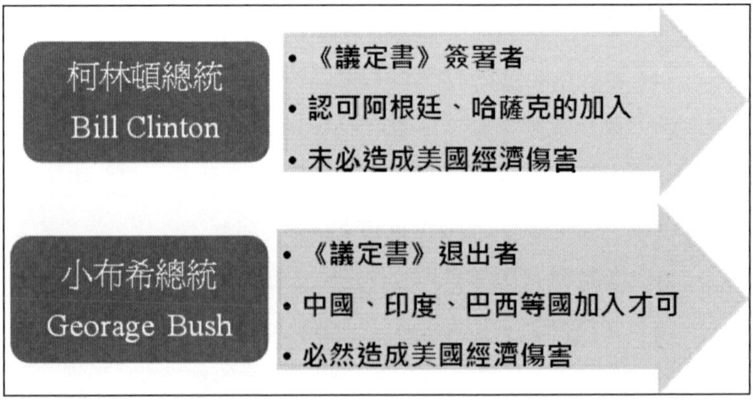

図 6-1　比較柯林頓及小布希總統與《京都議定書》之關連

資料來源：筆者整理繪製。

　　圖 6-1 描述的是比較柯林頓及小布希總統與《京都議定書》之關連差異：首先，柯林頓總統是《議定書》的簽署者；小布希總統則是《議定書》的退出者。柯林頓總統於 1998 年簽署《議定書》，而小布希總統則於 2001 年時宣布退出。其次，柯林頓總統接受阿根廷、哈薩克等國為加入《議定書》的開發中國家代表；[415]小布希總統則認為須有真正的開發中排放大國（如：中國、印度及巴西等）加入才能認可。而也正因為中國及印度等排放大國並未共同加入減排承諾之列，而引起小布希政府的疑慮及反對。第三，柯林頓總統並未主張《議定書》必然造成美國經濟的傷害；小布希總統則將簽

---

[415] 1998 年 UNFCCC 第四次締約國大會在阿根廷的布宜諾斯召開，阿根廷成為第一個承諾在 2008 到 2012 年間承諾減排的開發中國家。哈薩克（Kazakhstan）隨後宣布加入。美國遂於 1998 年 11 月 12 日宣布美國將簽署《京都議定書》。Ibid, http://www.eoearth.org/article/Kyoto_Protocol_and_the_United_States.

署《議定書》必然負面影響美國國內經濟畫上等號。小布希總統曾明白表示：

> 在《京都議定書》之下，美國必須要在經濟預算上大力且立即的縮減，以迎合那些武斷的目標。這將會使美國花費至少 400 億美元的代價，同時我們也將會因此減少 490 萬份工作。[416]（小布希，2002）

　　而歐巴馬總統對於《京都議定書》的立場則較為折衷。2008年，歐巴馬競選陣營曾表達對《議定書》的看法，其認為：「京都協議並不具有實質意義及可達成的減排目標。」[417]然而，歐巴馬卻並未忽視全球氣候變遷議題的重要性，陳述其支持那些減少煤炭燃燒所釋出二氧化碳的技術發展。因此，超黨派的「乾淨空氣觀察」（Clean Air Watch）機構主席法蘭克唐乃爾（Frank O'Donnell），就曾提到其對歐巴馬總統的觀察：「他試圖在兩大陣營的對立議題中，採取中間路線。一方面既採取決策行動來對抗全球暖化、另方面也顧及煤炭企業的發展。」[418]而這也可以觀察歐巴馬總統既傳達其關切環境議題之立場，卻又不願與國內經濟命脈的煤炭企業交惡。

---

[416] The White House President George W. Bush, 2002, http://www.whitehouse.gov/news/releases/2002/02/20020214-5.html.

[417] USA Today, 2008, "Obama shifts stance on environmental issues," http://www.usatoday.com/news/politics/election2008/2008-07-17-obama-coal_N.htm.

[418] Ibid, http://www.usatoday.com/news/politics/election2008/2008-07-17-obama-coal_N.htm.

參、美國與哥本哈根協議

　　《哥本哈根協議》的結果可視為是已開發國家（如：美國）及開發中國家（如：中國）間跨越歧異的橋梁。同時，也使得兩方思考一個共同解決全球排放量的場域。該協議雖並未明確指定一特定的減排量，卻明確設定「攝氏兩度C」（2 degrees C）為控制全球溫度範圍的目標。[419]包含美國在內的「附件一」國家，均須設定至2020的減排目標。而這些國家的承諾也須經報告及確認的程序。美國於2010年1月宣布通過《哥本哈根協議》。據「美國氣候行動網絡」之資料顯示，跟據2005年之水準，美國預計於2020年減少溫室氣體排放量17%。然相較於其他行為者所提交的承諾，美國設定的減排目標則較為寬鬆。[420]同時，從美國氣候代表托德史汀（Todd Stern）提交給UNFCCC減碳目標時的附帶說明，可觀察出美國當時所提的減排目標未來仍將有所變數。托德史汀表示：「最終的減排數字仍須視美國立法的最後結果而定。」[421]

　　另方面，由於《哥本哈根協議》並非為一正式條約、亦不具有強制力。因此，外界均在觀察歐巴馬政府是否能允諾並達成目標。[422]這也顯示了美國內部對於回應國際氣候減排目標的承諾標準仍相對

---

[419] Larry Parker, John Blodgett, and Brent D. Yacobucci, op. cit., http://www.fas.org/sgp/crs/misc/RL30024.pdf. p.12.

[420] 此目標遠遠低於歐盟所承諾的：跟據1990年之水準，減少20%至30%；日本減少25%之目標。U.S. Climate Action Network, op. cit., http://www.usclimatenetwork.org/policy/copenhagen-accord-commItments.

[421] Lisa Friedman, 2010, "Nations Take First Steps on Copenhagen Accord," http://www.nytimes.com/cwire/2010/01/29/29climatewire-nations-take-first-steps-on-copenhagen-accor-35621.html?pagewanted=all.

[422] Ibid.

保守。然而，歐巴馬政府仍舊企圖打破小布希政府時代對於參與國際氣候合作的消極。歐巴馬執政團隊曾允諾要「重新參與」（re-engage）UNFCCC 架構下的「後京都」（post-Kyoto）時代協商機制（如：參與 2009 年的哥本哈根氣候大會），以藉此鼓舞其他主要經濟體的努力。[423] 在此氛圍下，美國眾議院在政府參與哥本哈根大會期間，通過了一項與能源及氣候變遷議題有關的法案（H.R. 2454）。法案內容包括：修正「乾淨空氣法案」（Clean Air Act）而建立「總量管制交易」，此計畫並設定於 2012 年開始施行。[424] 此外，建立再生能源與能源有效性需求，由環境保護署來制訂相關排放標準等。參議院亦在同年通過了另個類似 H.R. 2454 法案的 S. 1733 號法案，當中同樣提及建立「總量管制交易」之計畫。[425] 據此，從歐巴馬政府再次宣佈參與並提交通過《哥本哈根協議》態度，及國內參、眾兩院所提出相關可緩衝性的法案中，可觀察出美國當時的氣候政策乃採中間偏左的路線。一方面既釋出與其他國家參與國際氣候協商的誠意，而國內亦採較具彈性緩衝的環境法案以回應國際社會減碳排放之需求。

---

[423] Larry Parker, John Blodgett, and Brent D. Yacobucci, op. cit., http://www. fas.org/sgp/crs/misc/RL30024.pdf. p.10.

[424] 「總量管制交易」的減排規定，企業可選擇實際減少碳排放數量或與其他低排放的企業購買額度（企業體可自行評估考量，較具彈性）。此計畫預估至 2050 年，溫室氣體排放將會逐年的降低。Ibid, p.10.

[425] Ibid, pp.10-12.

肆、美國與坎昆協議

> 《坎昆協議》是在聯合國氣候變化框架公約下平衡各方的國際決定。它代表全球回應氣候變遷議題具「有意義之進展」……它建立了開發中國家降低砍伐森林的架構、並設立了一套促進國際合作行動的委員會及架構。[426]（新華網，2010）

> 這一套協議本身明顯地無法確實改善氣候變遷之問題，但它卻跨出了非常好的一步，而這一步也符合美國的利益。協議將帶領世界通往一個全球回應終止氣候變遷的寬廣道路。[427]（托德史汀，2010）

美國國務卿希拉蕊（Hillary Rodham Clinton）於《坎昆協議》通過後的一天，公開向外界稱許此次會議的重要意義及對全球氣候變遷議題推動的貢獻。並表現其對協議的結果表示支持及滿意。而美國氣候代表托德史汀亦於坎昆會議後表示，其結果與美國政府初始所設定之目標一致。此次會議並未產生一個具有法律約束效力的條約，而是仍以自願性減排目標承諾為主。史汀表示：「雖然坎昆協議並不具法律約束力，但卻是許多國家聚集共識下的決定，必須要嚴肅面對。」[428]史汀不否認未來繼《京都議定書》後，出現另個

---

[426] Xinhua English News, 2010, "U.S hails Cancun agreements," http://news.xinhuanet.com/english2010/world/2010-12/12/c_13645411.htm.

[427] 2010 年 12 月，美國資深氣候談判代表托德史汀於坎昆會議結束後接受媒體訪問時公開表示。Environmental News Service, 2010, "Cancun Climate Outcome'Consistent with U.S. Objectives," http://www.ens-newswire.com/ens/dec2010/2010-12-14-02.html.

[428] Ibid.

具法律約束力條約的可能性，但仍相當堅持中國、印度等開發中排放大國必須共同納入減排義務，否則美國國會仍將難以批准通過。綠色企業組織（BusinessGreen）的成員詹姆斯墨瑞（James Murray）於坎昆會議召開期間也觀察到：「除非民主黨能夠在國會取得空前壓倒性多數的席位，否則最終要批准國際條約的簽署將是不可能的。」[429]

然而，當外界（包括美國）將坎昆會議視為是國家間針對溫室氣體排放機制的一種妥協雛形，歡呼迎接會議結果的同時，其存在於已開發及開發中國家的歧見仍舊未被消除。[430]並且，有關後續長程性的相關措施安排並不明確。例如：未明確指明提供給開發中國家因應氣候變遷的長期基金從何而來、由誰保管與經營；碳市場改革機制的時間安排為何；森林保護措施機制應從何時開始等等。而反觀美國過去參與的態度，在排拒《京都議定書》後的消極應對國際氣候談判協議，即便其於 2010 年 12 月官方簽署通過並表達支持《坎昆協議》，未來仍面臨到「說服性」及政策執行「有效性」不足的問題。在學者安妮羅森克萊德茲（Annie Rosencrdnz）及羅索爾寇恩柯林（Russell Conklin）的研究中曾指出：

> 美國在氣候議題上不願受正式條約的約束，事實上已弱化其說服中國、印度等國避免過度依賴燃油的能力……，僅管歐巴馬政府在推動能源及因應氣候變遷上的努力，其對減輕氣

---

[429] James Murray, 2010, "Cancun Summit-the green business verdict," http://www.businessgreen.com/bg/opinion/1932036/cancun-summit-green-business-verdict.

[430] James Murray, op. cit., http://www.businessgreen.com/bg/opinion/1932036/cancun-summit-green-business-verdict.

候變遷的有效性仍受到質疑。[431]（安妮羅森克萊德茲及羅索
爾寇恩柯林，2010）

　　因此，觀察美國與《坎昆協議》之關聯，美國的支持及贊成基
礎源自於協議本身並不具強制約束力。因此，美國不須為了簽署批
准協議而跨越國內國會的層層關卡。另方面，隨著溫室氣體排放大
國（中國）逐漸展現在國際舞台的「負責任大國」形象，迫使美國
不能僅單方面關注國內經濟議題，而須跟進關切國際環境合作事
務。最後，《坎昆協議》較公開透明且廣泛參與的精神，並首次明確
地提供私部門企業可透過政府的支持來共同因應氣候變遷之訊息
等。總體而論，《坎昆協議》之內容雖然無重大突破，但亦不與美國
國家利益及期待相違背。

伍、美國與德班協定

　　如果我們得到某種由國家要求而設的路線圖——歐盟正已提
　　出了此需求，那麼美國就會支持——為了未來的協商機制作
　　準備。不論它最後結果是否具強制約束力（我們仍不知道），
　　但我們都將堅決的為了它啟動向前的過程。[432]（托德史汀，
　　2011）

---

[431] Annin Rosenkranz and Russell Conklin, 2010, "National Policy," in Climate
Change Science and　Policy, eds. Stephen H. Schneider, Armin Rosencranz,
Michael D. Mastrandrea, and Kristin Kuntz-Duriseti. Washington, DC.:
Island Press, pp.350-351.

[432] 2011 年 12 月，美國資深氣候談判代表托德史汀於德班會議期間接受媒體
訪問時表示。原文內容為:"If we get the kind of roadmap that countries have
called for- the EU has called for, that the U.S support-for preparing for and

德班會議召開期間，歐盟氣候變遷官員康妮海帝哥瓦德（Connie Hedegoard）拋出了一項國家在 2015 年前，須簽署繼《京都議定書》後另個具約束力國際公約的提議，並最遲至 2020 年前須實施減排目標。而有關這項來自於歐盟代表的提議（EU proposal），康妮海帝哥瓦德表示：「今日我們必須要決定好，因為會議已沒剩多少時間。世界正在等待它們。」[433]歐盟此次較為積極建設性的發展提議，外界將之視為是對其他主要排放大國施壓的手段。出乎意料地，美國氣候代表托德史汀於會議中宣布美國將支持並跟隨歐盟所提出的決定。但是隨後又補充：「具約束力的限制必須廣泛適用於所有主要排放國，亦即若美國和歐盟加入該約，中國也必須要納入限制範疇。」[434]此外，美國不傾向將該協議的執行規劃排定一個明確的時間表。因此，美國並不偏好使用歐盟代表所提的「路線圖」（roadmap）字眼，認為這會使得協議本身發展過於制式而沒有彈性。從美國的回應可觀察出，美國雖回應支持了歐盟的提議，卻未全然接受提議內容的安排。

---

negotiating a future regime, whether it ends up being legally binding or not, we don't know yet, but we're strongly committed to a promptly starting process to move forward on that，詳細內容參閱：Fiona Harvey and John Vidal, 2011, "Durban climate talks see U.S. back EU proposal," http://www.guardian.co.uk/environment/2011/dec/08/durban-climate-talks-us-backs-europe.

[433] 原文內容為："We need to get them on board today- we don't have many hours left. The world is waiting for them." 內容參閱：Fiona Harvey and John Vidal, 2011, "Durban COP17: Connie Hedegaard puts pressure on China, U.S. and India," http://www.guardian.co.uk/environment/2011/dec/09/durban-climate-change-connie-hedegaard.

[434] Fiona Harvey and John Vidal, op. cit., http://www.guardian.co.uk/environment/2011/dec/08/durban-climate-talks-us-backs-europe

聯盟成員已開始動員起來，建立起政治力量來約束執政者使其負責。美國應該立即停止阻礙這股力量，他們若不是選擇與全球人民站在一起，那麼就應站在一旁、不該插手介入。[435]

（雪倫布羅，2011）

值得注意的是，在德班會議召開期間，美國參與氣候代表仍遭受許多反對的聲浪。國際工會聯盟（International Trade Union Confederation, ITUC）的秘書長雪倫布羅（Sharan Burrow）曾就美國妨礙國際氣候變遷協商機制的現象提出相關意見。其觀察出一股來自於民間團體及組織的力量正在形塑，美國若不加入國際社會的規範共識，那麼就該退出整個機制的運作。其他批評者亦在德班會議召開期間表示：「美國已是今年氣候變遷協議的最大阻礙者，不過新的科學分析及來自於民間社會的運動，促使他們面對這項可怕的事實。」[436] 這也有助說明美國最終順應趨勢並選擇支持歐盟提議作法的決定。

聯合國最終同意了此路線圖：至 2015 年前必須完成新的約束性條約，2020 年前開始執行條約之內容。[437]《德班協定》的重要意義在於它為未來的約束性公約訂下重要時程表，而這項公約將可能成為首個迫使所有主要排碳國家削減溫室氣體排放量的重要協議。僅管美國政府仍保留未來這項法律公約出現的可能性，這仍為國際社

---

[435] 摘錄國際聯盟工會秘書長的發言。轉引自 Karl Burkart, 2011, "U.S. Climate negotiatiors confront growing opposition in Durban," http://www.mnn.com/earth-matters/climate-weather/blogs/us-climate-negotiators-confront-growing-opposition-in-durban.

[436] Ibid.

[437] Deccan Herald, 2011, "UN climate meet approves roadmap for 2015 landmark deal," http://www.deccanherald.com/content/210906/un-climate-meet-approves-roadmap.html.

會氣候變遷合作劃下歷史的一頁。美國與《德班協定》之關聯，通過原因延續其簽署《坎昆協議》的緣由，該協定並不具有法律強制性。相較於坎昆會議，其參與態度及立場亦並未在德班會議中有鮮明的變化。

第三節　美國與綠色和平組織的雙向關係

> 諷刺的是，美國其實可以輕易的成為因應氣候變遷議題的領導者。隨其能源發展的效率、風力及太陽能技術發展的貢獻……以及眾多扮演重要角色的氣候變遷研究科學家。然而，小布希團隊卻持續忽視自己的科學團隊，以一種好似氣候變遷現象未正發生的情況行動……。[438]（綠色和平組織，2001）

綠色和平組織自 1971 年令美國放棄其在阿拉斯加的核試驗的首次行動開始，恆常成為綠色和平組織遊說關注的對象。自 1997 年後，全球氣候變遷議題逐漸成為該組織著重的觀察目標。隨著 UNFCCC 第三次締約國大會下所通過《京都議定書》之協商機制，綠色和平組織便持續努力敦促各國政府共同合作及承諾支持。當時美國不到世界 5%的人口，卻是世界最大的溫室氣體污染者。合理地成為綠色和平組織首要關心及施壓的對象。而小布希總統於

---

[438] 摘錄自國際綠色和平官方網站，專欄提到了關於當時美國小布希政府退出京都機制的看法。Greenpeace International, 2001, "United States,"http://www.greenpeace.org/international/en/campaigcampaigns/climate-change/a/governments/us/.

執政後不久，選擇退出《京都議定書》機制的作法，亦引起眾多環境團體（包含綠色和平組織）的抗議。綠色和平組織曾公開地引用「如果你不是問題解決的那一方，那麼你就是問題的本身」（If you're not part of the solution, you're part of the problem）之俗諺，來諷刺美國與氣候變遷間的關係。[439]同時，其也認為美國充沛的人才、科技等發展資源，足具引領世界共同面對氣候危機的資格。然小布希總統對氣候議題漠視的態度，卻不符合危機將至美國政府應有的作為。

本節將焦點放在美國及綠色和平組織間的雙向關係，依據前面有關美國氣候變遷因應歷程之回顧中，曾將研究範疇以執政團隊分為——「柯林頓政府執政時期」、「小布希政府執政時期」以及「歐巴馬政府執政時期」。當中曾針對美國在三位不同領導者任期內的相關氣候因應發展進行回顧與探討。由於綠色和平組織於 1997 年《京都議定書》簽署後，逐漸將其關注焦點移轉至氣候變遷議題上；小布希政府於 2001 年上任後旋即宣布退出《京都議定書》；強調綠色政府訴求的歐巴馬政府於 2009 年後接替上任。因此，本節將此些年界定為觀察美國與綠色和平組織互動關係的觀察區間，將之分為：（一）1997 年至 2001 年間的互動。（二）2001 年至 2009 年間的互動。（三）2009 年至今的互動。

---

[439] 諷刺美國未與世界一同解決全球氣候變遷議題，本身便成為問題所在。Ibid.

壹、柯林頓政府執政時期的互動：1997-2001

> 這對氣候談判而言可謂是黑色星期三……柯林頓總統的氣候
> 提議打破了他在第二屆世界高峰會上所作的承諾。他曾要求
> 美國須針對溫室氣體排放減量，訂立一個既實際、並有約束
> 力的強力氣候承諾。[440]（Greenpeace, 1997）

1997 年 10 月，柯林頓總統提出美國自 2008 年至 2012 年間，溫室氣體排放量將回復至 1990 年的水準。[441]這顯示美國並未設定額外的減量目標數字。然而，與歐盟所提：「根據 1990 年水準，至 2010 年前降低溫室氣體排放量 15%；2005 年前的過渡時期則是降低 7.5%」之目標相比，綠色和平組織認為，美國政府的提議並無具體積極的目標提出。這無疑違背了過去柯林頓政府於高峰會時所作的承諾。隨後，綠色和平組織對柯林頓政府發出「不要背向氣候！」（Do not turn your back on the climate!）以及「不要殺了氣候！」（Do not kill the climate!）等口號來呼籲美國政府須正視溫室氣體排放量之問題。[442]同年 11 月，綠色和平組織及其行動者，要求柯林頓政府須提出一個積極強力的全球暖化公約。[443]而這項公約亦須具有強制

---

[440] 綠色和平組織於 1997 年 10 月柯林頓總統發表的提議減量目標時的回應。該組織認為美國不積極的回應對於氣候談判的發展將造成阻礙。詳細內容參閱：Greenpeace, 1997, "Greenpeace calls Clinton Proposal Black Wednesday for climate talks," http://archive.greenpeace.org/majordomo/index-press-releases/1997/msg00420.html.

[441] Ibid.

[442] 綠色和平組織成員分別於 1997 年 10 月 22 及 23 日兩天，對美國政府的不積極提議提出抗議。詳細內容參閱：Greenpeace, 1997, "Influencing Governments," http://archive.greenpeace.org/climate/influence/index.html.

[443] Ibid.

性的限制目標。同年 12 月 8 日，綠色和平組織於 UNFCCC 第三次締約國大會召開前拜訪副總統高爾（Al Gore），敦促高爾能於氣候會議中有所作為並藉此扭轉美國因應的態度。[444]然最終的結果卻是令綠色和平組織失望的。國際綠色和平組織氣候政策主任比爾黑爾（Bill Hare）表示：「雖然高爾先生的言辭很堅強，但他卻未成功地將美國往前推動一步。」[445]

1998 年 4 月，國際綠色和平組織以一則「柯林頓政府又再次拖延環境領導議題」（Clinton Administration Lags Again on Environmental Leadership）的文章，點出柯林頓政府在領導國際性環境議題的努力速度仍舊遲緩。敦促美國政府應跟上歐盟、日本等國的腳步簽署《京都議定書》。[446]該組織對於美國延遲態度導致協商過程產生僵局的結果表示不滿。雖然綠色和平組織並不認為《京都議定書》能全然解決問題，但它卻是非常關鍵的第一步。綠色和平的法律主任蓋瑞庫克（Gary Cook）表示：

> 柯林頓政府必須決定，他們是要選擇屈服於那些以世界氣候作為其利益抵押品的汽油公司或共和黨領導的國會；還是要選擇展現其保護公共安全及環境的領導地位。[447]（蓋瑞庫克，1998）

---

[444] Greenpeace, 1997, "Greenpeace responds to vice president Gore," http://archive.greenpeace.org/pressreleases/climate/1997dec83.html.

[445] Ibid.

[446] 1998 年 4 月 29 日當天，日本及歐盟於紐約簽訂《京都議定書》。綠色和平組織呼籲美國應跟上共同應對全球暖化及氣候變遷的腳步。詳細內容參閱：Greenpeace, 1998, "Clinton Administration Lags on Environmental Leadership," http://archive.greenpeace.org/majordomo/index-press-releases/1998/msg00127.html.

[447] Ibid.

某種程度上，綠色和平組織的倡議行動確實成為影響美國政府態度轉變的因素之一。柯林頓政府於 1998 年 11 月宣布簽署《京都議定書》。對此，綠色和平組織主任蓋瑞庫克回應參與氣候變遷大會的美國氣候談判代表史都特依森斯塔特（Stuart Eizenstat），表示道：「美國簽署《京都議定書》的代表意義並不在於其最後接受了這樣的安排，而應是後續該如何運作並將它作好。」[448]然最終卻因 S.Res.98 條款而成為未提交給國會審議批准的理由。此結果對照上述蓋瑞庫克於當時所表示之言論，不免有些諷刺。

　　1999 年 11 月，綠色和平組織仍持續關注《京都議定書》的後續執行狀況。美國選擇透過國內機制自願性的減排（如「氣候變遷氣候倡議」機制等），綠色和平組織對於其揚棄國際議定條約、轉而以國內行動方式因應氣候變遷議題之態度不表認同。UNFCCC 第五次締約國大會時，綠色和平組織氣候政策主任比爾黑爾就曾表示：

　　　　在《京都議定書》簽署後，對於實質上的溫室氣體減量執行，
　　　　我們仍然有一段很長的路要走。而且我們不能讓其他國家再
　　　　有漏洞（如美國），僅僅依據其國內行動而行動。[449]（比爾黑
　　　　爾，1998）

　　2000 年後，隨著美國之於《京都議定書》關係的延宕，綠色和平組織從抨擊美國逃避溫室減排的責任、到力促美國回歸京都氣候協商之機制，再到質疑國內自願性行動執行之有效性。美國試圖接

---

[448] Stuart Eizenstat 在參與 1998 年於 Buenos Aires 的氣候變遷大會上，宣布了美國即將簽署《京都議定書》的消息。此為綠色和平組織代表 Gary Cook 回應其言論的內容。詳細內容參閱：Greenpeace, 1998, "Greenpeace Response to U.S. Ministerial Statement," http://archive.greenpeace.org/pressreleases/climate/1998nov12.html.

[449] Ibid.

納綠色和平組織的意見,卻始終無法達到其預期的積極效用。此時期在綠色和平組織眼裡,美國領導國際環境議題是「有能力而沒意願」;反觀在美國柯林頓執政團隊的眼中,面對國際氣候變遷的因應及領導則是「心有餘而力不足」。

貳、小布希政府執政時期的互動:2001-2009

2001 年 3 月 29 日,美國宣布退出《京都議定書》。不到一個月後,綠色和平組織選在 4 月 22 日(世界地球日)當天,於美國白宮場外舉行一場抗議的集會活動。[450]在集會開始,綠色和平組織成員手舉「小布希不要掠奪地球」(Bush don't plunder the planet)的大型看板。期間亦不斷以「拿回地球!現在!」(Take back the earth, now!)的口號作為號召。希望活動傳達其保護環境、維持基本生存條件的訴求,並希望能藉此抗議吸引目光、進而影響美國。世界地球日網絡(Earth Day Network)主席丹尼斯海斯(Denis Hayes)於會中表示:「小布希總統是一個反環境主張的總統,大家應該要共同集合起來促使其改變政策。」[451]《The end of Nature》一書的作者比爾麥可班(Bill Mckibben)也於會中表示:「退出氣候協議是一個不道德(immoral)且不正確的決定……我們即刻就須立即行動。」[452]「社會責任醫師組織」(Physicians for Social Responsibility, PSR)執行長

---

[450] 2001 年 4 月 22 日,多名綠色和平組織活動者邀請世界地球日網絡主席、環境作者等研究者共同出席抗議活動。有關綠色和平提出訴求及與會人士之演說可參考當天實況:C-SPAN Video, 2001, "Environmental Protest Rally," http://www.c-spanvideo.org/program/163782-1.

[451] Ibid.

[452] Ibid.

羅伯特莫斯里（Robert Musil）更不避諱地指著白宮直言：「離開那棟房子！」（get out of that house!）來表達其對小布希及其環境政策的不滿。[453]綠色和平組織成員對美國處理氣候變遷議題的不滿至此達到高峰。

小布希退出京都機制後，綠色和平組織逐漸將關注焦點放在監督美國國內的石油產業及企業集團。藉此對製造溫室氣體排放量的相關燃煤及石油公司施加壓力。如 2002 年 2 月，綠色和平組織質疑美國的新環境政策受到國內大型石油、天然氣等公司的影響。並點名「埃克森美孚」（Exxon Mobil）石油公司運用高過於「安然」（Enron）天然氣電力公司六倍的資金，用來遊說美國國會。因此，針對美國的環境政策及石油公司的行徑作為，綠色和平氣候代表班尼迪克特紹斯沃斯（Benedict Southworth）公開表示：

> 美國是世界最大的污染者，要為全球 25%的溫室氣體排放負責。美國的環境政策將會加深與世界其它地區之間的鴻溝。埃克森美孚石油公司運用其自利的行來操縱氣候政策。……環境運動及世界各地負責任的政府，皆被預期將對埃克森美孚公司這令人髮指的行為有所回應。[454]（班尼迪克特紹斯沃斯，2002）

2002 年 4 月，更以直接的行動阻擋埃克森公司向外擴增開採石油的規模。同時，綠色和平組織再次揭露埃克森公司曾要求美國於

---

[453] Ibid.

[454] 2002 年 2 月 14 日，小布希總統新的環境政策將可能會高於原先設訂京都目標的溫室氣體排放量。對此，綠色和平組織質疑國內的石油公司操縱美國環境政策。詳細內容參閱：Greenpeace, 2002, "Latest News," http://archive.greenpeace.org/climate/climatecountdown/bushclimateplan. htm.

日內瓦的選舉時撤換掉當時 IPCC 的主席羅伯特華森（Robert Watson）。最後主席就在美國強力的遊說之下遭到移除。[455]綠色和平組織企圖透過抗議活動表達其對美國政府與石油財團掛勾行為的不滿。組織代表史蒂芬妮湯摩爾（Stephanie Tunmore）就說：「消費者有權利知道，這些公司對於傷害氣候保護所扮演的角色。」[456]綠色和平組織希望喚醒民眾的環境意識，並號召民眾共同抵制破壞氣候保護的公司。2005 年，英國的《衛報》（The Guardian）更公佈了一份從美國國務院所看到的文件。據報導，該份文件指出，自 2001 年至 2004 年，美國執政團隊曾多次感謝埃克森高層「主動參與」（active involvement），並幫助其決定氣候變遷政策之方向。同時也嘗試尋求該公司能接受的氣候變遷政策意見。[457]據此，綠色和平組織倫敦分部執行長史蒂芬汀戴爾（Stephen Tindale）諷刺地表示：「小布希總統曾向英國首相布萊爾（Blair）說自己關心氣候變遷，但這份文件卻揭露了如此驚人的事實。白宮的政策實則是由世界最有力的公司所完成的。」[458]而對照 2001 年時小布希總統退出京都機制的決定，國內石油財團的影響及介入遂成為日後綠色和平組織批判及杯葛小布希執政團隊的重要因素。

---

[455] Greenpeace, 2002, "Protest against Exxon expands across the globe," http://www.greenpeace.org/international/en/news/features/exxon-protests-expands/.

[456] Ibid.

[457] The Guardian, 2005, "Revealed: how oil giant influenced Bush," http://www.guardian.co.uk/news/2005/jun/08/usnews.climatechange.

[458] 此句全文如下："President Bush tells Mr. Blair he's concerned about climate change, but these documents reveal the alarming truth, that policy in this White House is being written by the world's most powerful oil company," Ibid.

小布希連任成功後，綠色和平組織仍舊持續針對各大氣候變遷會議舉行之機會，在美國舉行抗議活動用以施壓小布希執政團隊。2006 年 COP 第 12 次締約國大會於肯亞奈洛比舉行，當時大批綠色和平組織成員聚集於美國佛羅里達州的海灘進行抗議，以人型排成「阻止全球暖化」（Stop Global Warming）字樣。[459]綠色和平組織希望利用氣候大會召開之際，以行動呼籲美國國內選民要共同站起來要求國會候選人重視全球暖化的議題。以期未來的國會亦能將此議題視為最優先考量之順位。2007 年綠色和平組織代表會見聯合國秘書長潘基文，並獲得了來自聯合國對其繼續推動國家及公眾環境意識改善行動的鼓勵。更加激勵了綠色和平組織持續監督溫室氣體排放大國的工作。同年 12 月 COP 於印尼舉行的第 13 次締約國大會期間，綠色和平組織除了批評美國提出「自願性減排」承諾之努力根本毫無意義（meaningless）外，也表達了其對美國政府與內部企業團體間互動頻繁對因應全球暖化發展不利之觀察。[460]綠色和平並企盼會議能終止政治遊戲的迂迴，而將真正的焦點放在：「為了地球的生存而採取實質的行動」（taking real action for the survival of our planet）上面。2008 年及 2009 年的主要互動，放在即將於丹麥哥本哈根舉辦的 COP 第 15 次締約國大會。綠色和平組織持續號召各國政治領袖能立即行動並有所作為。同時也期待 2008 年底競選成功而將於 2009 年就任

---

[459] Greenpeace, 2006, "Project Hot Seat Gets the Big Picture for Global Warming-Protests held Across the U.S.," http://www.greenpeace.org/usa/en/news-and-blogs/news/project-hot-seat-gets-the-big/.

[460] Greenpeace, 2007, "UN Climate Conference, Bali, 3-14 December 2007," http://www.greenpeace.org/international/en/campaigns/climate-change/our_work/negotiations/bali/.

的歐巴馬執政團隊，能有一番有別於小布希執政團隊的氣候政策作為。

2001 年至 2009 年間，隨著美國退出《京都議定書》機制後，綠色和平組織從串連各大環境活動者聚集發聲、到揭露美國與國內大型石油企業公司利益掛勾的關係，再到以利用國際氣候大會召開之機會施壓美國政府。而美國政府試圖以「自願性減排」承諾回應綠色和平組織對其逃避減排責任的質疑，卻從未正面回應其與石油企業間的緊密關係。此時期在綠色和平組織眼裡，美國領導國際環境議題是「有因應但沒誠意」；而美國小布希執政團隊的眼中，面對國際氣候變遷的因應及領導則是「沒誘因亦沒意願」。

參、歐巴馬政府執政時期的互動

> 綠色和平組織的行動在於阻止美國使用來自於加拿大亞伯達省的瀝青沙。因為這是一種會產生世界最髒石油的來源。綠色和平組織正鼓勵歐巴馬總統能成為第一位「綠色的」總統，展示其在氣候變遷上的領導力及拒絕任何來自瀝青沙提煉的石油。[461]（Greenpeace, 2009）

---

[461] 2009 年 2 月，綠色和平組織於新任歐巴馬總統訪問加拿大首相之際，在亞力山大橋所懸掛的大型掛圖：「歡迎歐巴馬總統」（Welcome President Obama）、「氣候領導請勿購買瀝青沙」（Climate Leaders Don't buy Tar Sands）等字樣。企圖引起歐巴馬總統的注意。詳細內容參閱：Greenpeace, 2009, "Greenpeace welcomes President Obama," http://www.greenpeace.org/canada/en/recent/greenpeace-welcomes-president-obama/.

2009 年民主黨總統歐巴馬繼任後，傳達其關切環境議題的程度有別於共和黨小布希總統的消極漠視。歐巴馬總統所強調的新時代責任，也令許多國際環境非政府組織（包括綠色和平組織）對美國未來的環境政策走向抱持較為樂觀的預期。歐巴馬總統於 2009 年 2 月出訪加拿大期間，綠色和平組織呼籲美國應禁用會對環境造成嚴重污染傷害的瀝青沙。從此活動就可觀察出綠色和平組織的態度及其對於新任歐巴馬總統所懷抱的期待與希望。繼柯林頓及高爾執政團隊後，綠色和平組織企盼新任的歐巴馬執政團隊能真正成為全球暖化議題的領導人。該組織對於美國未來的環境展望，正如同其懸掛於羅什摩爾（Rushmore）山上總統巨石像旁的大型掛報中所示：「美國尊敬的是領導者、而非政客。停止全球暖化。」（America Honors Leaders, not politicians. Stop Global Warming）[462]同年 9 月份，隨著中國國家主席胡錦濤於哥本哈根會議期間宣佈其將於 2020 年前大幅降低碳排放強度。綠色和平組織氣候及能源經理楊愛倫呼籲：「美國總統歐巴馬責無旁貸，必須在距離哥本哈根僅剩的七個多星期內發揚真正的領袖姿態，拿出更宏偉的減排計畫，來確保哥本哈根氣候談判的成功。」[463]

　　2009 年 12 月，綠色和平組織表達對哥本哈根會議結果的失望。認為已開發國家（包含美國）的消極態度，是致使具法律約束力協議難產的主因。[464]綠色和平組織抨擊美國不顧廣大公民社會的訴求

[462] Greenpeace, 2009, "Obama: Be a leader on global warming, not a politician," http://www.greenpeace.org/usa/en/news-and-blogs/campaign-blog/obama-be-a-leader-on-global-warming-not-a-pol/blog/25658/

[463] 綠色和平組織官方網站，2009，「綠色和平歡迎中國氣候承諾　敦促歐巴馬立即迎頭趕上」，http://www.greenpeace.org/hk/press/releases/climate-energy/2009/09/un-meeting2009/.

[464] 綠色和平組織官方網站，2009，「悼！哥本哈根會議失望而終　綠色和平

及期待,並未承擔起領導氣候變遷因應之責。對此,美國白宮亦公佈其承擔環境責任之作為,包括:國內眾議院在政府參與哥本哈根大會期間通過了與氣候變遷因應相關的 H.R. 2454 法案;2010 年 6 月發佈未來三年將經濟援助印尼 1 億 3600 萬美元,以用作對抗氣候變遷因應之途等。[465]但終因美國亦未於 2011 年的德班會議中,成功領導國際氣候締約國大會協商並制定出具約束性之協定,而仍難掩綠色和平組織對其未來承諾有效性減排的疑慮。因此,2009 年後至今,隨著具綠色環境背景的歐巴馬總統上任後,綠色和平組織從樂觀預期的歡迎、到敦促展現氣候因應領導力的呼籲,再到對美國政府並無主動積極性的因應作為而失望。美國政府試圖以國內法案的通過及對外經濟援助承諾的行動回應綠色和平組織對其應承擔環境責任領導角色之倡議,但並未積極回應溫室氣體減排目標的再突破。此時期在綠色和平組織眼裡,美國領導國際環境議題是「企圖突破卻後繼無力」;而在美國歐巴馬執政團隊的眼中,面對國際氣候變遷的因應及領導則是「有意願卻不強烈」。

第四節 美國與中國的雙向關係

中國及美國身為世界溫室氣體排放量排名第一及第二的兩個國家,自 2009 年哥本哈根會議後逐漸成為國際氣候協商機制所關注的焦點。本文欲探討影響美國因應氣候變遷議題之國內、國際因素,

---

譴責發達地區缺乏承擔」,https://www.facebook.com/media/albums/?id= 100000168152475#!/.
[465] 中央廣播電台,2010,「對抗氣候變遷 美國提供印尼 1.36 億美元」, http://funp.com/t1617819.

則兩者間之雙向互動關係亦為主要的研究範疇之一。中、美兩國在
UNFCCC 框架下的國家發展定位分屬不同類別,遂使其環境責任承
擔歸屬認知產生歧異。隨著中國經濟力、發展程度的上升及美國國
內經濟衰退困頓之因素影響,兩國針對已開發及開發中國家的環境
責任劃分歧異性鴻溝愈發擴大。尤有甚者,隨著中國傳達其「負責
任大國」形象的推進,其愈發積極地往中間路線靠攏之路徑亦成為
外界(包含各國或環境非政府組織)用以督促美國改變定位及掌握
環境領導的刺激。本節將以 UNFCCC 架構下各項國際氣候協商會議
為背景,探討美國與中國間的雙向關係。

壹、國家發展與環境責任關係

自 1992 年 5 月《聯合國氣候變化框架公約》以降,國家間依據
此公約所明訂的二十六項主要指導原則推動廣泛的發展合作。美國
及中國的互動發展亦深受國家發展程度及環境責任認知差異之影
響。隨著初始發展差異導致環境責任歸屬有別、再至探究兩國因發
展趨近而影響歧異加深的歷史脈絡,藉此說明影響美國及中國氣候
變遷議題互動關係下的背景基礎。

一、發展差異致責任差異

美國及中國雙向關係發展的第一階段,主要以《聯合國氣候變
化框架公約》作為背景,探究全球氣候變遷議題下的兩國環境責任
差異。在此階段中,國家發展程度差異之因素導致了環境責任的歸
屬有所不同。這樣的差異亦將影響兩國針對氣候變遷議題的國家定

位及政策方向。1992 年 UNFCCC 明訂了包含美國在內四十一個發展程度較高的「附件一」國家。[466]中國於是乎被界定在「非附件一」國家之林。美國及中國皆於 1992 年同意簽署 UNFCCC，這代表著雙方均同意聯合國以國家發展程度差異作為環境責任歸屬差異之認定。尤其美國是第一個加入 UNFCCC 框架內的已開發國家，更可代表當時美國並不反對「附件一」及「非附件一」國家間「共同但有差別的責任」。

美國同意在 UNFCCC 框架下參與聯合國氣候協商談判，也認同「附件一」已開發國家應提供資金及技術轉移給「非附件一」的開發中國家。尤其當時美國身為溫室氣體排放量的第一大國，又是主要的區域性霸權國家，對於承擔大部分環境責任義務並無特殊異議。而中國方面起初雖擔憂加入 UNFCCC 機制恐對國家主權產生威脅，但最終態度隨著該公約強調已開發國家應率先承擔溫室氣體減量責任之前提，而轉為擁抱接受與支持。因此，雙方在國際氣候協商機制發展的初始階段，即同意以國家間的發展程度差異，作為界定當時美國及中國環境責任差異的基礎。該公約雖未具法律約束力，卻也形塑早期美國及中國對於氣候變遷發展關係的互動緣起。

二、發展趨近致歧異加深

美國及中國雙向關係發展的第二階段，主要以《京都議定書》作為背景，探究全球氣候變遷議題下的兩國環境責任分歧性逐漸擴大。在此階段中，國家發展程度日益趨近的結果從而導致兩國對於

---

[466] 同註 146。

環境責任的認定產生了迥異的認知。1997 年《京都議定書》延續 UNFCCC 之原則，具體明訂「附件一」國家的減排量標準。[467]此項具有法律效力的規約形式增大了美國簽署的困難性。同時，中國未被納入減排的約束機制則被美國視為是「有缺陷」的設計。[468]對此，美國提出的說法是，同為排放大國的中國不應「搭便車」而未善盡減排責任。然而，回顧中國自 1992 年通過《聯合國氣候變化框架公約》乃至 2001 年美國宣佈退出《京都議定書》間，其溫室氣體排放量尚未超出美國的總排放量。若以其他溫室氣體排放大國被排除在外的說法，從而拒絕執行由過去承諾所延伸的責任目標，並不能用以完整解釋美國退出京都機制的主因。據筆者的觀察，中國日漸上升的經濟力及國力的快速發展，是影響美國轉變態度的重要因素。這也造成中美雙方對於「共同但有差別的責任」開始產生歧異。

中國的外匯存底至 2011 年仍舊排名世界第一。同時據世界銀行（World Bank）於 2011 年所公布之資料顯示，2009 年美國雖排名世界經濟體第一，但排名第三的中國亦緊追在後。[469]世界貿易組織（WTO）更公布 2009 年世界貿易前 30 大出口國名單，中國高居第一。[470]因此，中國的經濟成長及國力增長速度不容小覷。本文將藉由比較 1997 年至 2001 年兩國的「國內生產總值成長率」（GDP Annual

---

[467] 同註 112。

[468] 同註 413。

[469] The World Bank, 2011, "World Development Indicators database," http://data. worldbank.org/data-catalog.

[470] 財團法人科技政策與研究中心，2010，「2009 年世界商品貿易前三十大出口國金額及排名」，http://cdnet.stpi.org.tw/techroom/market/macro/2010/macro_10_003.htm.

Growth Rate）及「工業生產率」（Industrial Production Rate），來佐證兩國經濟力發展逐步趨近的解釋說明。

　　根據「貿易經濟」（Trading Economics）的統計數據圖，美國自 1997 年 1 月至 2001 年 12 月的「國內生產總值成長率」如圖 6-2 所示。值得注意的是，美國 GDP 成長率於 2001 年後成長率明顯逐漸趨緩。

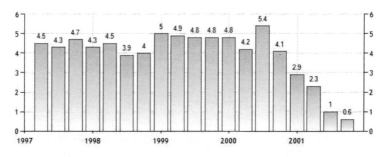

圖 6-2　美國「國內生產總值成長率」：1997-2001

資料來源：Trading Economics,"United States Annual Growth Rate," http://
　　　　　www.tradingeconomics.com/united-states/gdp-growth-annual.

　　而反觀中國自 1997 年 1 月至 2001 年 12 月的「國內生產總值成長率」如下頁圖 6-3 所示。成長率幅度維持在 6% 至 9.5% 之間。

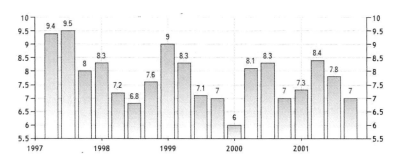

圖 6-3　中國「國內生產總值成長率」：1997-2001

資料來源：Trading Economics ,“ China Annual Growth Rate,” http://www.
tradingeconomics.com/china/gdp-growth-annual.

　　同樣根據「貿易經濟」的統計數據圖，美國自 1997 年 1 月至
2001 年 12 月的「工業生產率」走向，如圖 5-4 所示。在此期間，同
樣值得注意的是，美國工業生產率表現自後半期開始呈現明顯下滑
的趨勢。2001 年美國工業生產率表現更是首度降至 0%以下。

　　中國自 1997 年 1 月至 2001 年 12 月的「工業生產率」，則如圖
5-5 所示。在此期間，工業成長率雖經歷上下震盪的高低起伏，總體
而言並無出現低於 0%的生產率表現。此時期的平均工業生產率表現
亦顯示其穩定發展。

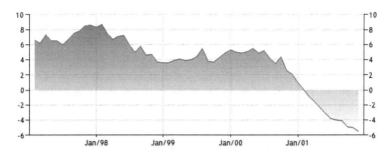

圖 6-4　美國「工業生產率」：1997-2001

資料來源：Trading Economics, "United States Industrial Production Rate," http://
　　　　　www.tradingeconomics.com/united-states/industrial-production.

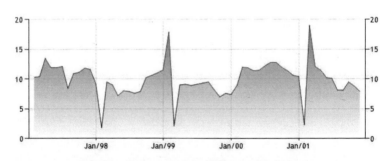

圖 6-5　中國「工業生產率」：1997-2001

資料來源：Trading Economics, "China Industrial Production Rate," http://www.
　　　　　tradingeconomics.com/china/industrial-production.

　　綜合比較中國及美國的「國內生產總值成長率」（圖 5-2、5-3），
藉此觀察自《京都議定書》通過時期（1997 年）至美國對外宣佈退
出京都機制（2001 年）間的 GDP 成長率平均值。計算結果顯示：

美國的 GDP 成長率平均值近 3.94%；中國則近 7.79%。[471]中國 GDP 的成長比率平均值結果幾乎高於美國近兩倍的成長速度。僅管中國龐大的人口稀釋並壓低了人均 GDP 值（GDP Per Capita），但中國快速的 GDP 成長率用以解釋其國家經濟力發展指標的重要性仍不可忽視。而若比較兩國「工業生產率」走向（圖 5-4、5-5）時可發現，中國在此期間的工業生產並無呈現負成長的情況。反觀美國則明顯自 2001 年上半季，開始呈現向下幅度的明顯衰退。中國的普遍發展雖不若美國的工業生產發展般趨平，但成長率在整體而言仍高於美國。因此，在中、美之間發展趨近的影響結果下，加深了美國對中國應盡環境責任之要求強度。尤有甚者，美國趨緩的經濟發展亦成為國內思考的重要考量。

貳、協商與對話

美國及中國雙向關係發展的第三階段，主要以《哥本哈根協議》及《坎昆協議》作為背景，探究全球氣候變遷議題下兩國環境責任歸屬議題對話的交集與分歧。在此階段間，國際氣候合作機制日益密切的結果從而導致各國對於中、美兩國環境責任歸屬動態的關注。隨著國際輿論壓力高漲及環境團體之倡議影響下，中、美兩國亦逐步思考後續協商對話機制的可能。因此，2009 年底 COP 第十五次締約國大會召開前夕，美國政府為釋出與中國協商之善意，歐巴馬總統親自出訪中國以尋求在即將召開的氣候大會上能達成進一步

---

[471] 根據圖 5-2 及圖 5-3 之數據資料，將 1997 年至 2001 年間每一季的 GDP 成長率表現相加起來，再除以總數共 19 季，如此算出 GDP 成長率在此時期間的平均表現。

的共識結果。2009 年 11 月 17 日，美國總統歐巴馬於北京會見中國國家主席胡錦濤（簡稱「歐胡會」）後，共同發表了一篇《中美聯合聲明》（U.S.-China Joint Statement）。聲明中指出：

> 雙方致力於在哥本哈根會議達成最終的法律協議，同時相信，在「共同但有差別的責任」原則和各自能力的基礎上，達成的成果應包括已開發國家的減排目標和發展中國家的國內適當減緩行動。[472]（中國網，2009）

在此聯合聲明中，注入兩國在後續氣候大會擴大共識及減少分歧的希望平台。雙方均高度評價此次「歐胡會」對話機制對於增進兩國理解、尋求共同問題解決的重要性。除了透過此聲明對外表達支持對話協商機制的貢獻外，此聯合聲明亦含括了兩國對彼此之間的對話。美方陳述表示：「歡迎一個強盛、繁榮而成功的中國，在世界事務上扮演更多的角色。」；而中方則回應：「歡迎美國以一個亞太國家之身分，對區域內的和平、穩定及繁榮促成貢獻。」[473]這些回應除了顯示兩國對彼此未來角色有更多期許外，更透露雙方希望透過此會面傳達善意合作的訊息。而有關此次雙方的會面對話，與該年年底將召開氣候變遷哥本哈根大會之關聯，美國白宮公開發佈消息指出：「雙方均承諾要共同合作，並努力與其他國家一同為哥本

---

[472] 中國網，2009，「中美聯合聲明（2009 年 11 月 17 日　北京）」，http://www.china.com.cn/policy/txt/2009-11/17/content_18904837.htm.

[473] 此句原文分別為:"the United States welcomes a strong, prosperous and successful China that plays a greater role in world affairs," "the China welcomes the United States as an Asia-Pacific nation that contributes to peace, stability and prosperity in the region." 內容參閱：Susan V. Lawrence, Thomas Lum, 2011, "U.S-China Relations: Policy Issues," http://assets.opencrs.com/rpts/R41108_20110112.pdf. p.4.

哈根成功的結果努力。」[474]對此，藉由此次「歐胡會」的對話機制，雙方均表達同意氣候變遷是當今最大挑戰之議題。並且，亦認同「國際合作」（international cooperation）是因應這項艱難挑戰不可或缺的方式。

然而，《中美聯合聲明》的效用及兩國間傳達善意合作的願景並未完全在哥本哈根會議中顯現出來。仔細探究其中之一原因在於，哥本哈根會議期間形成一種集團與集團間對話模式的形態。亦即，在「77 國加中國」的開發中國家陣營及以美國為首的「傘形集團」陣營之間的對峙情勢。[475]比如：在哥本哈根會議中，美國代表發言表示要求中國自願減排、承擔量化的強制性責任措施必須是國際協議的一部份。2009 年 12 月 9 日，美國氣候變遷氣候代表托德史汀更直接在新聞發佈會上指出：「中國的減排行動同樣要接受國際社會的「三可」（可報告、可檢測、可查核）的監督。」對此，中國外交部副部長何亞非在 11 日以相對嚴厲的用詞回應 Todd 的發言，直指其說法是：「極其缺乏常識。」[476]中國用此表達不願開發中國家受到已開發國家假借監督查核之名、而行主權干預之實。因此，這樣的對話模式伴隨著已開發及開發中國家兩大陣營內部合作以互相牽制的效應，擴大了涵蓋影響範圍及集團成員間的訴求分歧。此不僅降低了中、美雙方在「減排原則」、「減排額度」及「減排資金技術援助」等議題上的共識基礎。也促使會議中多次兩國與會代表彼此質問交鋒的現象出現。

---

[474] The White House, 2009, "U.S.-China Joint Statement," http://www.whitehouse.gov/the-press-office/us-china-joint-statement.

[475] 同註 244，頁 11-13。

[476] 同註 244，頁 11-12。

然而，中、美間對話協商機制的困境，在 2010 年召開的坎昆會議中出現了轉折。據紐約時報的報導，雙方在坎昆會議中展現了極小化雙方差異的可能。針對在哥本哈根會議中所爭論的國家主權受侵犯問題，中國此次放低了姿態；美國也調整了原本強硬堅持的態度。[477]同時，雙方也釋放出欲促進協議生成的誠意。托德史汀於此次會議中表示：「相信終會有一個協議出現。」（I do think there is an agreement to be had）[478]而中國的氣候變遷代表解振華也表達了簽署協議的意願性。據觀察，即便兩國間仍存在有認知差距的爭議，但坎昆會議整體協商氣氛較哥本哈根會議中改進了許多。究其最大原因，與美國及中國之間緊張關係的逐漸和緩有關。[479]因此，被視為較具透明公開度的坎昆會議，也相對獲得了令雙方都滿意的結果。然而，中、美兩國協商對話機制的增進並不全然與雙方氣候政策的積極度成正比。觀察中國參與國際氣候變遷大會的配合態度，反而日益突顯了美國政府參與積極度的不足。美國除了被批評不足以說服中國等開發中國家過度依賴燃油之外，[480]也被質疑其氣候政策執行力度的不足。[481]

---

[477] The New York Times, 2010, "U.S. and China Narrow Differences at Climate Talks in Cancun," http://www.nytimes.com/2010/12/08/science/earth/08climate. html.

[478] Ibid, http://www.nytimes.com/2010/12/08/science/earth/08climate.html.

[479] Ibid, http://www.nytimes.com/2010/12/08/science/earth/08climate.html.

[480] Annin Rosenkranz and Russell Conklin, op. cit., pp.350-351.

[481] 同註 288。

參、受制與妥協

美國及中國雙向關係發展的第四階段，主要以《德班協定》及其後發展作為背景，探究全球氣候變遷議題下兩國雙向互動關係的發展走向。在此階段中，美國及中國在參與氣候變遷大會及其國內政策走向各有所堅持與妥協。而兩國在大原則的妥協結果下亦形塑了往後簽訂具法律性約束公約的雛形。中國氣候變遷代表解振華於德班會議後表示，好的協商結果就是：「當沒有任何一方完全滿意結果，但卻是大家都可以接受的。」[482]而此次德班會議正可用以說明此項協商結果。源於雙方對於政治現實的認知，美國與中國在此次會議中亦達到了較高的相互信任度。正如同 Alvin Lin 及 Michael Davidson 的觀察，德班會議的對話機制確有助於搭起雙方信任差距的橋梁。有關雙方的行動及未來可能面臨的挑戰及困境，林艾文（Alvin Lin）及麥可戴維森（Michael Davidson）表示：

> 美國的困境來自於政治環境對於應對氣候變遷議題所能提出全面行動的挑戰。然而，美國正在許多方式上採取了行動，包括：強化聯邦運輸車輛效能標準、增加國家層級的動員、區域性的碳交易計畫等。中國則是在效能及可再生能源上作了穩健的努力。但未來在同意簽訂對已開發及開發中國家同等減量要求的法律性規約上會出現難度。[483]（林艾文及麥克戴維森，2011）

---

[482] Alvin Lin and Michael Davidson, 2011, "Durban Climate Talks and Bridging the Trust Gap," http://www.chinausfocus.com/slider/durban-climate-talks-and-bridging-the-trust-gap/.

[483] Ibid.

由此可知，美國受制於國內政治環境的壓力，迫使其無法作出立即而明確的氣候決定；中國則受制於國內經濟發展進程及背負開發中國家權益伸張之壓力，增加了同意簽訂高責任標準條約的困難度。中國傳達其「負責任大國」的積極形象和作為牽制了美國的氣候政策發展；美國對於中國環境責任歸屬納入的堅持則同樣牽制了中國未來的氣候履約走向。然而，為了回應全球暖化及世界生存危機的急迫性議題，在日漸密切的環境氣候國際合作下，美國與中國選擇了某種程度上的妥協與退讓。雙方均同意在 UNFCCC 框架之原則基礎下，中國不再堅持拒絕接受量化減排目標的約束；美國亦不再排斥未來簽署具法律約束規約的可能性。而中、美間互相牽連的關係，正如同英國「能源與氣候變遷部」前代表克里斯休尼（Chris Huhne）的觀察：「若中國採取往前邁向一大步之方式實踐國際責任，那麼我認為未來將會看到其他主要行為者採取類似的承諾方式。包括美國在內。」[484]這亦可說明外界對溫室氣體排放主要行為者之環境作為的期待，也能說明中國的積極作為將成為未來影響美國實踐國際責任的關鍵因素。德班會議後，雖未能完成簽署具法律約束力條約的階段性目標，但隨著中、美間的逐步協商與妥協，將有助於推動下一階段因應氣候變遷之進程。

第五節　小結

本章將研究對象設定在美國，主要將其與全球氣候變遷之關係區分為：「因應歷程」、「與聯合國間關係」、「與綠色和平組織間關係」

---

[484] Fiona Harvey and John Vidal, op. cit., http://www.guardian.co.uk/environment/2011/dec/08/durban-climate-talks-us-backs-europe.

及「與中國間關係」等分項探討。依循「因應歷程」可觀察美國自1993年至今的發展脈絡及過程；觀察「與聯合國間關係」可統整美國對聯合國所有有形、無形之會議參與或象徵含義的概括；研究「與綠色和平組織間關係」可探討美國自1997年至今與國際環境組織互動模式之轉變。美國環境議題的發展，亦受到來自於外部及內部因素之交錯影響。隨著國際社會行為者對美國的持續關注、及中國發展逐步趨近因素影響，使得美國歷任總統的環境政策走向亦成為觀察焦點。美國環境議題的特殊性也受到國內經濟發展趨緩及國會通過協議高門檻之因素影響。因此，納入美國因應全球氣候變遷議題之歷程，將能成為本文後續研究美國氣候變遷議題國內、外成因的重要依據背景。

自1993年柯林頓政府甫上任開始，美國提出包含「氣候變遷行動計畫」等三大重要氣候變遷因應計畫；1994年亦針對該計畫提出技術補充方案。然而，此時期的美國受到國際、國內間觀點差異迥異的影響，而未能使該期間的計畫目標得以發揮。1997年因應《京都議定書》，「氣候變遷工作小組」指陳美國的京都策略及因應原則，並倡導該《議定書》並不會對經濟造成損害。1998至2001年，美國立場以呼籲開發中國家加入參與及重申溫室氣體減排並不會阻撓經濟成長之發展為主。

此時美國與聯合國間之關係，有鑑於美國是第一個加入UNFCCC框架下的已開發國家，美國的立場態度在早期是傾向同意且支持聯合國框架下氣候因應架構的。不僅由環境保護署負責定期向UNFCCC呈報相關報告，並實質支援UNFCCC框架下用以支持開發中國家技術轉移的「全球環境基金」。受到柯林頓及高爾執政團隊的影響，政府並不排斥承擔氣候變遷之責。自1998年阿根廷、哈薩克等開發中國家加入《議定書》後，美國亦實踐承諾宣布簽署。

然受到 S. Res 98 決議案的影響，最終柯林頓政府並未完成將《議定書》送交國會批准之程序。使得此階段即便美國政府呼應聯合國氣候議題的指導原則及責任歸屬，美國仍舊未能達成聯合國架構下的承諾減排目標。

此時美國與綠色和平組織的關係，1997 年綠色和平組織向美國政府遊說應積極建立具強制性的暖化公約。1998 年柯林頓政府宣布加入《議定書》後，綠色和平組織持續將監督焦點放在後續長遠性的機制運作。受到《議定書》並未如預期送交至美國國會批准之故，綠色和平組織再度檢視美國柯林頓政府並未兌現過去承諾，並對美國轉以國內自願性減排行動的決策表達不滿與抗議。綠色和平組織呼籲要解決全球氣候變遷議題，最終仍須要回歸到國際議定條約的集體行動機制。因此，積極倡議美國政府應展現其保護環境及公共安全領導地位的一面。

而此時美國與中國的關係，國家發展程度差異影響了兩國對環境責任認知的差異。柯林頓政府執政初期，國際社會普遍認知美、中兩國的經濟發展及國力差異尚猶懸殊，而兩國對 UNFCCC 下「共同但有差別責任」的原則普遍均能接受。然而，期間隨著中國整體對外經濟表現的躍進、國內生產總值及工業生產率的成長等各項經濟數字的增加，逐漸淡化美國認知兩國發展程度差異的鴻溝。據此，開始出現雙方對環境責任的歸屬及認知上產生歧異的衝突磨合時期。

2001 年小布希總統上任後不久，即宣布退出《京都議定書》。2002 年初期小布希總統重申其不主動尋求管理美國溫室氣體排放量之限制性規範。之後隨著輿論及環境團體的壓力，美國另提出一套包含「氣候變遷科學計畫」在內的自願減排計畫性措施。然而，官方政府支持跟進的腳步遠遠不如地方各州的速度。2003 年後由

各州自發性的響應及自行管制減排行動於焉展開。受到區域性的各州行動影響，2005 年官方資深氣候代表公開闡釋美國未來將氣候變遷與多元發展議題結合的政策路線。然隨著中國取代美國成為溫室氣體排放量最高的國家，美政府於此期間的態度日漸在保守及迂迴中游移。

此時美國與聯合國間之關係，儘管美國聲稱在退出京都機制後並未揚棄 UNFCCC 框架下的原則基礎，然美國的退出依舊重創了聯合國架構下氣候協議的力度。2007 年聯合國祕書長利用與小布希總統會面的機會，表達其需要美國參與領導全球氣候變遷議題的期待。隔年小布希總統回應聯合國，美國實難同意剔除開發中國家對溫室氣體排放的責任。這也顯示了在主要開發中國家承諾擔負減排義務之現況尚未明朗之際，美國的態度並未因聯合國的持續施壓或遊說而有更改及退讓。

此時美國與綠色和平組織的關係，隨著美國退出京都機制後，綠色和平組織激進的態度顯得更為鮮明。2002 年綠色和平組織揭發美國政府與國內大型石油企業的緊密牽連，並表達小布希政府與石油財團掛勾之行為將會造成氣候安全機制之破壞。2007 年綠色和平組織代表在與聯合國秘書長會面後，於 COP 締約國大會時公開點出美國自願性減排承諾之努力毫無意義。由於美國政府未正面回應其與石油企業間之關係、加上其缺乏實質上的積極行動，綠色和平組織在失望不滿之餘，遂將美國領導全球氣候變遷議題之希望轉移到下一任繼任的歐巴馬總統身上。

2009 年歐巴馬總統於就職演說時對美國新世界責任形象的重塑，及對氣候危機議題嚴肅以對的態度。使得歐巴馬總統上任初期受到眾多環境團體的寄望關注。其亦於隨後提出幾大氣候變遷因應對策，包括：定期論壇、監控排放量、召集機構間氣候變化適應特

別小組、著重氣候變遷科學及教育等。相較於前任小布希總統的因應態度，歐巴馬總統更著重從政府管制的角色出發，以提升支持地方性因應氣候變遷的夥伴關係。然而，2009 年後全球大規模的金融危機風暴席捲美國，急迫性的國內民生經濟議題驅使民眾及國會更加謹慎審視美國參與國際氣候變遷協議的立場。此亦能藉此觀察美國政府在 2009 年後氣候締約國大會中態度變化的擺盪。

此時美國與聯合國間之關係，歐巴馬政府意圖打破小布希政府時對於氣候合作的消極態度，曾允諾要重啟聯合國氣候協議架構下「後京都」時代的協商機制。2009 年哥本哈根會議期間，美國釋出較為折衷的彈性以回應國際氣候協議減排之需求。2010 年坎昆會議期間，美國參與的態度則又再度回歸保守。究其原因，仍與國內經濟因素有著密切關係。2011 年德班會議期間，美國最終回應支持了由歐盟提議、聯合國同意的路徑圖。該路徑圖也形塑了美國未來簽訂繼《京都議定書》後約束性公約的可能。

於此期間，美國與綠色和平組織的關係，由初期綠色和平組織對歐巴馬政府的高度期待、到中期監督、再到後期的批評失望。過程中綠色和平組織均以簽訂具約束力法律條約之標準，作為檢視美國承擔氣候責任的依歸。2009 年及 2010 年的兩次氣候締約國大會，美國均未能在歐巴馬政府的率領下擔負起領導氣候變遷因應之責。綠色和平組織不願見複雜之政治因素牽扯入內，極力透過各項活動來呼籲歐巴馬政府須即刻拋下政治考量而進一步正視暖化帶來的生存危機問題。

而此時美國與中國的關係，受到國際氣候合作日益密切的結果影響，兩國思考未來進一步協商對話的可能性增加。2009 年歐巴馬總統出訪中國，會後發表的「中美聯合聲明」顯示兩國對彼此未來的角色有著更多期待。然而，兩國傳達善意合作的氛圍並未延續至

同年底的哥本哈根大會，集團與集團式壁壘分明的對峙型態降低了雙方的共識基礎，亦同時使得兩國間的協商機制出現困境。而美、中兩國逐步放低姿態使得 2010 年的坎昆會議出現了轉折，雙方又重新釋放出欲促成協議生成的誠意。2011 年的德班會議隨著美國附和歐盟所發聲的提議而更加耐人尋味。兩國之間的關係既互相受制、卻亦互有妥協讓步。中國亦將成為未來影響美國採取全球氣候變遷政策的重要國際行為者。

回顧全球氣候變遷及美國的回應，同樣以時間的橫軸加以檢視美國因應氣候變遷之歷程、及其與聯合國、綠色和平組織間的互動的關係。最重要的是，本章將美國與中國之間的互動關係亦作如是整理陳述。在時間發展脈絡的彙整下，可以觀察出美國與聯合國及綠色和平組織的互動關係，受到不同國家領導人、國內經濟發展、國際氣候協商氛圍、中國氣候變遷因應態度等因素所致而有所不同。自 1993 年至 2001 年的「柯林頓政府執政」時期、2001 年至 2009 年的「小布希政府執政」時期及 2009 年至今的「歐巴馬政府執政」時期，美國因應氣候變遷的立場態度從「試圖接納」、到「排斥接受」、再轉而「保守觀望」。美國的態度轉變自當受到眾多來自於國內、國外的影響因素。而下面的章節將更細部的研究分析美國環境政策的雙層博弈。

第七章

結論

第七章　結論

　　本文研究主題為：全球氣候變遷與暖化下的國際合作——「美國」角色與環境雙層博弈。其核心的研究動機有四，包括：環境議題的急迫與重要性、美國在全球氣候變遷扮演的重要角色及其環境政策轉變歷程、研究氣候變遷集體合作之效用及功能性、及了解環境議題國際合作的困境與挑戰。有鑑於複雜多元的環境議題牽涉範圍不僅止於國際因素、尚包括諸多國內因素的交錯影響。本文援引三大主要研究途徑作為本文的核心理論基礎。包括：新古典現實主義、第二意象反轉以及雙層博弈等理論。而研究方法則主要以文獻分析及歷史比較研究法為主。將過去許多重要的全球環境政治相關議題及文獻進行歸納及整理。並以各項氣候變遷大會之協議內容、國家態度立場等互動及轉變作為比較研究之主軸。本文除了描繪全球氣候變遷與暖化議題之研究模型圖外，亦將本文的研究脈絡繪製於論文架構圖之中。在本文之論文架構圖中，在「美國」與「聯合國」以及「美國」與「UNFCCC 框架下各協議」之間的雙向互動關係，為本論文之核心研究主軸。而其於國際行為者與國家間、已開發與開發中國加間之雙向關係，則亦為本文所探討到的範疇。

第一節　美國環境議題的雙層博弈

如果美國沒有扮演積極的角色，那麼世界上許多國家政府及重要行為者便無法有效率的處理環境變遷的問題。……因此，環境變遷已然變成美國外交政策的重要主題及特徵。[485]（保羅哈里斯，2001）

美國在國際上所領導的議題，常先前是由國內所管理的議題範疇。國內政治及國際關係之間的互動，能長遠的提供解釋美國環境領導當中——我們所見及我們所預期應該會發生的事。[486]（伊莉莎白德松布爾，2010）

　　美國在全球氣候變遷議題上所扮演的角色，恆常成為影響國際行為者能否有效處理因應的關鍵。學者保羅哈里斯（Paul Harris）同意美國若在全球氣候變遷議題中扮演積極領導的角色，將與世界各國能否有效率因應全球環境議題呈現正相關。伊莉莎白德松布爾同樣觀察到了存在於美國國內政治及國際關係間的互動，形塑並提供美國環境政策研究的重要基礎。這些存在於國內、國際因素間不具先後時序性的交錯互動，既能用以解釋真實的現況，亦能作為預測未來即將發生的預期。有鑑於美國在全球氣候變遷所扮演角色之重要性，本文嘗試以觀察美國環境議題的雙層博弈來解釋現存發展源由及對未來發展模式進行預測。

---

[485] Paul Harris, 2001, "International Environmental Affairs and U.S. Foreign Policy," in Paul Harris ed., The Environment, Interational Relations, and U.S. Foreign Policy. Washington, DC: Georgetown University Press, p.34.

[486] Elizabeth R. Desombre, op. cit., p.194.

本文以「美國」作為主要研究對象，而以「新古典現實主義」
的理論基礎為主、古勒維奇的「第二意象反轉」及普南的「雙層博
弈」理論為輔，結合氣候變遷議題之討論。結論首先先將核心焦點
放在檢視理論與美國實際氣候變遷因應發展之結合，共可分為三大
部分：（一）新古典現實主義與美國氣候變遷議題。（二）第二意象
反轉與美國氣候變遷議題。（三）雙層博弈與美國氣候變遷議題。

壹、新古典現實主義與美國氣候變遷議題

本文的立論基礎緊扣著新古典現實主義。在探討美國的氣候變
遷議題及其與聯合國、綠色和平組織、中國等行為者互動時，亦可
運用新古典現實主義的多層次分析基礎，佐證國際體系權力結構與
國家對外行為的影響關係。就新古典現實主義者而言，並不會純然
的比較國際層次、抑或是國內及決策者層次孰輕孰重的問題。反之，
兩者之間的分析優勢在於長程、遠程觀點的差異。[487]據此，將針對
就美國而言長程的影響（即國際權力結構）及短程的影響（即國內
政治因素）分別加以闡述。

一、對美國長程的影響：國際權力結構

新古典現實主義同意「權力」固然是決定國家行動的基礎、但
兩者間並非完全等同彼此。亦即，擁有全然的「權力」資源雖能影
響國家對外行動的舉措、但國家行動仍須兼顧國家利益之考量。美
國自 1992 年簽署 UNFCCC 後，遵循公約對「附件一」國家賦予較

---

[487] 同註 12，頁 124。

高的環境責任規範及期待。當時簽署時的國際權力結構背景，普遍圍繞在以美國為首的已開發國家之列。因此，可以將當時美國在國際結構體系中所擁有的「權力」，解釋為決定美國對外國家氣候變遷行動的基礎。另方面，由於新古典現實主義將「權力」與「資源」及「能力」劃上等號。也因此，當一國擁有豐沛的權力資源時，代表著該國擁有越多能促進對外行動能力資源的籌碼。學者伊莉莎白德松布爾就曾針對美國的全球氣候政治及其國內資源與單邊主義的行動作出相關研究及觀察。其中曾提到：「身為後冷戰時期在國際上國力最強盛之國家，美國深知它並不需要倚賴國際合作以捍衛其利益。」[488]因此，國力的強盛及其在國際體系中的相對權力位置，使得美國具有決定是否加入國際合作以解決問題的「選擇」。美國掌握的選擇性促成了其在氣候行動上的猶疑不確定性。此現象也構成了伊莉莎白德松布爾所觀察到的──在氣候協商中美國的「不情願」行為及單邊行動趨勢。

此外，由於國家利益仍是除了「權力」基礎之外的重要考量。因此，美國在全球氣候變遷行動中的「減碳成本」及其國家的「生態脆弱性」議題，便成為重要的觀察指標。就「減碳成本」而言，學者賴瑞派克，約翰布拉德格特及布蘭特亞客布希等對此曾提出觀察，由於美國簽署 UNFCCC 時對於加入全球氣候減排機制的成本認知超出預期，使得「減碳成本」成為美國加入氣候協議法律性規約的一大阻礙。[489]以《京都議定書》為例，主要的減排合作機制包括：「共同減量」、「排放交易」及「清潔發展」等機制。[490]而這些以透

---

[488] Elizabeth R. Desombre, op. cit., p.204.

[489] Larry Parker, John Blodgett, and Brend D. Yacobucci, op, cit., http://www.fas.org/sgp/crs/misc/RL30024.pdf.

[490] 同註 147。

過排放單位轉讓、技術轉移及財政支援的方式促進整體排放量的減量，卻會給承諾履行的已開發國家帶來沉重的支出成本。而《哥本哈根協議》後所明定給予開發中國家用以因應氣候變遷的高額綠色基金支援，亦成為已開發國家的負擔來源之一。而有關「生態脆弱性」的考量，學者德特雷夫史賓茲及馬丁韋伯和伊莉莎白德松布爾皆曾分別在不同的著述中，引述史賓茲和瓦托蘭塔的研究。他們表示：「如果美國受到環境的影響越嚴重惡劣，那麼美國自願性的減排動機也將隨之增強。」[491]而正因為美國受到生態破壞的脆弱性不若其他國家般強烈，基於國家利益的考量也將影響國家參與氣候協商合作的意願。綜上，美國在氣候變遷議題上的「低生態脆弱性」及「高減量成本」，不僅使得美國在環境議題被歸屬於「拖延者」的類別，也確實成為影響美國國家利益考量的依據。

二、對美國短程的影響：國內政治因素

　　新古典現實主義者認為國際權力仍須透過決策者和國內政治的承接傳送，始能轉化成為外交政策之行為。[492]同時，決策者及國內政治因素不可否認地具有直接影響的立即性作用，因此成為短程立即性的影響美國氣候變遷議題之行動。學者葛林蘇斯門（Glen Sussman）亦同意許多國內政治因素對於美國因應全球氣候變遷的關鍵角色。當中包括：美國總統、國會及國內組織利益團體等。[493]美

Elizabeth R. Desombre, op. cit., p.204.

Kandall L. Schweller, op. cit., pp.321-322.

Glen Sussman, 2004, "The USA and Global Environmental Policy: Domestic Constraints on Effective Leadership," International Political Science Review, Vol.25, No.4, p.349.

　國際關係與環境政治

國國會的因素相較於國家領導人而言，擁有更多、更立即的影響力。當中包括了 1997 年參議院通過的 S. Res. 98 法案之限制。這亦成為當時侷限美國總統柯林頓提交《京都議定書》給國會批准的關鍵因素。然而，國會也並非全然否決美國因應氣候變遷的行動方針。2009年美國參議院通過 S.1733 號法案，支持建立企業減少溫室氣體排放的「總量管制交易」計畫；同年眾議院亦通過 H. R. 2454 法案，內容包含了「乾淨空氣法案」之修正與延伸等。[494]這也顯示國會法案之通過對於美國內部進行減排修正計畫推動之立即性效果。

此外，國內利益團體也時常具有組織號召及響應動員民眾之立即性功能影響。「氣候行動網絡」（Climate Action Network）在各國產生的立即行為影響即是一例。這些來自不同國家和地區的非政府組織團體（包含本文所論述的綠色和平組織），向國家施壓以訂立限制氣候變遷的國際協定、協助開發中國家採用再生技術、並協助最脆弱的國家進行氣候變遷影響的預測評估及準備等。[495]

例如 1997 年綠色和平組織針對美國當時柯林頓政府不積極的因應《京都議定書》而提出抗議；[496]2001 年針對小布希政府退出《議定書》機制而日後更加監督美國政府與國內石化產業的關聯；[497]2002年因美國政府與埃克森石油公司的掛勾行為訴諸媒體力量加以揭

---

[494] Larry Parker, John Blodgett, and Brend D. Yacobucci, op, cit., pp.10-12.

[495] 根據紀登斯的說法，氣候變遷網絡遵循「三軌制」。包括向國家施壓使其訂立嚴謹目標、其次是協助開發中國家採用再生科技的「綠化軌」、最後是協助國家針對氣候變遷造成不可避免後果進行預測及準備的「適應軌」。詳細內容參閱 :Anthony Giddens, 2009, The Politics of Climate Change, Cambridge: Polity Press Ltd. Anthony Giddens，黃煜文、高忠義譯，「氣候變遷政治學」，台北：商周出版，頁 160- 161。

[496] Greenpeace, 1997, "Influencing Governments," op. cit.

[497] C-SPAN Video, 2001, "Environmental Protest Rally," op. cit.

露；[498]2009 年抨擊美國的消極態度造成哥本哈根會議結果的失敗等。[499]綠色和平組織的遊說及施壓功能，常能對輿論造成立即性的影響，進而刺激執政當局的顧慮及考量。而非政府組織不僅身兼壓力團體角色、也提供決策者及民眾科學資訊之了解。最重要的是，它們也經常與企業領袖合作而訂定方案與執行計畫。[500]然而，新古典現實主義並未否認因國內政治因素的變數太多而難有效掌握之事實。因此，也附帶主張仍須採取雙元的立場，兼顧國際及國內層次的分析原則，方能完整有效的分析美國氣候變遷議題之角色與發展。

貳、第二意象反轉與美國氣候變遷議題

古拉維奇同樣支持將國際體系研究延伸至國內政治的解釋中。惟應將國際體系視為解釋項，亦即將其視為「原因」而非「結果」。[501]是故在古拉維奇的邏輯之下，美國氣候變遷的國內政治因素很可能是國際體系之下的一項「結果」。因此，本文在探討美國氣候變遷議題時，須檢視國際體系結構對於美國環境政策的影響。而國家間權力分配之因素，也將成為促進或阻礙美國環境政策推動的影響成因。據此，將討論美國環境政策的阻力與助力因素，及檢視美國國家利益與環境政策期待的關聯。

---

[498] Greenpeace, 2002, "Protest against Exson expands across the globe," op. cit.

[499] 同註 464。

[500] 如與沃爾瑪（Wal-Mart）企業合作，從大量減少自身碳排放量著手、並要求供應商衡量與報告其排放量、特易購（Tesco）則是保證產品上須貼上「碳標籤」以使消費者了解生產過程產生多少溫室氣體等。同註 390，頁 161。

[501] Peter Gourevitch, op. cit., p.881.

一、美國環境政策的助力與阻力

自 1992 年 UNFCCC 通過並承繼《聯合國人類環境會議宣言》中之原則宗旨以降，推動各國就環境資源規劃、保育推廣及環境保護等，成為應對氣候變遷議題賴以依循的重要框架架構。美國雖於 2001 年退出聯合國架構下的《京都議定書》機制，但其代表團仍持續每年參與氣候締約國大會。顯示對於大會的關注及參與動機仍在。而美國亦於多次氣候變遷重要會議後，在國內推動執行相關因應政策措施。如 1992 年里約地球高峰會議後，1993 年美國推動課徵「英熱單位」稅、宣布「氣候變遷行動計畫」等；[502]1997 年第三次締約國大會後，1998 年美國宣布執行 6.3 億美元「氣候變遷技術倡議計畫」；[503]2001 年於第七次締約國大會後，2002 年美國提交限制溫室氣體排放的自願性減排措施計畫、並提出每年 2 億美元的「氣候變遷科學計畫」；[504]2002 年第八次締約國大會後，2003 年美國提出「總量管制交易」系統等。[505]聯合國氣候變遷架構協議確實提供包含美國在內的各國，一套促進因應氣候變遷議題的政策方針。然就國際社會的認知，對美國而言，聯合國框架所提供的指標性價值遠勝於實質性的規範性價值。儘管美國遵循 UNFCCC 之原則基礎因應氣候變遷計畫，卻未承諾遵照該原則簽署並執行具法律性的規範公約。究其原因，與美國在國際體系內的相對權力位置有關。這也正符合新古典現實主義內所談的權力資源關係。

---

[502] President William J. Clinton and Vice President Albert Gore, Jr., 1993, op. cit.

[503] The White House Office of the Press Secretary, 1998, op. cit.

[504] Harlan Watson, 2005, op. cit.

[505] Joseph I. Lieberman and John McCain, 2003, op. cit.

古拉維奇的第二意象反轉亦同意全球氣候變遷議題深受國家間權力分配所影響。本文所探討全球氣候變遷議題的國家回應時，分別以美、中兩國作為已開發及開發中國家代表之探討。隨著中國整體經濟表現及國力的上升，美國對於中國應納入氣候變遷承擔之責的強度也日漸增高。1997 年至 2001 年間，中國不論在「國內生產總值成長率」或是「工業生產率」方面的發展，均持續性的成長並超越美國之發展。[506]2001 年美國以《京都議定書》未納入如中國等主要排放大國之由，宣布退出京都機制。此後的氣候締約國大會協議，由於並未將開發中大國納入共同減排義務之規範範疇，而失去了美國批准法律約束力條約的前提。而這亦可說明國家整體相對位置的改變可能左右國家氣候政策的態度及立場。中國國力的增長改變國際體系相對權力的位置，進而影響美國國內決策者、國會及民眾的環境責任歸屬認知。最後，成為影響美國氣候變遷議題的對外態度及外交行為。因此，對美國環境政策而言，聯合國氣候變化因應之整體架構有助於美國因應並推動國內之政策與規劃方案。然國家在國際體系權力結構的改變與國力消長關係，都將可能成為阻礙環境政策回應國際規範的隱藏因素。

二、美國國家利益與環境政策期待

在古拉維奇的研究命題中，曾就探討在世界經濟中的國家定位來思考國家政策與其期待是否一致的問題。若連結本文中研究對象之討論，在美國氣候變遷議題的探討中，美國氣候變遷之環境政策是否與國家利益一致？抑或是否迎合環境團體之期待？要回答這些

---

[506] Trading Economic,1997-2001, op. cit.

問題則必須先檢視美國國家利益為何。在理解國家為何有所行為之時，可以從安全、經濟因素、國家聲望等因素著手。[507]就安全因素而言，氣候變遷環境議題已逐漸與生存安全議題結合。據學者克力歐帕斯卡（Cleo Paskal）的觀察，曾引述美國退役海軍將領在 2007年時發表的「國家安全和氣候變化威脅」報告。其中提到因氣候因素而將加劇國家間緊張之局勢，而當緊張越過臨界點時就將會引發嚴重的衝突。該報告點出了美國也不能將此置身事外，是故顯著的氣候變化會對美國國家安全構成嚴重威脅。[508]若從人類生存安全與環境破壞威脅的角度而言，美國的環境政策應與長遠性的國家安全思維相符合。然若從經濟因素而論，由於 UNFCCC 基本框架下對於國家間的環境責任歸屬不同。美國所應負擔的環境責任成本也遠遠超過其餘開發中國家。這也正是國會無法批准氣候變遷相關規範性條約之主因。1997 年參議院以 95 票對 0 票通過禁止美國批准任何會傷害美國經濟之國際協議。[509]這亦使受到全球金融及經濟危機影響的美國在環境政策的推動上更顯困難。而就國家聲望而言，美國為居區域霸權之地位。就國際社會主要協商者而言，多數傾向藉由美國的參與而增加規範性的協議建立。伊莉莎白德松布爾更是直接

---

[507] 根據赫柏特李文的說法，要理解為何國家如此行為的解釋項包括：「安全」、「經濟」、「民族主義」、「軍事考量」、「國家聲望」、「心理因素」等面向。詳細內容參閱：Herbert M. Levine, 1993, Political Issues Debated: Introduction to Politics, N. J.: Prentice-Hall. Herbert M. Levine，王業立、郭應哲、林佳龍譯，1999，「政治學中爭辯的議題」，台北：韋伯文化，頁443-447。

[508] Cleo Paskal, 2010, Global Warring: How Environmental, Economic, and Political Crises Will Redraw the World Map, N. Y., Palgrave Macmillan. Cleo Paskal，錢峰譯，2011，「新一輪全球博弈：環境、經濟及政治危機將如何改變世界格局」，北京：中信出版，頁 5。

[509] The Library of Congress Thomas, 1997, op. cit. 同註 347。

點出了若沒有美國的參與減排，那麼其他國家都將明白自己的行動對於整體氣候體系的影響將會非常侷限。[510]而這也說明美國的國家地位對於他國的示範性作用及對協議本身的權威性展現。2011 年的德班會議中，美國正因為持續受到來自各方的期待與環境團體的倡議，出乎意料地宣布支持歐盟於大會中所提議的減排目標計畫。並首度承諾未來不排斥在國際氣候協商合作的機制下，簽署法律性公約的可能性。這對於承繼後京都時代的國際社會變遷合作將有劃時代的意義。而正亦是不久的將來筆者將會持續關注的焦點。

參、雙層博弈與美國氣候變遷議題

普南的雙層博弈理論闡述了國內及國際政治間的複雜糾結性。並強調了來自於國際的壓力恆常成為政策轉變的必要條件。[511]對於領導者、國際高峰會及政策之間的關係，普南解讀為：「對領導者而言，若沒有國際峰會的協議，他們則無法輕易改變政策。」[512]因此，若套用美國氣候變遷議題的例子而言，自 1995 年 UNFCCC 第一次締約國大會開始，國際氣候峰會協議的氛圍應有助於促使美國領導者醞釀環境政策的訂定與修正。然而，現實狀況下的美國在應對氣候變遷議題時，為顧及國內政治因素則多採取較為保守、規避的立場。據此，仍可援引普南所提氣候環境議題的「不協議成本」及「獲勝集合」之概念加以討論。同時，將普南所論述之兩階段雙層博弈的互動，套用美國的氣候變遷議題實例加以一併檢視。

---

[510] Elizabeth R. Desombre, op. cit., p.193.

[511] Robert D. Putnam, 1988, op. cit., pp.429-430.

[512] Ibid, p.430.

一、美國的不協議成本與獲勝集合

對國際社會多數國家而言，由於氣候變遷議題牽涉人類生存環境與國家安全之範疇，是故不簽訂共同遵守規範的「不協議成本」是代價高昂的。然而就美國而言，對於「不協議成本」的認知相對薄弱。亦即，「減碳成本」代價的立即性遠勝於「不協議成本」的影響。因此，普南曾提出：「不協議成本越低、獲勝集合則越小，所以應該要增加不協議之成本。」[513]對此，普南支持以擴大利益同質性而減少派別衝突性的作法，來評估並增加不協議之成本。2011年的德班會議中，歐盟代表拋出了2015年前須訂立承繼《京都議定書》後的減排目標提議，理由在於須立即衝接《議定書》2012年後的承諾空窗期。而中國在其強調「負責任大國」之國際形象下，亦首度表達未來願納入承擔限排義務之責。過去將中國等排碳大國的環境責任排除，恆常成為美國不願納入法定減排義務機制的源由。然而，隨著中國態度的軟化、歐盟態度的積極，均增強了未來美國對於氣候變遷議題所不能逃避之責。隨著《京都議定書》第二承諾期的即將屆滿，國際間須共同簽訂另個氣候變遷協議的時間急迫性又更為增強，美國的「不協議成本」相較過去於焉升高。

而就「獲勝集合」與簽訂國際協議的關聯，普南解釋到：「越是能自給自足的國家（如美國），獲勝集合則越小；那麼自然就簽訂較少的國際協議，同時也使得協議更難達到。」[514]2001年美國小布希總統執政期間退出《京都議定書》機制，並宣布往後拒絕參與任何有關《議定書》之協談正是一例。聯合國氣候協商機制試圖在年度

---

[513] Ibid, p.442.

[514] Ibid, p.443.

締約國大會中，透過議題連結的方式促進美國加入國際協議達成的可能，然而受到來自於國內壓力的增加而使其在國際上的相對位置愈弱。這也正符合普南所提出的——關鍵決策者自主性的問題。美國總統或中心決策者的自主性愈低、能夠產生的「獲勝集合」則愈小。小布希總統執政時的環境政策作為即是例證。此外，也可運用普南所描繪的協議「獲勝集合」圖來說明美國與他國氣候協議的位置與意圖。若將美國及其他開發中國家視為圖中的兩方，儘管自 2011 年的德班會議後，未來兩方可能在重疊交集的區域達成了氣候協議之規範共識，但美國仍盡可能的朝向擴大他方的「獲勝集合」範圍，以促使最後協議結果趨近於己方的最佳位置。[515]而這也正是美國自退出京都機制以來，持續與開發中排碳大國之間的「獲勝集合」拉鋸角力。

二、美國的雙層博弈理論兩階段互動

根據普南所論述雙層博弈理論中的兩階段互動，第一階段存在於談判者在進行協商後，所達成的非確定性初步協議。而第二階段則是談判者與其內部選民間，針對第一階段初步協議中是否批准生效的討論。[516]而協議最終的核可生效，有賴於此兩階段的同意與通過。在此過程中，兩階段間常出現非一次性的交互影響。

在現實中的美國氣候變遷協議過程，美國恆常在第二階段的內部協商中，否決了第一階段的協議而使其無果而終。例如 1998 年柯林頓總統在（第一階段）國際氣候協議中，因阿根廷及哈薩克等開

---

[515] 可參考本文第二章中的圖 2-5 所示。Ibid, p.447.

[516] Ibid, p.436.

發中國家的允諾加入而同意簽署了《京都議定書》；當其欲進一步的將國際協議之結果交付（第二階段）國內批准生效時，卻因國會的法令條款限制而遭受阻礙。《京都議定書》並未達到協議核可生效的條件，因其必須具備在個階段中均被同意接受且通過。

此外，根據普南的觀察，影響第二階段協議進行的變數包括：決策者偏好、聯盟、國內傾向等。就美國的例子而言，決策者的環境意識、國家發展偏向、利益團體號召等均對美國氣候變遷發展造成影響。2001 年宣布退出《京都議定書》的小布希總統，其與國內石油產業等企業關係緊密。執政期間全球所遭遇的金融危機風暴促使美國發展更加偏向資本導向型的經濟發展模式。在此期間，利益團體（如綠色和平組織）的號召與倡議，監督著美國仍須在國際氣候協議中有所作為，同時亦直接促使了美國各州發動自發性的限制減排計畫。其影響之成效雖不如國家發展偏向及決策者環境意識來得鮮明，但某種程度上，仍發揮其重要的督促監督角色。

第二節　本文研究發現

在全球氣候變遷與國家的回應中，以中國作為開發中國家研究之代表。中國經濟的發展與國際地位的提升，使其因應氣候變遷之態度亦成為影響美國環境政策的重要一環。而已開發國家則以美國作為研究之代表。受到國內政治的影響，美國在全球氣候變遷規範下的位置成了「低生態脆弱性」、「高減量成本」的「拖延者」。以下將彙整本文之重要研究發現。

壹、中國之作為

一、氣候變遷因應歷程發展

　　中國自 1990 年至今的氣候變遷因應歷程共可分為三大時期，包括：（一）1990 年至 2003 年之「發展緣起」時期。（二）2003 年至 2007 年之「醞釀轉型」時期。（三）2007 年至今之「主動因應」時期。在「發展緣起」時期，中國隨著國際間對氣候變遷協商氛圍的逐漸形成，開始涉入有關氣候變遷責任承擔的態度討論。作為 UNFCCC 下所明列的「非附件一」國家之列，中國與其他開發中國家集結，共同要求並堅持已開發國家須拿出實質承諾。而「醞釀轉型」期間，2003 年成為中國展現更進一步涉入與全球氣候變遷相關討論的第一個轉折點。中國成立氣候變遷的專題小組、提交氣候變化之資訊通報、並提出實質的氣候變化評估報告等。展現中國在科學技術為支撐的基礎下，為往後更大規模涉入國際氣候議題作出規劃準備。「主動因應」時期使得 2007 年成為中國態度轉而主動的另個轉折點。中國發佈應對氣候變化之方案、提出再生能源規劃之方案、成立應對氣候變遷之領導小組等。由內部職能強化、輔以外部環境議題的合作突破。意圖向國際社會傳達其「負責任大國」之形象。綜上，中國因應氣候變遷議題之歷程可得到幾項觀察：（一）從內而外職能強化及履約追蹤展現中國對氣候變遷議題之重要性日增。（二）中國未來將朝向「節能式」發展模式途徑。（三）「負責任大國」應以「負責任的承諾」回應國際社會及氣候變遷之議題。中國發展「低碳經濟」之轉變，顯示其已朝向一條有別於以往的道路。而此也正成為本文研究中，影響美國深切的國際成因之一。

二、與聯合國間之互動

　　就因應氣候變遷議題而言，中國與聯合國之間關係密切且保持友好。聯合國祕書長曾於 2011 年公讚揚中國長期以來對聯合國的大力支持與合作。本文討論框架包括：（一）UNFCCC 基本框架下的中國態度。（二）中國與京都議定書。（三）中國與哥本哈根協議。（四）中國與坎昆協議。（五）中國與德班會議。中國隨著年度的 UNFCCC 締約國大會之態度愈加積極。除了明確區分已開發國家及開發中國家之責任有別外，更強調已開發國家須率先承擔溫室氣體的減排責任。中國掌握了在 UNFCCC 框架下對自身有利的發展優勢，認定國際合作務不能悖離 UNFCCC 及京都議定書所確立的基本原則與規定。隨著愈加緊密的國際氣候環境合作，及體認其為該機制下之受益者，中國逐漸從早期的質疑成效到正面的擁護支持。中國將京都議定書視為是 UNFCCC 框架下的延伸，中國也利用時機鞏固其與其他開發中國家的雙向關係。中國於哥本哈根協議中，仍強調已開發國家所不能逃避的減排責任。中國願意朝向長遠以「低碳經濟」之發展模式，但拒絕遭受已開發國家的查核監控。而中國支持坎昆協議所強化的「雙軌制」談判平衡標準。明確規範「綠色氣候基金」用於協助開發中國家應對氣候變遷議題之途。中國對協議結果也表示，雖有不足但感到滿意。最後，中國首度在德班協定中鬆口未來加入承擔限排之義務。其中，中國所列舉的幾項前提並不影響國際社會對其展現正面積極象徵之肯定。中國態度的妥協除了與其傳達「負責任大國」之意向有關外，也被視為是國力躍升後的氣候變遷承諾展示。此不僅對美國於德班協定中的態度有所牽連，也激勵國際社會以此作為監督美國作為的參考指標。

三、與綠色和平組織間之關係

　　中國與綠色和平組織之關係，隨著中國的快速發展及受環境威脅的迫切性日增，加速非政府組織推動中國推動永續能源發展之基地。兩者間的雙向關係可依觀察分析範疇區分為：（一）1997 年至2007 年間的互動。（二）2007 年至今的互動。在第一階段的互動過程中，從綠色和平組織早於中國發展的艱難、中期與政府部門斡旋的緊張、再到後期持續推動適於解決及應對之方案。綠色和平組織以喚醒民眾對於氣候變遷之重視出發，逐漸對政府提出進一步的政策建議。中國廣納非政府組織之意見得以作為施政考量外，也有利於型塑「負責任大國」之意向。因此，中國在綠色和平組織的監督下多選擇與其合作。綠色和平組織主張，開發中國家應該避免重蹈覆轍而更謹慎自覺。中國也對發展可再生能源的機會表示期待。綠色和平組織曾就中國發展「風力發電」之成果作出預測，表示中國將能藉此解決氣候變遷之災害，並能減少化石燃料發電所造成的二氧化碳排放。中國綠色和平組織代表曾表示，中國制定具約束性的可再生能源發展和能效目標，顯示其所作的努力已超過某些已開發國家。此對於其他已開發或開發中國家而言，均具有某種程度的示範意味。而在 2007 年後至今的互動，對比其他已開發國家之態度，中國表達對未來提出更積極、更高標準之減排措施之需求。觀察綠色和平組織推動與中國間之互動與對氣候變遷議題之因應，可歸納包括：（一）試圖透過讚揚開發中國家應對氣候變遷議題之態度，刺激已開發國家更積極的表態及作為。（二）試圖透過鼓勵方式激勵更多開發中國家仿效跟進，以訂立更明確的控制排放目標。（三）試圖將環境議題提昇至全球議題層次，中國及其他開發中國家不能

再閉門被動以對。隨著時間發展，中國愈發了解非政府組織在推進國際合作的功用，非政府組織亦有更多與中國官方接觸之協商機會。2011年德班會議中，中國代表團以較開放積極的姿態接受訪問，欲樹立積極推動國際氣候合作之積極立場鮮明。而國際社會也時常將中國因應氣候變遷態度之轉變，對比美國之態度立場。因此，中國在影響美國氣候政策議題時，被視為是一大重要影響之國際因素。綜上，可觀察出中國既受到來自於國際社會行為者之關注、亦受到來自於內的經濟發展及貧富懸殊差異之壓力。中國環境議題的發展同樣受到來自於外部及內部因素之交錯影響。中國經歷了因應氣候變遷歷程的不同轉折，也在不同階段的應對回應中，與國際政府組織及非政府組織之代表所有互動。中國因應氣候變遷之態度也歷經了「保守謹慎」、「規劃評估」、以及「主動發展」等三大階段。

貳、美國之回應

在全球氣候變遷與國家的回應中，以美國作為已開發國家研究之代表。美國在回應全球氣候機制的規範面臨了在「環境保護」及「國內經濟」間的拉扯。受到國內政治的影響，美國在全球氣候變遷規範下的位置成了「低生態脆弱性」、「高減量成本」的「拖延者」。

一、氣候變遷因應歷程發展

美國自1993年至今的氣候變遷因應歷程，依據不同國家領導人之任期共可分為三大時期，包括：（一）1993年至2001年之「柯林頓政府執政」時期。（二）2001年至2009年之「小布希政府執政」

時期。（三）2009 年至今之「歐巴馬總統執政」時期。在「柯林頓政府執政」時期，美國雖成立諸多溫室氣體減排計畫，卻未達成其在 UNFCCC 架構下之減排目標。也未能完成京都議定書之批准及其相應規則程序。據觀察，美國在此時期因國際、國內之觀點差異過大而致使國家具體承諾減排之意圖並未實踐。「小布希政府執政」時期，執政團隊提出對京都議定書機制的不信任及其可能造成美國經濟傷害的疑慮。美國拒絕加入官方的國際氣候合作減排機制，僅以提出國內自願性的計畫措施為主。小布希總統對於反對溫室氣體排放限制之立場，也反映在氣候變遷議題相關之施政方向上。此時期美國的氣候變遷政策方面，傾向非侷限在單一的氣候變遷議題範疇。而應朝向結合多元議題，例如減少貧窮、強化能源安全等之廣泛發展。「歐巴馬總統執政」時期，美國逐步順應國際氣候變遷合作之趨勢。提出氣候變遷相關適應策略、確認科學數據與相關因應對策、以及建立與地方及洲之間有效的夥伴關係等。

二、與聯合國間之互動

美國與聯合國之間關係受到多方關注。聯合國祕書長曾於 2007 年公開表示，氣候變遷因應的關鍵須仰賴美國及聯合國間的共同承諾與努力。2008 年聯合國並未放棄嘗試與美協商溝通之立場，然美國並未因聯合國持續的遊說壓力而更改原先的態度立場。仍舊堅持主要的開發中排放國須要共同承擔減排責任。有關兩者間的雙向關係討論亦包括：（一）UNFCCC 基本框架下的美國態度。（二）美國與京都議定書。（三）美國與哥本哈根協議。（四）美國與坎昆協議。（五）美國與德班會議。美國於 1992 年身為第一個同意簽署

UNFCCC 的已開發國，卻並未實踐此原則遵照後續氣候變遷大會之協議。究其原因包括：（一）當時認為減碳並不需要負擔高額成本。（二）當時多數議題乃圍繞在已開發國上。（三）當時已開發國家佔溫室氣體排放的大部分。綜上，當時時代背景使然之下，美國並未抗拒成為應承擔多數減排責任的「附件一」國家之列。而美國卻於2001 年決議退出京都議定書之規範機制。僅以國內自願性之行動回應 UNFCCC 框架下的國家減排限制。這與國際社會期望美國成為因應氣候變遷議題之領導者的差距甚大。國內限制國際協議通過門檻之法案通過、執政團隊政黨背景及決策者本身的偏好、國內的經濟狀況等，皆影響此時期美國的回應態度。哥本哈根協議中，美國設定的減排目標相較於其他行為者來得寬鬆。出席協商的氣候代表也對未來是否能通過國內立法通過的態度保留。然而，期間國會參眾兩院均通過促進減量排放標準之議案。顯見當時美國氣候政策乃採中間偏左之路線。既釋出談判誠意、國內卻採取較為彈性緩衝的環境法案以回應國際社會減碳之需求。坎昆協議中，美國不否認未來出現法律約束力條約的可能性。隨著中國展現「負責任大國」之形象，美國在不與其國家利益相悖的原則下，也朝向緩慢跟進及參與協商的態度。此趨向延伸至德班協定中，美國附議支持歐盟所提議的積極減排目標。但仍要求中國必須納入限制減排之範疇。美國的態度顯見其欲保留歐盟提議內容中的彈性，而不願過於制式而僵硬。

三、與綠色和平組織間之關係

美國與綠色和平組織之關係，隨著環境非政府倡議網絡角色的重要性日增，增強了兩者之間互動關係之緊密。綠色和平組織將美

國視為是參與並引領國際社會共同面對氣候危機之當然人選。透過多次的公開呼籲，企圖施壓美國應承擔起領導之責。兩者間的雙向關係同樣依據三位不同領導者之任期分為：（一）1993 年至 2001 年之「柯林頓政府執政」時期。（二）2001 年至 2009 年之「小布希政府執政」時期。（三）2009 年至今之「歐巴馬總統執政」時期。在「柯林頓政府執政」時期，綠色和平組織呼籲政府應正視溫室氣體的排放量問題，並要求柯林頓政府須提出一個強而有力的全球暖化公約。在 1997 年該組織利用與副總統高爾會面之機會，極力敦促政府於氣候變遷大會中能扭轉因應之態度。1998 年，綠色和平組織以歐盟及日本等國為例，對比美國應跟上腳步並加入具強制性的減排目標。雖然美國於 1998 年宣布簽署了京都議定書，組織卻提出真正關鍵點在於未來是否具體執行與運作。而綠色和平組織亦對於美國將重心投入在國內自願性減排之措施不表認同。在「小布希政府執政」時期，受到美國宣布退出京都機制之影響，綠色和平組織內部的不滿與對外抗議活動數量達到高峰。其認為美國的退出是不道德且不正確的決定，必須要立即行動已正視該議題。組織隨後將其關注焦點轉移至監督美國國內石油產業與政府間關聯之現象。選擇以直接行動揭露國內石油公司干預美國環境政策立法的黑幕。企圖喚醒公民社會中民眾的環境意識覺醒。2007 年綠色和平組織再次批評美國的國內自願性減排毫無意義，應加入國際氣候合作之機制規範下運作。「歐巴馬總統執政」時期因從號召綠色環境主張出發，組織極力盼望新任的執政團隊能承擔起全球暖化議題的領導之責。組織利用 2009 年中國態度的暖化，敦促歐巴馬總統應責無旁貸確保哥本哈根協商的成功。對此，美國政府回應並公佈其承擔環境責任之作為，包括：國會通過與因應氣候變遷相關法案、經濟援助開發中國家用於對抗氣候變遷之議題等。可看出美國政府試圖以國內法案

的通過及對外經濟之援助，來回應綠色和平組織對其應承擔環境責任領導之倡議。

四、與中國間之互動

　　美國與中國之間關係，隨著中國經濟力及發展程度的日益增高，使得兩國對於已開發及開發中國家之環境責任歸屬分歧性愈大。有關兩國與因應氣候變遷議題間之關連，可從兩部分加以分析：（一）國家發展與環境責任關係。（二）協商與對話。（三）受制與妥協。若就「國家發展及環境責任」之關係研究，又可從兩部分加以觀察：（一）國家發展差異導致環境責任差異。（二）國家發展趨近導致責任歸屬分歧。美國與中國雙向關係發展之第一階段，因國家發展程度之差異前提，導致了 UNFCCC 明訂有差異的環境責任歸屬。雙方均接受「共同但有差別的責任」認定。而在發展的第二階段中，由於國家發展程度之日益趨近，導致兩國對於環境責任的認定產生迥異的認知。自 1997 年後，中國未被納入減排的約束機制被美國認為是「有缺陷」之設計。然而據觀察，美國以其他溫室氣體排放大國未納入減碳責任之說法，並不能完整解釋美國退出京都機制之原因。真正影響美國轉變態度之重要因素，在於中國日漸上升的經濟力及國力。中國不僅在外匯存底、世界經濟體及世界出口國排名上表現突出，更在國內生產總值成長率及工業生產率上維持穩定上升的成長幅度。這些事證均可說明中國發展程度的上升導致兩國發展的趨近，直接間接地影響了美國要求中國須納入減排義務的強度。而在「協商與對話」部分，可視為兩國關係發展的第三階段。隨著國際輿論壓力高漲及環境團體、非政府組織之倡議，兩國逐步

思考後續協商對話的可能。2009 年美國釋出與中國協商之誠意而出訪中國，會後並共同發表諸多共識基礎的「中美聯合聲明」。中美兩國均對兩方的跨出一步表示滿意，並認同「國際合作」為當前因應艱難挑戰所不可或缺之方式。然而，隨著已開發及開發中國家兩大集團的對立，中美兩國之協商機制遭遇困境。2010 年雙方在坎昆會議中竭力極小化雙方認知之差異。中國放低姿態、美國也隨之調整原本堅持之態度。此使得最終雙方均將坎昆協議評價為是令雙方皆滿意之結果。而「受制與妥協」部分則是中美雙向關係的第四個階段。兩國在氣候變遷大會中在其國內政策走向各有所堅持與妥協。美國受制國內政治壓力，迫使其無法作出立即而明確的氣候決定；中國則受制於國內經濟發展進程及背負開發中國家權益伸張之壓力，增加了簽訂條約的困難度。中國傳達其「負責任大國」的積極形象和作為牽制了美國的氣候政策發展；美國對於中國環境責任歸屬納入的堅持則同樣牽制了中國未來的氣候履約走向。然為回應全球暖化的急迫性與日益密切的國際氣候合作，美國與中國均選擇了某種程度上的妥協與退讓。

參、美國內外因素之決定性作用

最後，是探討美國環境議題的雙層博弈及其對外角色。存在於美國國內政治及國際關係間的互動，能作為提供美國環境政策研究之重要基礎。將美國氣候變遷議題再次結合本文的三大理論基礎，包括：（一）新古典現實主義與美國氣候變遷議題。（二）第二意象反轉與美國氣候變遷議題。（三）雙層博弈與美國氣候變遷議題。在與新古典現實主義結合時，可分別從兩方面觀之：（一）對美國長程

的影響：國際權力結構。（二）對美國短程的影響：國內政治因素。美國在國際結構體系中所擁有的「權力」，可視為美國對外國家氣候變遷行動之基礎。當國家擁有豐沛之權力資源時，越能促進國家對外行動能力資源的籌碼。美國所掌握的選擇性促使其在氣候行動上的猶疑不確定。此外，美國受到生態破壞的脆弱性不若其他國家般強烈，基於國家利益之考量亦成為影響美國參與氣候協商合作之意願。除了國際權力之因外，決策者及國內政治因素也具有直接影響的作用。當中包括了：國家領導人、美國國會以及國內利益團體等。新古典現實主義主張須採雙元的立場，兼顧國際及國內層次分析之原則，才能有效地分析美國氣候變遷之議題。在與第二意象反轉結合時，亦可從兩方面來分析：（一）美國環境政策的阻力與助力。（二）美國國家利益與環境政策期待。聯合國氣候變遷架構協議確實提供包含美國在內的各國，一套促進因應氣候變遷議題的政策方針。然而，儘管美國遵循其原則之基礎因應，卻未承諾遵照該原則之精神簽署並執行據法律性的規範公約。此與美國在國際體系內的相對權力位置有關。隨著中國整體經濟表現與國力之上升，美國對於其應納入氣候變遷之承擔責任的強度也日益增強。中國國力之增長改變國際體系相對權力之位置，進而影響美國國內決策者、國會及民眾的環境責任歸屬認知。而就國家利益與環境政策期待的探討，須從安全、經濟因素及國家聲望等因素理解國家行為。氣候變遷議題已逐漸與生存安全議題結合，顯著的氣候變化將會對美國國家安全構成威脅。而美國所應負擔的環境責任成本遠遠超過其他開發中國家，這正是美國國會所擔憂且無法批准氣候變遷相關規範性條約之主因。而就國家聲望而言，美國的區域霸權地位促使國際社會傾向藉由美國的參與而增加規範性協議的建立。

最後，在與雙層博弈結合時，可由以下兩點觀察：（一）美國的不協議成本與獲勝集合。（二）美國的雙層博弈理論的兩階段互動。對於美國而言，不簽訂共同遵守規範的「不協議成本」代價並不若其他國家來得高昂。但減碳成本代價的立即性卻遠勝於「不協議成本」的影響。隨著中國態度的軟化及歐盟態度的積極、輔以京都議定書第二承諾期的即將屆滿。美國的「不協議成本」相較於過去於焉增加。而就「獲勝集合」而言，美國總統或中心決策者的自主性越低、能夠產生的「獲勝集合」越小。美國盡可能朝向極大化他方的「獲勝集合」範圍，以促使最終協議結果能趨近己方之最佳位置。而在雙層博弈的兩階段互動，美國恆常在第二階段的內部協商中，否決了第一階段國際氣候協商的結果。然而，協議最終仍須仰賴兩階段的一致同意與通過。就美國而言，在第二階段中的決策者偏好、聯盟、國內傾向等，均對美國氣候變遷發展造成影響。

一、美國政策制定之決定因素

本文探討分析影響美國環境政策的國內成因，共分成三大部分：（一）美國總統。（二）美國國會。（三）美國國內民意。在「美國總統」方面，分別針對柯林頓、小布希及歐巴馬等三位總統進行偏好分析的彙整。柯林頓總統的民主黨背景使自執政團隊上任後，政策傾向強調對國內及全球環境的承諾。就影響美國環境政策的國內成因，反映在（一）總統政黨背景及偏好。（二）國會參眾兩院多數。（三）國內民意反映。此時期的「總統政黨背景及偏好」，受到民主黨背景影響遂提出應領導全球環境運動之號召。而受到柯林頓總統醜聞案及彈劾事件影響，轉移後續執政團隊的關注焦點。而

此時期「國會參眾兩院多數」分布，僅在 1993 年至 1994 年執政初期出現由民主黨掌控兩院多數。1995 年後則轉由共和黨掌控多數。此可觀察柯林頓政府早期傾向環境政策立法的倡導及作為，及阻礙環境立法的 S.Res 98 決議案是在共和黨掌控兩院多數時所通過。而若從「國內民意反映」上觀察，1997 年的民調結果可看出當時民眾對於美國採取減緩全球暖化的支持度仍存在有經濟成本及失業率增高的疑慮。2001 年小布希政府上任，共和黨背景的執政團隊使其政策傾向以經濟發展為主軸。此時期的「總統政黨背景及偏好」，受到共和黨背景影響，美國拒絕提出傷害美國國內民生經濟的相關政策。而環境政策的執行成本就被視為是耗費經濟資源的來源。此影響小布希任期拒絕利用二氧化碳交易許可證制作為解決全球暖化之方式。受到 911 恐怖攻擊事件影響，美國將軍事國防及國家安全之考量列為首要。小布希任內整體支援 UNEP 之捐款貢獻額是逐年減低的。而此時期「國會參眾兩院多數」分布，僅在 2007 年及 2008 年間轉而由民主黨掌控參眾兩院多數。多數任期時間，出現由共和黨掌控兩院多數的「一致政府」時期。此部分的一致政府可解釋小布希總統於總統及國會多數均由共和黨掌控之時宣布退出京都議定書。且其任內並無任何來自於官方政府所支持的排放減量計畫。而若從「國內民意反映」上觀察，絕大多數不論黨派傾向的受訪者表示，對於美國是否應接受京都協議在全球暖化上的規範仍是猶疑不定的。這說明當時美國歷經國內恐怖主義攻擊及國外反恐戰爭下，對其氣候變遷減排責任之態度未明。2009 年歐巴馬政府上任，民主黨重新執掌政權使得國家重新轉向強調對環境責任的關切。此時期的「總統政黨背景及偏好」，受到民主黨背景影響，歐巴馬政權上任後即號召所有國家應共同行動以解決碳排放之問題。而此時期「國會參眾兩院多數」分布，僅自 2009 年至 2010 年

執政初期出現由民主黨掌控兩院多數的「一致政府」時期。2011年後則由共和黨掌控眾議院之多數。此現象可解釋：參眾兩院均由民主黨掌控多數的第 111 屆國會，陸續通過許多支持乾淨能源及可再生能源之立法。而反觀由共和黨掌控眾議院多數的第 112 屆國會，卻提出諸多與支持氣候政策相左的修正法案。而若從「國內民意反映」上觀察，2009 年蓋洛普的民調結果顯示：相較同時期對中國及印度等國的民調觀察，可顯見美國民眾對於環境意識抬頭的表徵。

二、國際因素對美國政策之影響

而就影響美國環境政策的國際成因，則以三大部分作為主要命題：（一）國際政府間組織的氣候變遷因應。（二）國際非政府組織的氣候變遷因應。（三）已開發國家及開發中國家的氣候變遷因應等。柯林頓政府執政時期，在「國際政府間組織的氣候變遷因應」方面，此時期聯合國 UNFCCC 框架下的減排規範限制，促使美國同意在其公約架構下，藉由國家間共同努力以因應氣候變遷之挑戰。而在「國際非政府組織的氣候變遷因應」方面，1992 年里約高峰會時，USCAN 安排相關科學專家力促 UNFCCC 朝向穩定溫室氣體排放限制之架構進行。1997 年亦提供了政策的專家學者及意見，以支持京都議定書之簽訂。綠色和平組織也把握與副總統高爾見面之機會，力促其在京都氣候大會時能有積極表現。而就其他行為者回應部分，已開發國家代表之歐盟積極支持 UNFCCC「將大氣中溫室氣體濃度穩定在可預防水準」目標。並於 1998 年 4 月同意簽署京都議定書且執行相關減排規範。歐盟積極的態度，形成一股國際社會用

以檢視及比較美國作為的指標。遂在型塑美國環境政策時形成一股來自於外的影響因素。而小布希政府執政時期，在「國際政府間組織的氣候變遷因應」方面，聯合國 UNFCCC 框架下的京都協議機制，美國在阿根廷及哈薩克等開發中國家加入後始同意簽署，卻未將之交付國會審議。因此，此階段國內國會的影響力及總統與政黨的偏好因素，更勝國際政府組織對美國氣候變遷因應的影響。而在「國際非政府組織的氣候變遷因應」方面，2005 年 USCAN 利用蒙特婁氣候協議時，大力促進民眾環境氣候意識之形成。USCAN 於其任內透過媒體監督力量，企圖透過施壓美國盟友之模式而影響美國氣候政策走向。綠色和平組織與歐盟再生能源委員會合作，強調再生能源發展及溫室氣體減排之重要。當時美國受到國際恐怖主義攻擊及國外戰事之影響，薄弱政府間及非政府間組織力倡的環境氣候議題。歐盟雖仍持續倡議支持各大氣候變遷協議。然此時期美國所關注的焦點在於減排協議並未納入其他發展中的排放大國。自 2005 年中國取代美國成為排碳第一大國，中國崛起的影響力逐漸威脅並拉近中美兩國間的國家發展差距。這些均會成為影響美國環境政策及態度的國外影響因素。最後，歐巴馬政府執政時期，在「國際政府間組織的氣候變遷因應」方面，聯合國 UNFCCC 框架下的哥本哈根及坎昆協議，促使美國將其溫室氣體減碳目標從原本的降低 7%至 17%。因此，此階段國內國會參議院多數與總統及其政黨的偏好因素，與此時期國際政府組織對美國氣候變遷因應之影響相輔相成。而在「國際非政府組織的氣候變遷因應」方面，USCAN 成為國際非政府組織用以觀察政府參與氣候協議之觀察媒介。USCAN 從政策倡議出發，透過持續促進與環境相關之法案通過，以監督美國因應氣候領導之責。綠色和平組織多次利用氣候變遷締約國大會召開之機，以宣傳海報及大型標語呼籲歐巴馬總統應責無旁貸的確保氣候

會議的成功。惟 2009 年後美國遭逢全球金融危機及經濟衰退影響，而使國內應對環境氣候變遷面臨考驗。而就其他行為者回應部分，已開發國家代表之歐盟持續支持哥本哈根及坎昆協議中所設定的各項目標。並於 2011 年同意簽署德班協議時，提出目標至 2050 年要降低八成以上的排放量。歐盟的高標準目標影響美國設定氣候減排的目標。相較於 2010 年，美國將至 2020 年所降低的排放量目標值增加了超過 10 個百分點。可見歐盟之作為對於美國深切的影響程度。而中國亦於德班會議中首度表示未來不排除接受量化的減排協議。為其他開發中國家提供良好示範基礎，也成為激勵美國跟進的重要因素來源。

第三節　未來延伸與研究方向

最後，在回顧完本文研究發現後，茲綜合以上將本文之初步性性的研究結論以及未來研究方向與子題分述如下：

壹、初步性的研究結論

總的來說，本文共有五項初步性的研究結論，茲分述如下，並以此作為將來延伸研究方向及命題的基礎。

第一，氣候變遷環境議題與政治高度相關。政治在環境研究中扮演不可或缺的角色。「環境政治」已然成為研究氣候變遷之新趨勢。當環境非政府組織意圖呼籲國家「停止政治角力」之時，其作為事實上也正藉由施壓國家決策者而「藉助政治之力」。操作政治之

力或許不能干預環境議題，然解決環境議題卻需要透過政治的力量加以解決。UNFCCC 架構下的各項氣候變遷協議正是循此邏輯持續發展。

第二，環境議題的公共財特性並非無解。有限資源的公共財未必帶來無解的衝突。當各別國家基於國家利益考量而規避溫室氣體減排責任時，個體的理性造成集體不理性之結果實則可透過國際合作之架構漸進化解。如歐盟帶給國際社會的示範作用即是一例。2011年包括美國在內附和歐盟所提的「歐盟提議」，說明了各國在「有限」的前提下逐步朝向協商與承諾路徑。

第三，國內與國際之因素加總促成了環境議題的雙層博弈。不論單就國內或國際因素獨立分析，均不得完整分析國家環境政策之全貌。本文嘗試結合國內及國際成因的角度，分析影響美國環境政策的因素。其不僅可解釋美國參與國際重大氣候變遷會議之態度、條約的參與程度外，亦可說明美國態度與立場的轉變與發展。美國既受到這些來自於國內及國際因素的影響，本身亦同時對全球氣候變遷發展造成影響。此一雙向關係不僅發生在與開發中國家之間，亦存在於國際政府間組織及非政府組織之間。

第四，須釐清國家間「共同但有差異責任」之界定標準。據本文觀察，身為已開發及開發中國家之代表，美國及中國均於 1992 年同意通過 UNFCCC。兩國當時對於「共同但有差異責任」之歸屬並無重大異議。然隨著中國國力及軍事力的上升，無形中位移了國家之間的相對權力位置。輔以中國伴隨著發展而來的溫室氣體排放量增加，超越美國當初的預期。兩國遂就「共同但有差異責任」的認知產生分歧。事實上，認知的轉變在於美國本身，中國對此責任歸屬的態度並無太大改變。要解決氣候變遷規範難以制定達成的困境，第一步須就此責任的認定劃分清楚。如此可避免國家間對於「總

額排放量」抑或是「人均排放量」之標準認知毫無交集。並且須持續將焦點放在開發中國家之代表──中國身上。

第五，影響美國環境政策的因素，國際因素不若國內因素來得立即而明顯。美國的環境政策雖同時受到來自於內、外因素的交互影響。國際因素在提供國家協商平台與推動國內環境立法的影響上不可或缺。然據本文觀察，國內成因對於美國環境政策及其立法作為，其成效與立即性更為鮮明。就國內民意而言，美國民眾對於環境保護的意識雖是足夠，但仍不足以成為推動美國帶頭領導全球氣候變遷議題。這點也可以從民選出來參眾兩院的多數席位觀察，自1993 年至 2012 年，共和黨控制眾議院多數的時間長達 14 年；控制參議院多數的時間也達 10 之久。而這也正是美國對外環境政策作為最黯淡的時期。國內經濟的困頓及失業率的居高不下，突顯「環境」與「經濟」議題的對立。而美國首應克服支持環境立法等於經濟必然損失的關聯困境。

貳、未來研究方向與研究子題

本文將美國視為研究對象，探討美國環境議題的雙層博弈關係。經過融合本文之三大研究基礎，確立了國內、國際因素對於國家外交行為的重要影響。本文的研究基礎也確實提供了美國環境政策及其對外行為研究的解釋力來源。未來研究將持續以「環境政治」議題作為主軸，延伸探討更多本文未加以納入的國際、國內成因。以國際因素而言，未來除了持續追蹤 UNFCCC 氣候締約國大會動態及排放代表國履約狀態外，亦可增加對其它國家行為者的研究範疇。如：日本、印度及巴西等國。而就歐盟國家而言，亦可更深入

的探討在不同發展程度的歐盟國家中，落實氣候變遷因應之態度是否會有差別。如：歐盟中的法國、德國、義大利等屬於 UNFCCC 中所列「附件一」之國家；而其中亦有馬爾他及賽普勒斯等國則屬於「非附件一」之國家。觀察這些國家的因應互動差異，將有助於提供未來研究不同發展程度國家因應氣候變遷議題的參考。

而以國內因素而言，美國現任歐巴馬總統的第一任任期未滿，而 2012 年年底將於卡達召開的第十八次氣候締約國大會在即。隨著《京都議定書》第二階段承諾期的即將期滿，美國於氣候大會中的回應態度將是未來持續關注的重點。而就美國國會方面，本文以 1993 年至 2012 年間三任總統任期作為觀察，已在第 103 屆及第 111 屆國會中出現由民主黨掌控的「一致政府」；而在第 107、108 及 109 屆則出現由共和黨所掌控的「一致政府」時期。其它亦有出現由總統及參議院多數來自同個政黨、以及參議院與眾議院均由同個政黨掌控多數的狀況。然而，此期間能比較的研究範例尚缺少由同個政黨掌控總統及眾議院多數的案例。因此，未來將會持續觀察，將此納入延伸的研究範疇中。最後，就國內民意部分，未來可延伸增加多項民調結果的民意來源，以作為研究更強而有力的論述支撐。

參考書目

壹、中文部份

一、書籍

王業立、郭應哲、林佳龍譯，Herbert M. Levine, 1993, Political Issues Debated: Introduction to Politics, N. J.: Prentice-Hall. Herbert M. Levine，1999，《政治學中爭辯的議題》，台北：韋伯文化。

周桂銀，石斌主編，2006，《開放的國際社會-國際關係研究中的英國學派》。北京：北京大學出版。

胡祖慶譯，Robert L. Pfaltzgraff Jr., James E. Dougherty 著，1993，《國際關係理論導讀》。台北：五南。

胡幼慧主編，1996，《質性研究：理論、方法與本土女性研究實例》。台北：巨流。

陳志瑞、葉俊榮主編，2010，《國際環境法：條約選輯與解說》。台北：新學林。

黃煜文、高忠義譯，Anthony Giddens, 2009, The Politics of Climate Change, Cambridge: Polity Press Ltd. Anthony Giddens，《氣候變遷政治學》，台北：商周出版。

歐信宏、胡祖慶合譯，Joshua S. Goldstein 著，2003，《國際關係》。台北：雙葉。

錢峰譯，Cleo Paskal, 2010, Global Warring: How Environmental, Economic, and Political Crises Will Redraw the World Map, N. Y., Palgrave Macmillan. Cleo Paskal， 2011， 《新一輪全球博弈：環境、經濟及政治危機將如何改變世界格局》，北京：中信出版。

韓召穎、孫英麗合議，Margaret E. Keck, Kathryn Sikkink 著，2005，《超越國界的活動家—國際政治中的倡議網絡》。北京：北京大學出版。

二、期刊

冉鵬程、呂學林，2010，〈中美兩國在哥本哈根氣候峰會上的分歧及啟示〉，《江蘇工業學院學報》，第 11 卷，第 2 期，頁 11。

秦亞青，2001，〈國際政治的社會建構——溫特及其建構主義國際政治理論〉，《美歐季刊》，第 15 卷，第 2 期，頁 2- 3。

陳剛，2009，〈氣候變化與中國政治〉，《政治與法律》，第 111 期，頁 56-57。

鄭端耀，2003，〈國際關係攻勢與守勢現實主義理論爭辯之評析〉，《問題與研究》，第 42 卷，第 2 期，頁 2。

_____，2005，〈國際關係新古典現實主義理論〉，《問題與研究》，第 44 卷，第 1 期，頁 117。

廖文義，2006，〈國際關係理論中的建構主義學派〉，《通識研究集刊》，第 9 期，頁 259- 266。

三、新聞資料

人民日報，2008，「八國集團會議攜手應對氣候變化」，http://www.mep.gov.cn/zhxx/hjyw/200807/t20080708_125219.htm.&kindid=0&docid=101249656.

_____，2011，「坎昆協議是氣候變化談判的積極進展」，http://big5.ce.cn/gate/big5/intl.ce.cn/sjjj/qy/201103/01/t20110301_22255597.shtml.

公益時報，2009，「綠色和平：中國環境問題必須放國際背景中解決」，http://info.rednet.cn/c/2010/03/23/1926710.htm.

太陽能電子報，2004，「國際可再生能源會議（波恩）政治宣言」，http://wuxizazhi.cnki.net/Article/TYNZ200404000.html.

台灣環境資訊中心，2010，「坎昆協議評析：後京都過渡時期的解藥或迷幻劑？」，http://e-info.org.tw/node/61974.

中央廣播電台，2010，「對抗氣候變遷　美國提供印尼 1.36 億美元」，http://funp.com/t1617819.

中國網，2009，「國家環保部：從機構升格到職能強化」，http://big5.china.com.cn/news/zhuanti/hblps/2009-05/08/content_17745809.htm.

_____，2009，「中美聯合聲明（2009 年 11 月 17 日　北京）」，http://www.china.com.cn/policy/txt/2009-11/17/content_18904837.htm.

_____，2011，「中國對氣候談判起到了積極建設性的作用」，http://cn.chinagate.cn/indepths/2011qHdh/2011-11/24/cibtebt_23991820.htm.

中新社，2008，「中國與聯合國將共辦國際論壇『會診』氣候變化」，http://www.hellotw.com/xw/xwfl/dl/20080417_347189.htm.

中新網，2011，「德班會議中國代表團：中國或 2020 後承擔限排義務」，http://big5.chbcnet.com:82/tx/2011-12/01/content_298581.htm.

中評社，2011，「潘基文對中國與聯合國的良好合作表示肯定」，http://www.chinareviewnews.com/dic/1012/4/9/6/101249656.html?coluid=7.

中國新聞網，2008，「中方代表：中國將為應對氣候變化作出積極貢獻」，http://www.hellotw.com/xw/xwfl/dl/200802/t20080213_329803.htm.

_____，2010，「中國新聞週刊：坎昆協議從月亮回到地球」，http://www.chinanews.com/gj/2010/12-16/2726410.shtml.

_____，2010，「坎昆協議」，http://www.chinanews.com/gi/2010/12-16/2726410.shtml.

中華新聞網，2010，「坎昆會議落幕，中國稱將繼續為應對氣候變化努力」，http://bnchina.news.huanqiu.com/world/roll/2010-12/1335938.html.

中國評論新聞網，2007，「OECD:中國環保政策效率低　環保總局贊同」，http://www.chinareviewnew.com/doc/1004/1/4/3/100414379.html?coluid=7&kindid=0&docid=100414379.

_____，2011，「低碳經濟　中國尋求『內外兼修』」，http://www.chinareviewnews.com/doc/1019/5/2/8/101952868_2.html?coluid=59&kindid=0&docid=101952868&mdate=1225084151.

中國環境報，2004，「中華人民共和國氣候變化初始資訊通報」，http:// big5.china.com.cn/tech/zhuanti/wyh/2008-01/07/content_9490641.htm.

_____，2008，「李干杰在最佳環境實踐論壇指出加強區域合作與 推進履約進程」，http://www.mep.gov.cn/zhxx/hjyw/200812/t20081210 _132222.htm.

華友週報，「綠色和平示威　攻占雪梨歌劇院頂」，2009，http://www. acnew.com.au/index.php?action=newshow%7Cacnnews%7C616%7Cb 5%7C1487,2205%7C2205.

新華網，2003，「預算局：美對伊軍費須再增加 240 億美元。」 http://news.xinhuanet.com/world/2003-03/08/content_765511.htm.

_____，2007，「溫家寶：中國將在應對氣候變化方面擔負自己的責任」， http://big5.xinhuanet.com/gate/big5/news.xinhuanet.com/newscenter/2 007-08/27/content_6611988.htm.

_____，2009，「綠色和平組織讚揚發展中國家應對氣候變化誠意」， http://big5.xinhuanet.com/gate/big5/news.xinhuanet.com/fortune/2009- 12/05/content_12593690.htm.

_____，2011，「中國應對氣候變化與政策（2011）白皮書全文」，http://big5. xinhuanet.com/gate/big5/news.xinhuanet.com/2011-11/22/c_111185426. htm.

_____，2011，「中國表現獲德班氣候大會與會代表積極評價」，http://big5. xinhuanet.com/gate/big5/news.xinhuanet.com/energy/2011-12/08/c_12 2392519.htm.

_____，2011，「德班協議促中國碳交易發展」，http://big5.xinhuanet.com/ gate/big5/news.xinhuanet.com/environment/2011-011-12/26/c_122482 301.htm.

_____，2012，「潘家華：中國低碳發展應避免急功近利」，http://big5. xinhuanet.com/gate/big5/news.xinhuanet.com/fortunee/2012-01/13/c_1 22581644.htm.

新浪新聞，2011，「中國推動公平合理氣候變化制度」，http://news. sina.com.hk/news/2/1/1/2499263/1.html.

_____，2011，「北京推動德班會議，中國經濟勢頭減弱」，http://dailynews.sina.com/bg/chn/chnpolitics/dwworld/20111206/0202 2971925.html.

新唐人，2010，「溫室氣體排放量第一 中國認了」，http://www.ntdtv.com/xtr/b5/2010/11/24/a459839.html.-%E6%BA%AB%E5%AE%A4%E6 %B0%A3%E9%AB%94%E6%8E%92%E6%94%BE%E9%87%8F% E7%AC%AC%E4%B8%80-%E4%B8%AD%E5%9C%8B%E8%AA %8D%E4%BA%86.html.

鳳凰網，2011，「相比美國，中國氣候政策更給力」，http://finance.ifeng.com/money/roll/20111209/5244827.shtml.

四、網路資料

中國環保署，2002，「中國宣佈批准京都議定書」，http://ivy3.epa.gov.tw/international_news/news02091.htm.

中國環境保護部官方網站，2011，「中國為全球臭氧層保護邁出重要一步，獲 2.65 億美元資金支持」，http://big5.mep.gov.cn/gate/big5/www.mep.gov.cn/zhxx/hjyw/201109/t20110914_217249.htm.

中華人民共和國環境保護部，2011，「2010 年國際環境合作與交流及國際公約履約供作綜述」，http://gjs.mep.gov.cn/lydt/201106/t20110603_211648.htm.

台灣環境資訊中心，2007，「綠色和平組織：再生能源可望節省上千億美元能源支出」，http://e-info.ortw/node/24319.

_____，2010，「坎昆協議評析：後京都過渡時期的解藥或迷幻劑？」，http://e-info.org.tw/node/61974.

美國之音，2011，「中國提氣候協議條件 美認為索價過高」，http://www.voafanti.com/gate/big5/www.voanews.com/chinese/news/20111208-climate-talks-135268443.html.

財團法人科技政策與研究中心，2010，「2009 年世界商品貿易前三十大出口國金額及排名」，http://cdnet.stpi.org.tw/techroom/market/macro/2010/macro_10_003.htm.

崔喜晶，2007，「約會潘基文——污染防制項目經理崔喜晶」，http://www.greenpeace.org/china/zh/about/tteam/staff/jamie-choi.

經濟部能源局，2011，「後京都談判曙光漸露——坎昆氣後會議觀察」，http://energymonthly.tier.org.tw/outdatecontent.asp?Reportissue=201102&Page=8.

德國之聲中文網，2011，「德班會議落幕：減排協定 2020 年生效」，http://www.dw-world.de/dw/article/0,,15593976,00.html.

綠色和平組織官方網站，2001，「科學家警告全球暖化比之前估計嚴重」，http://www.greenpeace.org/china/zh/news/stories/climate-energy/2001/01/scientist-warns-even-graver/.

_____，2002，「發展中國家不要污染環境的能源」，http://www.greenpeace.org/china/zh/news/stories/climate-energy/2002/07/18818/.

_____，2003，「促請港府履行國際義務，制定政策減少二氧化碳」，http://www.greenpeace.org/china/zh/news/stories/climate-energy/2003/12/18854/.

_____，2004，「中國推動全球能源革命」，http://www.greenpeace.org/china/zh/news/stories/climate-energy/2004/06/17992/.

_____，2005，「八國峰會即將討論氣候變化」，http://www.greenpeace.org/hk/press/releAses/climate-energy/2005/06/20050630 wind force 12 html/.

_____，2005，「發展風電是一個雙贏的選擇」，http://www.greenpeace.org/china/zh/news/stories/climate-energy/2005/10/20051017_wind-guangdong/.

_____，2006，「綠色和平奪得媒體獎項」，http://www.greenpeace.org/china/zh/news/stories/other/2006/01/nfcmag-2005/.

＿＿＿＿＿＿＿＿＿＿，2007，「各國首腦：應對氣候變化，動起來」，http://www.greenpeace.org/china/zh/news/stories/climate-energy/2007/09/un-sp-speech/.

＿＿＿＿＿＿＿＿＿＿，2007，「香港綠色和平代表聯合國大會呼籲：世界首腦立刻行動應對氣候變化」，http://www.greenpeace.org/hk/press/releases/climate-energy/2007/09/1380051/.

＿＿＿＿＿＿＿＿＿＿，2008，「李雁：中國非政府組織的新形象」，http://e-info.org.tw/node/39722.

＿＿＿＿＿＿＿＿＿＿，2009，「最新調查報告顯示：氣候變化讓窮人更窮」，http://www.greenpeace.org/china/zh/news/stories/climate-energy/2009/06/poverty-report/.

＿＿＿＿＿＿＿＿＿＿，2009，「綠色和平歡迎中國氣候承諾　敦促歐巴馬立即迎頭趕上」，http://www.greenpeace.org/hk/press/releases/climate-energy/2009/09/un-meeting2009/.

＿＿＿＿＿＿＿＿＿＿，2009，「綠色和平組織　齊聚巴塞隆納抗氣候變遷」，http://ecolife.epa.gov.tw/blog/post/878379.

＿＿＿＿＿＿＿＿＿＿，2009，「悼！哥本哈根會議失望而終　綠色和平譴責發達地區缺乏承擔」，http://www.greenpeace.org/hk/press/releases/climate-energy/2009/12/4298207/.

＿＿＿＿＿＿＿＿＿＿，2010，「國際環保組織綠色和平成立東亞分部」，http://www.greenpeace.org/taiwan/zh/news/20101120.

＿＿＿＿＿＿＿＿＿＿，2010，「解振華與中國 NGO 會面，稱讚並肯定其正面作用」，http://www.greenpeace.org/china/zh/news/stories/climate-energy/2010/10/tianjin-conference/.

＿＿＿＿＿＿＿＿＿＿，2011「全球可再生能源革命已經展開」，http://www.greenpeace.org/taiwAn/zh/news/feature-stories/climate_change_energy/global-renewable-energy-revolution/.

聯合國中國官方網站，2009，「胡錦濤在氣候變化問題首腦會議上的發言」，http://www.un.org/zh/focus/hujintao/summit.shtml.

五、官方文件

中華人民共和國國務院新聞辦公室，2008，「中國應對氣候變化的政策與行動」，http://zfs.mep.gov.Cn/fg/gwyw/200810/t20081030_130653.htm.

《里約熱內盧宣言》，1992，http://www.wtocenter.org.tw/SmartKMS/fileviewer?id=22999.

《京都議定書》，1997，http://www.tri.org.tw/unfccc/Unfccc/UNFCCC01.htm.

《跨國環境影響評估公約之政策環評議定書》，2003，http://ples.law.ntu.edu.tw/UserFiles/protocol%20on%20SEA.pdf.

《聯合國千禧年宣言》，2000，http://health.sohu.com/2004/07/01/02/article220810269.shtml.

六、研究報告

宋國誠，2009，「中國大陸氣候變遷對策──中國走向『低碳經濟』時代」，國際與大陸情勢年度評估報告，http://iir.nccu.edu.tw/attachments/journal/add/5/1-11.pdf.

柳中明，2011，「全球氣候變遷議題討論之發展歷程」，www.greentrade.org.tw/backend/lession/doc/40/2011692753.ppt.

國政研究報告，2005，「美國溫室氣體管制政策走向」，http://old.npf.org.tw/PUBLICATION/SD/094/SD-R-094-005.htm.

貳、英文部份

（I）Book

Art, J. Robert, Jervis Robert eds, 2010, International Politics. N.Y: Longman.

Busby, W. Joshua W, 2010, "After Copenhagen: Climate Governance and the Road Ahead", NY: Council on Foreign Relations（CFR）Press.

Baldwin, A. David ed., 1993, Neorealism and Ne-liberalism: the Contemporary Debate. N.Y.: Columbia University Press.

Dauvergne Peter eds., 2005, Handbook of Global Environmental Politics. Northampton: Edward Elgar Publishing.

Ehrlich, R. Paul, 1968, The Population Bomb. N.Y.: Sierra Club/ Ballantine.

Finnemore, Martha , 1996, National Interest in International Society. Ithaca: Cornell University Press.

Goldstein, S. Joshua S, Pevehouse C. Jon, 2010, International Relations: 2010-2011 Update（ed.9）. N.Y: Longman.

Giddens, Anthony, 2009, The Politics Of Climate Change, Cambridge: Polity Press.

Harris, Paul ed., The Environment, Interational Relations, and U.S. Foreign Policy. Washington, DC: Georgetown University Press.

Ikenberry, G. John, 2001, After Victory: Institutions, Strategic Restraint, and the Rebuilding of order after major wars. NJ.: Princeton University Press.

Keohane, O. Robert, 1989, International Institutions and State Power. Boulder: Westview.

Keohane, O. Robert, Nye, S. Joseph, 2000, Power and Interdependence. London: Longman Press.

Kratouchwill, Freidrich, 1989, Rules, Norms and Decisions. Cambridge: Cambridge University Press.

Kubalkova, Vendulka, Onuf, Nicholas and Kowert, Paul, International Relations in a Constructed World. N.Y. : M.E. Sharpe.

Kolbert, Elizabeth, 2006, Field Notes from a Catastrophe:Man, Nature, and Climate Change. London: Bloomsbury.

Katzenstein, Peter, ed., 1996, The Culture of National Security: Norms and Identity in World Politics. N.Y. Cambridge University Press.

Keck, E. Margaret, Sikkink, Kathryn, 1998, Activists beyond Borders: Advocacy Networks in International Politics. N.Y.: Cornell University Press.

Luterbacher, Urs and Sprinz, F. Detlef eds., 2001, International Relations and Global Climate Change, London: The MIT Press.

Lidber, R. J. ed., Eagle Adrift: American Foreign Policy at the End of the Century. N.Y.: Longman.

Lee, Henry Lee ed., 1995, Shaping National Responses to Climate Change, Washington D.C.: Island Press.

Mersheimer, J. John , 2001, The Tragedy of Great Power Politics, N.Y: Norton.

May, B. and Moore M. H.eds., The Uncertain Superpower: Domestic Dimensions of U.S. Foreign Policy after the Cold War. Opladen: Leske and Budrich.

Neach, Laura, Hey A. K. Jeanne , and Haney Patrick J, 1995, Foreign Policy Analysis: Continuity and Change in Its Second Generaion. Englewood Cliffs, N. J.: Prentice Hall.

Neuman, W. Lawrence, 2003, Social Research Methods: Qualitative and Quantitative Approaches, Boston: Allyn and Bacon.

Oye, A. Kenneth, 1986, "Explaining Cooperation Under Anarchy: Hypotheses and Strategies," in Cooperation Under Anarchy. Princeton, New Jersey: Princeton University Press, pp.1-226.

Onuf, Nicholas, 1989, World of our making. Columbia: University of South Carolina Press.

Rosenau, James, 1997, Along the domestic-foreign Frontier: Exploring governance in a turbulent world. N.Y.: Cambridge University Press.

_____, 1998, Constructing the World Polity: Essays on International Institutionalization. N.Y.: Routledge.

Ruggie, Gerard John, 1998, Constructing the World Polity: Essays on International Institutionalization. N.Y.: Routledge.

Vig, N. J. and Axelrod R. S. Axelrod eds., The Global Environment: Institutions, Law, and Policy. Washington, DC: CQ Press.

Vasquez, J., 1996, Classics of International Relations. New Jersey: Prentice Hall.

Wendt, Alexander, 1999, Social Theory of International Politics. N.Y.: Cambridge University Press.

Waltz, N. Kenneth, 1979, Theory of International Politics. Massachusetts: Addison-Wesley Publishing.

Weinthal, Erika Weinthal, 2002, State Making and Environmental Cooperation: Linking Domestic and International Politics in Central Asia. Cambridge, MA: MIT Press.

Schweller, L. Kandall L, 2003, "The Progressiveness of Neoclassical Realism," in Progress in International Relations Theory, eds. Colin Elman, Miriam Fendius Elman, 2003.Cambridge, Massachusetts: MIT Press, pp.317-318, pp.321-322.

Stewart, B. Richard and Wiener, B. Jonathan, 2003, Reconstructing Climate Policy Beyound Kyoto, Washington, D. C.: The AEI Press.

Weinthal, Erika, 2002, State Making and Environmental Cooperation: Linking Domestic and International Politics in Central Asia. Cambridge, MA: MIT Press.

（II）Periodical

Brian, Rathbun, 2008, "A Rose by Any Other Name: Neoclassical Realism as the logical and Necessary Extension of Structural Realism," Security Studies, Vol.17, p.296.

Collins, M. Harry, Evans Robert, 2002, "The third wave of science studies: studies of expertise and experience," Social Studies of Science, Vol.32, p.263.

Dingwerth, Klaus and Pattberg, Philipp, 2006, "Global Governance as a Perspective on World Politics," Global Governance, Vol.12, pp.185-203.

Demeritt, David, 2006, "Science studies, climate change and the prospects for constructivist critique", Economy and Society, Vol.35, No.3, p.474.

Doyle, Julie, 2007, "Picturing the Climatic: Greenpeace and the Representational Politics of Climate Change Communication," Science as Culture, Vol.16, No.2, pp.129.

Finkelstein, S. Lawrence, 1995, "What Is Global Governance?" Global Governance, Vol.1, pp.367-372.

Feldman, Stanley, 1988, "Structure and Consistency in Public Opinion: the Role of Core Beliefs and Values" American Journal of Political Science, Vol.32, No.2, p.416.

Gourevitch, Peter, 1978, "The Second Image Reversed: The International Sources of Domestic Politics," International Organization, Vol.32, No.4, pp.881-882.

Gaddis, L. John, 1992, "International Relations Theory and the End of the Cold War", International Security, Vol.17, No.3, pp.5-58.

Hardin, Garrett, 1968, "The Tragedy of the Commons," Science, Vol. 162, pp.1243- 1248.

Hass, B. Ernst, 1980, "Why Collaborate? : Issue-Linkage and International Regimes," World Politics, Vol.32, No.3, pp.357-405.

Hopf, Ted, 1998, "The Promise of Constructivism in International Relations Theory," International Security, Vol.23, NO.1, pp.171-185.

Heggelund, Tangen and Buen, 2001, "China's Climate Change Positions: At a Turning Point?" Energy & Environment, Vol.12, No.2 & 3, p.241.

Jervis, Robert Jervis, 1978, "Cooperation Under the Security Dilemma," World Politics, Vol.30, No.2, pp.186-214.

Keohane, Robert, 1989, International Institutions and State Power. Boulder: Westview, pp.158-179.

Katzenstein, J. Peter, Keohane, K. Robert, and Krasner, D. Stephen, 1998, "International Organization and the study of World Politics," International Organization, Vol.52, No.4, pp.674-678.

Mormont, M. and Dasnoy, C., 1995, "Source strategies and the mediatization of climate change," Media, Culture and Society, Vol.17, pp.49-64.

Putnam, D. Robert, 1988, "Diplomacy and domestic politics: the logic of two-level games," International Organization, Vol.42, No.3, p.430.

Rose, Gideon, 1998, "Neoclassical Realism and Theories of Foreign Policy," World Politics, Vol.51, No.1, pp.144-172.

Rosenau, James, 1995, "Governance in the Twenty-first Century," Global Governance, Vol.1, pp.13-14.

Rizo, R. John, House, J. Robert and Lirtzman, I. Sidney, 1970, "Role Conflict and Ambiguity in Complex Organization," Administrative Science Quarterly, Vol.15, p.150.

Ruggie, Gerard John, 1988, "What Makes the World Hang Together? New-Utilitarianism and the Social Constructivist Challenge," International Organization, Vol.52, No.4, pp.855-885.

Royden, Amy, 2002, "U.S. Climate Change Policy Under President Clinton: A Look Back," Golden Gate University Law Review, Vol. 32, Iss. 4, Art 3, pp.415-416.

Rathbun, Brian, 2008, "A Rose by Any Other Name: Neoclassical Realism as the logical and Necessary Extension of Structural Realism," Security Studies, Vol.17, p.296.

Sprinz, F. Detlef, and Vaahtoranta, Tapani, 1994, "The Interest-Based Explanation of International Environmental Policy." International Organization, Vol.48, No.1, p.79.

Snidal, Duncan, 1991, "Relative Gains and the Pattern of international cooperation," The American Political Science Review, Vol.85, No.3, pp.701-726.

Stein, A. Arthur, 1982, "Coordination and Collaboration: Regimes in an Anarchic World," International Organization, Vol.36, No.2, pp.299-324.

Stafford, R. Edwin, Polonsky Jay Michael and Hartman L. Cathy, 2000, "Environmental NGO-Business collaboration and strategic bridging: A case analysis of the Greenpeace-Foron Alliance," Business Strategy and the Environment, Vol.9, p.130.

Sussman, Glen, 2004, "The USA and Global Environment Policy: Domestic Constraints on Effective Leadership," Interntaional Political Science Review, Vol.25, No.4, pp.349-350.

Wendt, Alexander, 1992, "Anarchy is What States Make of it: The Social Construction of Power Politics," International Organization, Vol.43, No.2, pp.407-408.

Yagn, Yi, 2011, "Domestic Constraints and International Fores: Explore China's Position on International Climate Change Policy," Canadian Social Science, Vol.7, No.6, pp.138-147.

(III) News

C-SPAN Video, 2001, "Environmental Protest Rally," http://www.c-spanvideo.org/program/163782-1.

Environmental News Service, 2010, "Cancun Climate Outcome'Consistent with U.S. Objectives," http://www.ens-newswire.com/ens/dec2010/2010-12-14-02.html.

Hilzenrath, S. David ,1993, "Politics Overtakes Policy in Energy Tax Debate," WASH. POST, C1.

McCarthy, Colman,1992, "Gore's Politics Are Ever Green", WASH. POST, D20.

Melton, R. H., 1995, "Cliton Seeks Budget Cooperation," WASH.POST, A9.

NBC News, 2010, "Obama formally ends Iraqi combat mission," http://www.msnbc.msn.com/id/38933239/ns/politics-white_house/t/obama-formally-ends-iraq-combat-mission/.

The Economist, 2011, "The IPCC and Greenpeace- Renewable Outrage." http://www.economist.com/blogs/babbage/2011/06/ipcc-and-greenpeace?page=1.

_____, 2001, "Rage Over Global Warming," http://www.economist.com/node/563926.

The New York Times, 2010, "U.S. and China Narrow Differences at Climate Talks in Cancun," http://www.nytimes.com/2010/12/08/science/earth/08climate.html.

USA Today, 2008, "Obama shifts stance on environmental issues," http://www.usatoday.com/news/pol.itics/election2008/2008-07-17-obama-coal_N.htm.

Xinhua English News, 2010, "U.S hails Cancun agreements," http://news.xinhuanet.com/english2010/world/2010-12/12/c_13645411.htm.

(IV) Internet

Asia-Pacific Partnership on Clean Development and Climate, 2006, "APP Public-Private Sector Task Force," http://www.asiapacificpartnership.org/english/task_forces.aspx.

APP, "Asia-Pacific Partnership on Clean Development and Climate: New Vision Statement of Australia, China, India, Japan, the Republic of

Korea, and the United States of America," http://www.asiapacificPartnership. org/pdf/resources/vision.pdf.

Burkart, Karl, 2011, "U.S. Climate negotiatiors confront growing opposition in Durban," http://www.mnn.com/earth-matters/climate-weather/blogs/ us-climate-negotiators-confront-growing-opposition-in-durban.

Barrett, Scott, 1998, "A Theory of International Cooperation," http://www. feem.it/userfiles/attach/Publication/NDL1998/NDL1998-043.pdf.

Cazorla, Marina, 1999, "Senators Introduce The Energy and Climate Policy Act of 1999," http://www.weathervane.rff.org/features/feature066.html.

Climate Action Network, 2010, "Greenpeace: UN Climate Finance Report Wipes Out Developed Country Excuses to Delay Action." http://www. climatenetwork.org/press-release/greenpeace-un-climate-finance-report -wipes-out-developed-country-excuses-delay-action.

Center For Climate And Energy Solutions（C2ES）, 2003, "Ninth Session of the Conference of the Parties to the UN Framework Convention on Climate Change (COP 9) Milan, Italy", http://www.pewclim ate.org/ what_s_being_done/in_the_world/cop9.

_____, 2010, "Legislat ion in the 110th congress related to global climate change," http://www.c2es. org/federal/congress/110.

_____, 2012, "Climate Debate in Congress," http://www.c2es.org/federal/congress.

Colorado State University, 1993, "Sampling Procedures and Methods," http://writing.colostate.edu/guides/research/survey/com4b1a.cfm.

DECC, 2012, "Who we are," http://www.decc.gov.uk/en/content/cms/about/ who_we_are/who_we_are.aspx.

DeSombre R. Elizabeth R, 2010, "The United States and Global Environmental Politics: Domestic Sources of U.S. Unilateralism." http://www.polisci.ufl.edu/usfpinstitute/2010/documents/readings/DeS ombre%20Chapter.pdf.

Environmental News Network, 2007, "U.N. Chief Will Ask President Bush to Give Top Level Support to U.N. Meeting on Climate Change, " http://www.enn.com/top_stories/article/21209.

_____, 2008,"U.N. leader Ban presses Bush on climate change," http://www.enn.com/top_stories/article/31271.

EU Commission, 2012, "What is the EU doing on climate change?" http://ec.europa.eu/clima/policies/brief/eu/index_en.htm.

EUROPA, 2000, "Launching the European Climate Change Programme (ECCP)," http://europa.eu/legislation_summaries/environment/tackling_climate_change/l28185_en.htm.

EU Commission, 2011, "Roadmap for moving to a low-carbon economy in 2050," http://ec.europa.eu/clima/policies/roadmap/index_en.htm.

Friedman Lisa, 2010, "Nations Take First Steps on Copenhagen Accord," http://www.nytimes.com/cwire/2010/01/29/29climatewire-nations-take-first-steps-on-copenhagen-accor-35621.html?pagewanted=all.

Greenpeace, 2007, "UN Secretary General to Greenpeace: "We need you to mobilize public opinion." http://www.greenpeace.org/international/en/news/features/ban_ki-moon_leipold070920.

_____, 2009, "Greenpeace Policy on Saving Forests to Protect the Climate." http://www.greenpeace.de/fileadmin/gpd/user_upload/themen/waelder/greenpeace-policy-on-saving-fo-2.pdf.

_____, 2001, "United States,"http://www.greenpeace.org/international/en/campaigcampaigns/climate-change/a/governments/us/.

_____, 1997, "Greenpeace calls Clinton Proposal Black Wednesday for climate talks," http://archive.greenpeace.org/majordomo/index-press-releases/1997/msg00420.html.

_____, 1997, "Influencing Governments," http://archive.greenpeace.org/climate/influence/index.html.

_____, 1997, "Greenpeace responds to vice president Gore," http://archive.greenpeace.org/pressreleases/climate/1997dec83.html.

_____, 1998, "Clinton Administration Lags on Environmental Leadership," http://archive.greenpeace.org/majordomo/index-press-releases/1998/msg0 0127.html.

_____, 1998, "Greenpeace Response to U.S. Ministerial Statement," http://archive.greenpeace.org/pressreleases/climate/1998nov12.html.

_____, 2002, "Latest News," http://archive.greenpeace.org/climate/ climatecountdown/bushclimateplan.htm.

_____, 2002, "Protest against Exxon expands across the globe," http:// www.greenpeace.org/international/en/news/features/exxon-protests-exp ands/.

Greenpeace, 2006, "Project Hot Seat Gets the Big Picture for Global Warming- Protests held Across the U.S.," http://www.greenpeace.org/ usa/en/news-and-blogs/news/project-hot-seat-gets-the-big/.

_____, 2007, "UN Climate Conference, Bali, 3-14 December 2007," http://www.greenpeace.org/international/en/campaigns/climate-change/ our_work/negotiations/bali/.

_____, 2009, "Greenpeace welcomes President Obama," http://www. greenpeace.org/canada/en/recent/greenpeace-welcomes-president-obama/.

_____, 2009, "Obama: Be a leader on global warming, not a politician," http://www.greenpeace.org/usa/en/news-and-blogs/campaign-blog/obam a-be-a-leader-on-global-warming-not-a-pol/blog/25658/.

Gallup, 1997, "Public Concerned, Not Alarmed About Global Warming," http://www.gallup.com/poll/4300/Public-Conceerned-Alarmed-About- Global-Warming.aspx.

_____, 2001, "Desipe Dire Presidictions of Global Warming, Americans Have Other Priorities,"http://www.gallup.com/pall/1981/Despite-Dire- Predictions-Global-Warming-Americans-Other-Priorities.aspx.

_____, 2002, "Americans Sharply Divided on Seriousness of Global Warming," http://www.gallup.com/poll/5509/Americans-Sharply-Divided- Seriousness-Global-Warming.aspx.

_____, 2003, "Giving Global Warming the Cold Shoulder, " http://www.gallup.com/poll/8227/Giving-Global-Warming-Cold-Shoulder.aspx.

_____, 2004, "Americans Tepid on Global Warming Accord," http://www.gallup.com/poll/11287/Americans-Tepid-Global-Warming-Accord.aspx.

_____, 2005, "AreAmericans Cool to Kyoto?" http://www.gallup.com/poll/16999/Americans-Cool-Kyoto.aspx.

_____, 2006, "American Still Not Highly Concerned About Global Warming,"http://www.gallup.com/poll/22291/Americans-Still-Highly-Concerned-About-Global-Warming.aspx.

_____, 2008, "Partisan Gap on Global WarmingGrows," http://www.gallup.com/poll/107593/Partisan-Gap-Global-Warming-Grows.aspx

_____, 2009, "Top-Emitting Countries Differ on Climate Change Threat, http:www.gallup.com/poll/124595/Top-Emitting-Countries-Differ-Climate-Change-Threat.aspx.

_____, 2012, "Republicans, Democrats Differ on Causes ofWarmer Weather," http://www.gallup.com/poll/153365/Republicans-Democrats-Differ-Causes-Warmer-Weather.aspx.

Harvey, Fiona and Vidal, John, 2011, "Durban climate talks see U.S. back EU proposal," http://www.guardian.co.uk/environment/2011/dec/08/durban-climate-talks-us-backs-europe.

_____, 2011,"Durban COP17: Connie Hedegaard puts pressure on China, U.S. and India," http://www.guardian.co.uk/environment/2011/dec/09/durban-climate-change-connie-hedegaard.

Herald, Deccan, 2011, "UN climate meet approves roadmap for 2015 landmark deal," http://www.deccanherald.com/content/210906/un-climate-meet-approves-roadmap.html.

Lawrence, V. Susan, Lum Thomas, 2011, "U.S-China Relations: Policy Issues," http://assets.opencrs.com/rpts/R41108_20110112.pdf.

Lin, Alvin and Davidson, Michael, 2011, "Durban Climate Talks and Bridging the Trust Gap," http://www.chinausfocus.com/slider/durban-climate-talks-and-bridging-the-trust-gap/.

Liebeman, I. Joseph and McCain John, 2003, "Tap U.S. Innovation to Ease Global Warming," http://america.gov/st/washfile-english/2003/January/20030108064712bjohnson@pd.state.gov0.3441126.html.

Murray, James, 2010, "Cancun Summit-the green business verdict," http://www.businessgreen.com/bg/opinion/1932036/cancun-summit-green-business-verdict.

OnTheIssues, 1996, "Bill Clinton on Energy and Oil," http://www.ontheissues.org/Bill_Clinton.htm.

_____, 1996, "Bill Clinton on Environment," http://www.ontheissues.org/Bill_Clinton.htm.

_____, 2000, "Al Gore on Energy and Oil," http://www.ontheissues.org/Al_Gore.htm.

_____, 2000, "George W. Bush on Global Warming," http://www.ontheissues.org/George_W__Bush.htm.

_____, 2003, "George W. Bush on Global Warming," http://www.ontheissues.org/George_W__Bush.htm.

_____, 2007, "George W. Bush on Energy and Oil," http://www.ontheissues.org/George_W__Bush.htm.

_____, 2007 / 2008, "Barack Obama on Global Warming," http://www.ontheissues.org/barack_obama.htm.

_____, 2010 / 2011, "Barack Obama on Green Energy," http://www.ontheissues.org/barack_obama.htm.

President William, J. Clinton and Vice President Albert, Gore, Jr., 1993, "The Climate Change Action Plan," http://www.gcrio.org/USCCAP/toc.html.

Parker, Larry, Blodgett ,John, and Yacobucci, D. Brent, 2011, "U.S. Global Climate Change Policy: Evolving Views on Cost, Competitiveness, and Comprehensiveness," http://www.fas.org/sgp/crs/misc/RL30024.pdf.

Pew Center on Global Climate Change(C2ES), 2003, "State Legislation from Around the Country," http://www.c2es.org/what_s_being_done/in_the_states/state_legislation.cfm.

Shemisky, T. Louis, 2007, "Public Opinion Polling and Presidential Responsiveness: Effects on Policymaking and Democracy," http://www.thepresidency.org/storage/documents/Vater/Shernisky.pdf

Saundry, Peter, 2006, "Kyoto Protocol and the United States," http://www.eoearth.org/article/Kyoto_Protocol_and_the_United_States.

The White House President George W. Bush, 2002, http://www.whitehouse.gov/news/releases/2002/02/20020214-5.html.

The Guardian, 2005, "Revealed: how oil giant influenced Bush," http://www.guardian.co.uk/news/200.

Union of Concerned Scientists, 2009, "Total 2008 CO2 Emissions," http://www.ucsusa.org/global_warming/science_and_impacts/science/graph-showing-each-countrys.html.

U.S Climate Action Network, 2010, "Who's On Board With The nhagen Accord?" http://www.usclimatenetwork.org/policy/copepolicy/copenhagen-accord-commitments.

U.S. Environmental Protection Agency, "U.N. Framwork Convention on Climate Change," http://epa.gov/climatechange/policy/international_unfccc.html.

USCAN, 2010, "Achievements," http://www.usclimatenetwork.org/about-us/achievements-1.

UNFCCC, 1992, "Status of Ratification of the Convention," http://unfccc.int/essential_background/convention/status_of_ratification/items/2631.php.

UNFCCC,1997, "Status of Ratification of the Kyoto Protocol, "http://unfccc.int/kyoto_protocol/status_of_ratification/items/2613.php.

Yang, Yi, 2011, "Domestic Constraints and International Forces: Exploring China's Position on International Climate Change Policy," http://www.nautilus.org/projects/seoul/workshop-papers/Exploring_Chinas_Position_on_International_Climate_Change_Policy.pdf.

Watson, Harlan, 2005, "U.S. Climate Change Policy," http://unfccc.int/files/meetings/seminar/application/pdf/sem_pre_usa.pdf.

Weygand, A. Robert, 2003, "New England Governors' Conference, Inc., New England Board of Higher Education," http://negc.org/uploads/file/Reports/CC%20College%20Pledge%207-08.pdf.

（Ⅴ）Documents

Bruce Vaughn Bruce, 2011, "Indonesia: Domestic Politics, Strategic Dynamics, and U.S Interests," Congressional Research Service, 7-5700, pp.1-36.

COP17/CMP7 United Nations Climate Change Conference 2011, 2011, "What's COP17/CMP7?" http://www.cop17-cmp7durban.com/en/about-cop17-cmp7/what-is-cop17-cmp7.html.

Climate Action Network International, 2012, "CAN Regional Network," http://www.climatenetwork.org/about/can-regional-networks.

_____, 2012, "About CAN," http://www.climatenetwork.org/about/about-can.

Gateway to the United Nations Systems Work on, 2012, "Mitigation," http://www.un.org/wcm/content/site/climatechange/pages/gateway/mitigation.

Gateway to the United Nations Systems Work on, 2012,"Technology," http://www.un.org/wcm/content/site/climatechange/pages/gateway/technology.

Gateway to the United Nations Systems Work on, 2012, "Technologies for all sectors of the Economy," http://www.un.org/wcm/content/site/climatechange/pages/gateway/technology/technoloties-for-all-sectors.

Gateway to the United Nations Systems Work on, 2012, "Financing," http://www.un.org/wcm/content/site/climatechange/pages/gateway/financing.

Global Marshall Plan, 1993, "What is the Global Marshal Plan?" http://www.globalmarshallplan.org/what/five_minutes/index_eng.html.

Hagel, Helms, Craig, and Roberts," http://www.gcrio.org/OnLnDoc/pdf/
bush_letter010313.pdf. Congressional Record- SENATE, S668 and S669,
2009, http://www.gpo.gov/fdsys/pkg/CREC-2009-01-20/pdf/CREC-2009-
01-20-pt1-PgS667-2.pdf#page=1.

IPCC, 2007, "Working Groups/Task Force," http://www.ipcc.ch/working_
groups/working_groups.shtml.

____, 2012, "Organization," http://www.ipcc.ch/organization/organization.shtml.

NOAA, 2011, "What is NOAA?" http://www.legislative.noaa.gov/policybriefs/
What%20is%20NOAA%202011%20-%20FINAL.pdf.

President George W. Bush, 2001, "President Bush's Speech on Global
Climate Change." http://georgewbush-whitehouse.archives.gov/news/
releases/2001/06/20010611-2.html.

Sustainable Energy For All, 2012, "Commitments," http://www.sustainable
energyforall.org/commitments.

The library of Congress Thomas, 1997, "Bill Summary & Status 105th
Congress 1997-1998", http://thomas.loc.gov/cgi-bin/bdquery/z?d105:
SE00098:@@@L&summ2=m&.

The White House, 1997, "President Clinton's Climate Change Proposal,"
http://www.state.gov/www/global_issues/climate/background.html.

The White House Office of the Press Secretary, 1998, "State of the Union
Address by the President," http://clinton6.nara.gov/1998/01/1998-01-
27-state-of-the-union-address-by-the-president.html.

The White House-President Barack Obama, "The Major Economies Forum,"
http://www.whitehouse.gov/energy/climate-change#energy-menu.

The White House-President Barack Obama, "Monitoring Emissions,"
http://www.whitehouise.gov/energy/climate-change#energy-menu.

The White House-President Barack Obama,"Climate Change Adaptation Task
Force," http://www.whitehouse.gov/administration/eop/ceq/initiatives/
adaptation.

The White House-President Barack Obama, 2011, "Strengthening Our Understanding of a Changing Planet," http://www.whitehouse.gov/blog/2011/03/29/strengthening-our-understanding-changing-planet.

The 62nd United Nations General Assembly, 2007, "A Look Forward at the U.S-United Nations Relationship,"http://www.globalproblems-globalsolutions-files.org/unf_website/PDF/bwc_congressional_briefing_book_092007.pdf.

The World Bank, 2011, "World Development Indicators database," http://data.worldbank.org/data-catalog.

The White House, 2009, "U.S.-China Joint Statement," http://www.whitehouse.gov/the-press-office/us-china-joint-statement.

The U.S. Constitution, "The Constitution of the United States," http://www.usconstitution.net/const.html#A1Sec1.

The United States Senate, 2012, "Party Dovosion," http://www.senate.gov/pagelayout/history/one_item_and_teasers/partydiv.htm.

The library of Congress, 1997, "S. Res 98", http://thomas.loc.gov/cgi-bin/bdquery/z?d105:S.RES.98.

The White House, Office of Management and Budget, 2011, "National Defense Outlays for Major Public Dircet Physical Captial," http://www.whitehouse.gov/omb/budget/Historicals.

UN Department of Economic and Social Affairs, 1992, http://www.un.org/esa/dsd/agenda21/res_agenda21_00.shtml.

UNFCCC, 1992, http://www.tri.org.tw/unfccc/download/unfccc_e.pdf.

UNFCCC Copenhagen Accord, 2009, http://unfccc.int/resource/docs/2009/cop15/eng/l07.pdf.

UNFCCC Cancun Agreement, 2010, http://cancun.unfccc.int/cancun-agreements/significance-of-the-key-agreements-reached-at-cancun/#c45.

UNCCC, 2011, "Durban Conference delivers breakthrough in international community's response to climate change,"http://unfccc.int/files/press/press_releases_advisories/application/pdf/pr20111112cop17final.pdf.

United Nations Environment Programme, "What UNEP Does," http://www.
unep.org/Documents.Mulilingual/Default.asp?DocumentID=493&
ArticleID=5391&l=en.

U.S. House of Representatives, 2012,"House History," http://artandhistory.
house.gov/house_history/partyDiv.aspx.

USCAN, 2012, "Members," http://www.usclimatenetwork.org/about-us/members.

U.S. EPA, 2002, "U.S. Climate Policy and Actions," http://www.epa.gov/
climatechange/policy/index.html.

U.S. Climate Change Technology Program, 2002, http://www.climatetechnology.
gov/.

U.S. EPA, 2010, "Valuntary Programs," http://www.epa.gov/highgwp1/voluntary.
html.

（VI） Report

Ashton John and Wang Xueman, 2003, "Equity and climate In principle and
practice," in the Pew Center on Global Climate Change report, 2003,
Beyond Kyoto Advancing the international effort against climate
change, pp.63- 64.

CAN, 2011, "Annual Report," http://climatenetwork.org/sites/default/files/CAN_
2011_Annual_Report.pdf. p.1-19.

International Institute for Sustainable Development Report, 2007, "The
Climate Change Challenge," Climate Change and Foreign Policy: An
exploration of options for greater integration. Winnipeg, Manitoba,
Canada: Unigraphics Ltd., pp.3-4.

Lloyd Graham, 2011, "Greenpeace's key role in UN climate study."
http://www.theaustralian.com/au/national-affairs/greenpeaces-key-role-
in-un-climate-study/story-fn59niix-1226077352408.

No Carbon Tax Website, 2011, "IPCC report chapter written by Greenpeace activist. " http:// www.no carbontax.com.au/2011/06/ipcc-report-chapter-written-by-greenpeace-activist/.

Shardul, Agrawala, and Andresen, Steinar, 1999,"Evolution of the Negotiating Positions of the United States in the Global Climate Regime," Fridtjof Nansen Institute Report 14/99, p.29.

The Global Warming Policy Foundation, 2011, "The IPCC's Green Energy Report And The Greenpeace Karaoke." http://www.thegwpf.org/ipcc-corner/3226-ipcc-wg3-and-the-greenpeace-karaoke.html.

Viewpoint 14　PF0129

國際關係與環境政治

作　　者 / 盛盈仙
責任編輯 / 林泰宏
圖文排版 / 曾馨儀
封面設計 / 王嵩賀

發 行 人 / 宋政坤
法律顧問 / 毛國樑　律師
出版發行 / 秀威資訊科技股份有限公司
　　　　　114 台北市內湖區瑞光路 76 巷 65 號 1 樓
　　　　　電話：+886-2-2796-3638　傳真：+886-2-2796-1377
　　　　　http://www.showwe.com.tw
劃撥帳號 / 19563868　戶名：秀威資訊科技股份有限公司
　　　　　讀者服務信箱：service@showwe.com.tw
展售門市 / 國家書店（松江門市）
　　　　　104 台北市中山區松江路 209 號 1 樓
　　　　　電話：+886-2-2518-0207　傳真：+886-2-2518-0778
網路訂購 / 秀威網路書店：http://www.bodbooks.com.tw
　　　　　國家網路書店：http://www.govbooks.com.tw

2013 年 7 月 BOD 一版
定價：400 元

國家圖書館出版品預行編目

國際關係與環境政治 / 盛盈仙著. -- 一版. -- 臺北市：秀
威資訊科技, 2013. 07
　　面；　　公分. -- (Viewpoint ; PF0129)
BOD 版
ISBN 978-986-326-138-4(平裝)

1. 國際關係　2. 環境政治

578　　　　　　　　　　　　　　　　　102012419

讀者回函卡

感謝您購買本書，為提升服務品質，請填妥以下資料，將讀者回函卡直接寄回或傳真本公司，收到您的寶貴意見後，我們會收藏記錄及檢討，謝謝！如您需要了解本公司最新出版書目、購書優惠或企劃活動，歡迎您上網查詢或下載相關資料：http:// www.showwe.com.tw

您購買的書名：＿＿＿＿＿＿＿＿＿＿＿＿＿＿＿＿＿＿＿＿＿＿＿＿

出生日期：＿＿＿＿＿年＿＿＿＿＿月＿＿＿＿＿日

學歷：□高中 (含) 以下　　□大專　　□研究所 (含) 以上

職業：□製造業　□金融業　□資訊業　□軍警　□傳播業　□自由業
　　　□服務業　□公務員　□教職　　□學生　□家管　　□其它＿＿＿＿

購書地點：□網路書店　□實體書店　□書展　□郵購　□贈閱　□其他

您從何得知本書的消息？

　　□網路書店　□實體書店　□網路搜尋　□電子報　□書訊　□雜誌

　　□傳播媒體　□親友推薦　□網站推薦　□部落格　□其他＿＿＿＿＿＿

您對本書的評價：（請填代號　1.非常滿意　2.滿意　3.尚可　4.再改進）

　　封面設計＿＿＿　版面編排＿＿＿　內容＿＿＿　文／譯筆＿＿＿　價格＿＿＿

讀完書後您覺得：

　　□很有收穫　□有收穫　□收穫不多　□沒收穫

對我們的建議：＿＿＿＿＿＿＿＿＿＿＿＿＿＿＿＿＿＿＿＿＿＿＿＿

＿＿＿＿＿＿＿＿＿＿＿＿＿＿＿＿＿＿＿＿＿＿＿＿＿＿＿＿＿＿＿＿＿＿

＿＿＿＿＿＿＿＿＿＿＿＿＿＿＿＿＿＿＿＿＿＿＿＿＿＿＿＿＿＿＿＿＿＿

＿＿＿＿＿＿＿＿＿＿＿＿＿＿＿＿＿＿＿＿＿＿＿＿＿＿＿＿＿＿＿＿＿＿

11466
台北市內湖區瑞光路 76 巷 65 號 1 樓

秀威資訊科技股份有限公司 收

BOD 數位出版事業部

....

（請沿線對折寄回，謝謝！）

姓　　名：＿＿＿＿＿＿＿＿＿　年齡：＿＿＿＿　性別：□女　□男

郵遞區號：□□□□□

地　　址：＿＿＿＿＿＿＿＿＿＿＿＿＿＿＿＿＿＿＿＿＿＿＿

聯絡電話：(日) ＿＿＿＿＿＿＿＿＿　(夜) ＿＿＿＿＿＿＿＿＿

E-mail：＿＿＿＿＿＿＿＿＿＿＿＿＿＿＿＿＿＿＿＿＿＿＿